模拟导游

李 露 李红霞 主 编

學苑出版社

图书在版编目（CIP）数据

模拟导游 / 李露，李红霞主编；刘芙艳，吴维，徐黎副主编. — 北京：学苑出版社，2023.10
ISBN 978-7-5077-6793-3

Ⅰ. ①模… Ⅱ. ①李… ②李… ③刘… ④吴… ⑤徐… Ⅲ. ①导游—教材 Ⅳ. ①F590.633

中国国家版本馆 CIP 数据核字（2023）第 202244 号

责任编辑： 乔素娟
出版发行： 学苑出版社
社　　址： 北京市丰台区南方庄 2 号院 1 号楼
邮政编码： 100079
网　　址： www.book001.com
电子邮箱： xueyuanpress@163.com
联系电话： 010-67601101（销售部）、010-67603091（总编室）
印 刷 厂： 河北赛文印刷有限公司
开本尺寸： 787 mm × 1092 mm　1/16
印　　张： 11.75
字　　数： 235 千字
版　　次： 2023 年 10 月第 1 版
印　　次： 2023 年 10 月第 1 次印刷
定　　价： 90.00 元

编 委 会

主　编：李　露　重庆市黔江区民族职业教育中心

　　　　李红霞　重庆市旅游职业学院

副主编：刘芙艳　重庆市黔江区民族职业教育中心

　　　　吴　维　重庆市黔江区民族职业教育中心

　　　　徐　黎　重庆市黔江区民族职业教育中心

参　编：彭武生　重庆市黔江区民族职业教育中心

　　　　周　伟　重庆市黔江区民族职业教育中心

　　　　郑曼妮　重庆市黔江区民族职业教育中心

　　　　胡美蓉　重庆市阿蓬江旅行社有限公司

　　　　龚　容　重庆市阿蓬江旅行社有限公司

　　　　赵星橘　重庆市黔江区文化旅游协会

作者简介

李露，现任教于重庆市黔江区民族职业教育中心，“旅游职业服务礼仪与交往”市级课程思政示范课程工作团队成员。从教以来一直从事旅游专业教学工作，2020 年、2021 年参与“旅游职业服务礼仪与交往”旅游专业教师能力大赛，团队连续两年获市专业组第二名。主编公开教材《服务礼仪》，参编公开教材《饭店服务礼仪》；近五年发表论文两篇；担任市级课题主要研究人员；主持一个校本课题并结题。

李红霞，重庆旅游职业学院酒店管理系党支部书记兼主任。荣获 2014 年“创青春”全国大学生创业竞赛重庆赛区“先进个人”；荣获 2014 年度重庆市大中专学生志愿者暑期文化科技卫生“三下乡”社会实践活动“先进工作者”；荣获 2021 年“巴渝工匠”杯重庆市第十四届高等职业院校学生职业技能竞赛“优秀工作者”；荣获 2021 年重庆市教育系统“优秀党务工作者”称号。主编公开教材《饭店服务礼仪》。

前　言

随着我国经济的快速发展和人们生活水平的提高，我国旅游业持续保持较快增长态势，旅游业成为我国国民经济的重要产业之一，有力地拉动了我国国民经济增长，我国成为世界第一大旅游目的国。中国的旅游业在世界旅游业舞台上占有一席之地。

在旅游业中，导游员是与游客接触最多、关系最密切的人员。他们通过自己辛勤的劳动，不仅为游客提供了导游服务，而且使游客能够顺利完成整个旅游计划，获得完整的旅游经历。此外，导游员的工作还给其所服务的旅游企业创造了经济收入，并给旅游目的地带来了经济效益和社会效益。因此，了解导游员及其工作内容，对于认识旅游业具有一定的意义。

本书旨在让学生学习了解导游工作在旅游业中所发挥的重要作用，熟悉导游服务的业务流程，掌握导游服务的基本技能，使其在毕业后走上导游工作岗位时，能够较快地进入角色，更好地为游客服务，成为合格的旅游从业者。

本书的特点如下。

（1）实践性强。本书内容注重理论与实际的联系和案例分析，培养学生解决实际问题的能力。

（2）观点新。学生通过对本书的学习，能够掌握导游服务的核心知识，能胜任导游工作。因此，本书在编写过程中力求引入最新的观点，使学生能对本学科所涉及的最前沿观点有基本了解。

（3）可读性强。本书使用通俗、有趣味性的语言，使学生易读、爱读，是一本能够培养学生能力的、具有鲜明特色的教材。

在本书的编写过程中，笔者拜读了专家和学者的相关著作，并参考了其中的一部分内容，在此向相关人员表示衷心的感谢！此外，还要感谢那些给本书的编写提供大量帮助和指导的旅游界资深人士。由于笔者水平有限，书中难免有疏漏和错误之处，敬请各位专家和读者不吝指正，以便再版时修订完善。

李露

2023 年 7 月

目　　录

项目一　分析技能训练

【本项目工作目标】

1. 能够熟悉接待技能，提升职业道德素养。
2. 能够按程序进行接站服务。
3. 能够掌握导游员送站技能。
4. 能够掌握途中服务技能并且运用到实际带团中。

任务 1　接待技能训练

【本任务工作目标】

1. 熟悉并掌握导游员接待技能。
2. 掌握导游接待计划的重点和服务方向。

接待服务准备

【训练目标】

在经济新常态背景下，各行各业都呈现出了全新的发展态势，产业融合已经成为一种新的发展趋势。旅游业一直秉承着绿色发展理念，成为拉动我国经济增长的重要产业。随着经济发展与人们生活水平的提高，人民群众对文化的需要越来越高。在这样的背景上，文化旅游是旅游业实现创新发展的一个重要方向，这就对旅游业中导游服务技能提出了更高的要求。通过本任务的训练，提升学生的接待技能水平，促进文化旅游产业更好地发展。

【任务引入】

小王是一家旅行社的老导游了，凭借多年的带团经验，不论是哪种类型的游客，他都能够很好地应对。这次，小王接待的是来自台北的旅游团。小王的接待计划书上写着，客人下榻的饭店是本市的五星级大酒店香格里拉。游客下了飞机后，小王便直接带着游客到了香格里拉大酒店入住。可是，向前台工作人员取房卡时，工作人员称，小王所在的旅行社并没有在这里订房。小王马上打电话给旅行社的计调（负责计划与调度），经证实，由于计划变更，入住酒店改到了另一家五星级酒店。小王此时只能满脸堆笑，向游客们解释，请求大家再次登上旅游车，前往另一家酒店入住。当汽车到达这家酒店后，客人一进大堂，所有的人都拒绝入住。因为虽然同为五星级酒店，但是这里的环境和地理位置等诸多条件与刚刚去过的香格里拉大酒店相差许多。无奈，小王向旅行社经理求助。经理来后为每位客人买了水果并且道歉，客人才入住。

地方陪同导游员（简称“地陪”）在带团过程中，最重要的一个环节就是要认真落实各项接待事宜，尤其是与游客密切相关的餐、车、房等方面。小王自认为经验丰富，不需要再进行确认了，正是由于这一点的懈怠，给旅行社造成了不好的影响。不仅使旅行社在经济上蒙受损失，而且直接破坏了自己在游客心中的形象。所以，认真阅读接团计划并且做好确认工作十分重要。

一、认真研究接待计划

接待计划单通常应包含旅行社名称、团号、旅游日期、旅游线路名称、接待客人情况、导游员名字和中华人民共和国导游员资格证书（简称“导游证”）号、行程安排、旅游线路价格（儿童、老人价格）、交通情况、用餐、住宿、购物、娱乐地点及联系电话、旅游计调师（简称“计调”）签名、导游员签名、导游员与计调的24小时联系电话、旅行社印章。要注意接待计划单上有旅行社印章就标志着旅行社责任险生效。

导游员在拿到接待计划单后应该认真研究，“吃透”接待计划，熟悉任务内容，对某些模糊内容提出疑问。所谓“吃透”接待计划，就是要准确、完整地核实旅行社下达的接待计划中的每一个细节，分析旅游团的类别，了解旅游团游客有无特殊情况，并且设计好工作方案。熟悉接待计划的目的就是了解旅游团（者）的基本情况，明确服务项目与服务标准，预见在接待中可能发生的问题，并采取相应的措施，以便在接团之前做到心中有数，出色地完成接待任务。

认真研究旅游团情况后，可以得出如下信息。

（一）组团社的基本情况

境外组团社的基本情况包括组团社的名称和代号、联络人的姓名和联络方式、游客的国籍和语种、领队姓名、收费标准与方式，国内组团社的基本情况包括组团社的名称、代号、联络人的姓名和联络方式。团接待计划单如图1-1所示。

团接待计划单

（__）——联字第　号

____部、计调部、财务部：

由客户方______组织的一行______人，将于______月______日乘坐航班______（车次）抵，______月______日乘航班（车次）离赴。

该团在住饭店，住房早餐由订妥。

返程机票（车票）由自理，请代为确认。

请提供等级综合服务。

请安排导游______接待服务。

客户方联系人电话：

名单附后勤部拟计划单位。

抄送：总经理、副总经理。

图1-1　团接待计划单

（二）团队的基本情况

旅游团的性质、人数、男女人数与比例、大人及小孩人数与比例、年龄结构、职业情况、所属阶层、文化层次、宗教信仰、特别要求及需要特殊照顾的对象等。

（三）全程安排

全程旅游线路与出入境地点、本地旅游时间与景点。如果在本地游览逗留的时间比较少，安排上比较紧张，在每个景点的游览讲解一定要抓住核心内容。

（四）交通安排

地陪应根据旅游团游客的人数、前来此地的交通方式和抵达时间，安排相应的旅游车提前到车站、机场或码头接站。如果是外宾团行李会较多，需要专门派一辆中巴型行李车交运行李。导游员接到接团任务书的时候就应该询问计调部前往下一站的交通票据落实情况，若是出境团，要弄清游客所持国际机票是 OK 票（已定时间的机票）还是 OPEN 票（不定期机票），并根据旅游团游客的人数、离开此地的交通方式和离站时间，安排相应的旅游车将游客提前送达车站、机场或码头。

（五）其他内容

（1）掌握团队的特殊要求和有关注意事项，如会谈、拜会、宴请、交流、风味、交通及需特殊照顾的老弱病残者。

（2）是否有需要办理通行证的游览项目，若有，则要提前办好相关手续。

（3）有无增加的项目费用，如超公里费、额外游览项目费用、行李车费等。

（4）了解旅游团的接待标准及服务范围，如了解团内有无 2 周岁以下的婴儿及 1.4 米以下的儿童、了解餐饮标准、了解是否有残疾人等。尤其要搞清楚饭店和餐饮是外方旅行社自订、组团社自订、游客自理，还是由地接社代订。

二、物质准备

（一）工作用品及物品准备

《导游服务质量标准》要求：“上团前，地陪应做好必要的物质准备，带好接待计划、导游证、胸卡、导游旗、接站牌、结算凭证等物品。”

（1）职业工作证明：身份证、导游证、接待计划等。

（2）业务用品：接站牌、结算单据、导游旗、扩音器、导游图、记事本、旅游者意见反馈表等，扩音器和导游旗如图 1-2 所示。

（3）个人旅游用品：工作包、生活用品、保健卫生用品、防护用品、必备现金、通信联络设备等。

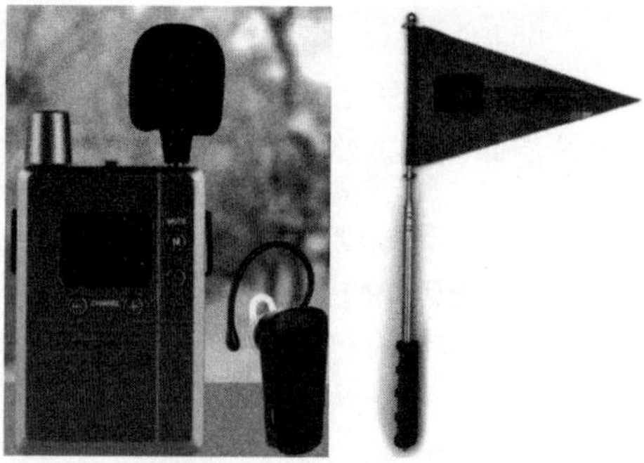

图 1-2　扩音器和导游旗

（二）扩音器的使用

使用扩音器的关键在于对其出音效果的调试，不可以用手拍打麦克风，也不能用嘴吹话筒，而应该以向游客问好的方式来调试和检验扩音器的效果。

（三）接站牌的制作

接站牌的制作在设计上要注意以下两点。

（1）要准确无误地体现接团单位与被接对象信息。

（2）要反映所接团队的名称、编号、领队姓名、接待社的名称，要求在视觉上清晰醒目，接站牌如图 1-3 所示。

图 1-3　接站牌

三、知识准备

一个人的知识要靠长期的积累，导游员丰富的知识积累绝非一日之功。在接待旅游团之前做知识方面的准备似乎显得过于仓促，但是对一名新手或业余导游员来说，临阵磨枪还是必要的。一个人的知识总是有限的，真正“无所不知、无所不晓”的人实际上是不存在的。一些导游员对不熟悉的旅游景观往往知之甚少，因此，接团前做一些知识准备还是应该的。导游员要准备的知识很多，主要是客源国或客源地的概况，旅游团内大部分人所从事职业方面的情况，有关参观游览点的专业知识；通信、货币、海关、卫生等方面的常识；当前的一些热门话题和游客可能感兴趣的话题。与此同时，也要做好语言准备，尤其是那些专业术语。

对于一个导游员而言，交通知识的掌握也非常重要。这里的交通分为三种类型：城际交通、城市交通、景区交通。导游员不仅要熟悉旅游景点，还需熟悉交通路线及行程和景点的联系。为了达到这样的要求，导游员需要尽可能多而且准确地熟悉自己经常活动的旅游区域内的各种情况。在核对带团计划的时候，对于游客可能涉及的一切线路和落脚点都应该清楚，如果遇到自己没有去过的地方，最好是亲自到现场走上一趟，以确保万无一失。如果实在去不了，也要对照地图核准线路和落脚点的准确走向与方位，万万不能想当然地做决断。作为导游员，应该学会制作简明地图，在简明地图上标识游览线路、厕所位置等。

导游员接团前的知识准备如下。

（1）了解客源地（国家）概况及风土人情。

（2）了解行程所到景点知识。

（3）了解当地概况及风土人情。

（4）了解当地风物特产、旅游纪念品。

（5）了解当前热门话题及国内外重大新闻。

（6）准备游客相关职业背景的知识。

（7）准备才艺表演及娱乐内容。

四、心理准备

导游工作复杂繁重，不仅有日常的导游服务工作，也有一些需特殊照顾的对象，还有一些更复杂的问题和事故等，导游员必须做好充分的准备，要准备吃苦，准备迎接各种挑战。

不同团队的不同特点会给导游员以不同的心理压力，如文化层次高的团队，给导游员的心理压力体现在知识准备方面；老年团队给导游员的心理压力体现在生活要求与行动方面；青少年团队给导游员的心理压力体现在守纪律方面等。

导游员的工作繁杂辛苦，虽然导游员已尽其所能、热情周到地为游客服务，但由于其他接待环节出现差错或非人为因素造成旅游过程中的不愉快，不免会有一些游客抱怨，还有一些游客会对导游员的工作无故挑剔、横加指责或提出苛刻要求，甚至否定导游员的全部工作，提出投诉。很多人不怕吃苦，但往往忍受不了不白之冤。为此，导游员必须有足够的心理准备，冷静、沉着地面对，并继续以自己的工作热情感化游客。做好这样的心理准备，就会将“爱心”融入工作，就会冷静、沉着地面对各种不公正待遇，就会无怨无悔地为游客服务。

在接待过程中，导游员必须具备高尚的情操，时刻准备面对各种“旅游污染”，即“精神污染”和“物质诱惑”，做好以下准备。

（1）建立自信。

（2）调整情绪、转换角色。

（3）做好面临艰辛与复杂工作的心理准备。

（4）面对抱怨与批评，做好承受压力的心理准备，正确处理游客投诉。

（5）面对突发事件，做好冷静处理的心理准备。

（6）面对来自各方面的“诱惑”，做好抵制诱惑的心理准备。

五、形象准备

导游员的形象对宣传旅游目的地和旅行社起着重要作用，有助于树立旅游目的地和旅行社的良好形象，也有助于树立自己的美好形象。因此，导游员要重视自己的形象美。

这里所讲的“形象准备”是指仪表方面的准备，主要是指人的“修饰美”。应注意以下四点。

（1）要衣着整洁。衣着要大方、简洁、整齐、自然，衣物常换常洗，保持干净，不要有异味。

（2）服饰的款式、色彩与导游员体形、个性、气质协调一致，要方便导游服务工作。

（3）要化妆适度。化妆要自然，不可浓妆艳抹，不用味道太浓的香水。饰物佩戴要适度，不要太过华丽。

（4）要持证上岗。上团时应携带导游证并将导游证佩戴在正确的位置。导游员形象如图 1-4 所示。

图 1-4　导游员形象

实训

解读接待计划单

1. 实训步骤

（1）教师分发模拟的接待计划单。

（2）学生分组解读接待计划单的各项内容并做好记录。

2. 实训内容

学生在拿到教师下发的旅游团队接待计划单后，必须认真阅读接待计划及有关资料，熟悉该团的相关情况，详细了解该旅游团的服务项目和要求，相关要点做好记录。

（1）旅行社信息。

①计划签发单位的名称、地址、传真号码和基本情况。

②主要联络人的姓名、电话号码或其他通信方式。

③旅行社标识或提供给团队成员的标识物。

（2）旅游团基本信息。

①旅游团名称、代号、电脑序号。

②其他导游员及工作人员的姓名和联系方式。

③结算方式和费用（如团费、风味餐费、车费、各地机场建设费、燃油税等）标准。
④团员人数、用房数量和房型。
⑤用餐标准、饮食禁忌。
⑥用车情况、行李车问题。
⑦特殊要求和特殊服务。
（3）团队成员信息。
①每个游客的基本情况，游客的姓名、性别、职业、宗教信仰、民族等。
②游客具有的共性特征，包括职业、宗教信仰、文化背景等。
（4）详细计划和要求。
①出入境时间、地点、国际间交通方式和交通票据状况。
②到站的时间和交通方式。
③到站后的住宿酒店、餐饮要求（包括风味餐）。
④计划的参观游览、娱乐、购物项目及具体要求。
⑤游客的其他个体要求，如会友、就医等。
⑥离站的时间、交通方式、票据状况、相关费用（包括机场税、机场建设费）的付款方式。
（5）将实训内容记录下来，小组之间互相进行评价。

案例

失败的第一次全陪之行

2009年春节期间，广东某旅行社推出了“西安—华山—中原双飞五天”路线。因正值春节旅游旺季，很多全程陪同导游员（简称“全陪”）都在外带团，社里安排常做地陪的导游员小李担任全陪。小李从未去过这几个城市，在前往西安的旅途中，有客人问：“小李，咱们从华山到河南是坐火车还是坐汽车啊？”“小李，陕西八大怪是哪八大怪？”“小李，西安有什么有名的小吃？”每每这时，小李都支支吾吾，甚是尴尬，游客虽然嘴里没说什么，但是在最后游客填写的反馈单上对她的评价是“一般”。

案例分析

地陪和全陪是我国导游员中最主要的两种。他们的接待任务、活动范围、职责重点都不尽相同，因此他们的资格条件、工作阅历和经验知识也有所区别。一般来说，导游员最开始做的工作是地陪，有了一定经验才能做全陪。

本案例中小李虽然有做地陪的经验，但是不熟悉全陪工作，又没有提前做好准备，才不能在旅途中为游客提供全面优质的服务，以至于得不到游客的肯定。对于初次担任全陪的导游员要注意以下细节。

（1）熟悉所经过城市的旅游景观及风土人情。

（2）认真研究接待工作内容，如出入境手续的办理、急救知识，虚心向有经验的全陪请教应急事故的处理方法等。

（3）多渠道了解旅游地的酒店住宿条件、交通状况、餐饮习惯及风味特产。

（4）抵达旅游地后，虚心向地陪学习。

思考与训练

1. 地陪在接团前应做好哪些方面的准备工作？
2. 查找资料后，简述国内各大航空公司电子客票退票和改签的新规定。

任务2　接站服务训练

接站服务

【本任务工作目标】

1. 熟悉并掌握导游员接站的全部程序。
2. 了解几种接站事故发生的原因，并掌握处理方式。

【训练目标】

通过本任务的训练，学生应掌握进入接站程序后在旅游团抵达前、抵达后，以及从机场、车站或码头到下榻酒店的转移途中应该做哪些工作。

【任务引入】

某天，导游员小汪按照旅行社的安排去机场迎接一个20人的旅游团，班机准时抵达。人数、团号、国籍一一核对后，小汪就带着这些游客上车。当车子到达游客入住的酒店门口时，领队忽然提出疑问，说他们要入住的酒店不是这一家。小汪不明白了，心想：自己的计划怎么会和领队不一样呢？当领队拿出计划和小汪的对照后，小汪才知道自己接错旅游团了。原来这是公司系列团中的另一个，境外旅行社今天有两个团发到自己所在的旅行社，团号、人数都一样，但是有A、B团区分，所住酒店也不一样。而原本应该由小汪接的团则被旅行社另一名导游员接走了，幸好都是自己公司接的旅游团。最后，经请示旅行社领导，此团也就由小汪“将错就错”地接待下去了。虽然这不算什么大错误，但是旅游团中的领队却有些不满了，因为在他看来，发生这种问题至少说明了导游员工作不细心、责任心不强。

这是一起典型的错接事故。所谓错接，就是指导游员接了不应由他接的旅游团。这一般是因导游员责任心不强，做事不够仔细造成的。错接事故往往是在组团社同时派出两个或两个以上旅游团的情况下发生的。这种系列团有时人数一样，抵达时间也一样，只是领队与游客不一样，因而容易造成导游员错接。为了预防此类事故的发生，导游员一定要加强责任心，在核对人数、团号、国籍的同时，还要认真核对领队姓名、地陪姓名、所在酒店等信息。

如果错接事故已经发生，那只能采取弥补措施以把损失降到最小。如本案例中的情况，作为地陪的小汪可以不用再与本社的另一位导游员交换旅游团，但必须更加努力，为游客提供更优质的服务，以弥补因错接而引起的游客不快。但如果小汪是全陪，原则上还是应该及时交换。另一种情况是，如果组团社发来的系列团是交给同一城市的不同旅行社做的，那理所当然应该交换旅游团，并应向游客实事求是地说明和诚恳地道歉。

一、落实好各项接待事宜

地陪在旅游团抵达前一天，应与各有关部门或相关人员落实和检查旅游团的交通、住宿、行李运送等事宜。

（一）核对、落实该旅游团在当地的活动日程安排

根据组团社旅游接待计划，地陪应对各项内容与接待计划逐项核实，如发现有出入应立即与旅行社有关人员联系，不清楚的地方一定要问清楚，以免在实施计划时出现问题。

（二）落实住宿

地陪应熟悉团队所住酒店的概况，如名称、位置、服务设施和服务项目，以及距市中心的距离、附近有何大型商场、交通情况等。

提前打电话给接待酒店，了解房间的落实情况。如果是首次入住的酒店，则须事先了解、熟悉酒店的接待情况和相关服务设施；如果是重点团队，则应前往了解、检查酒店的接待准备工作和落实等情况。

（三）落实用餐

地陪应提前与各有关餐厅联系，确认团队日程表上安排的每一次用餐的情况，其中包括人数、餐饮标准、特殊要求的落实情况，特别要注意检查餐饮企业的用餐环境卫生情况等。

（四）落实团队的行李运送情况

对于境内团来说，行李一般都随旅行车同行，不必配备行李车。对境外团来说，旅行社一般都安排专门的行李车接运行李。

（五）掌握不熟悉景点的情况

在旅游团的行程中，若安排有新开发的或不熟悉的景点，地陪应事先了解该景点的概况，如开放时间、最佳游览路线、公共洗手间的位置等，以便游览活动的顺利进行。

二、旅游团抵达前的服务准备

（一）确定旅游团所乘交通工具的准确抵达时间

接团当天，可以通过电话在飞机预定抵达时间的前 2 小时向机场（车站、码头）问讯处确认团队所乘航班抵达的准确时间（一般情况下应在飞机抵达的前 2 小时，火车、轮船预定到达时间的前 1 小时向问讯处询问），从而为后续工作的开展进行决策和安排。

（二）与全陪、旅游车司机、行李车司机联络

因为是入境团的第一站，作为组团社的导游员，一般要提前一天在目的地等候。接站前，要与全陪约好出发时间与等候地点，确保提前半小时抵达接站地点；同时要告诉司机该团的活动日程和时间安排，并与司机（包括行李车的司机）商定出发时间，确定会合地点，接上全陪一同前往机场迎接游客。

（三）提前半小时抵达接站地点

在接站途中，地陪应向司机介绍旅游团的日程安排。提前半小时到达旅游团即将抵达

的机场，在机场接站地点恭候游客。到机场后与司机商定停车位置，并记住车辆的标志和停车位置。地陪应事先调试扩音器音量，以免产生噪声。

（四）核实班次抵达的准确时间

地陪在到达机场后应再次向机场问讯处确认航班抵达的准确时间。

（五）迎候旅游团

导游员应手持接站牌、导游旗站在出口处醒目位置，准备热情迎接旅游团队的到来。

三、旅游团抵达后的服务

（一）认找旅游团，核对实际人数

找到旅游团后，为了防止错接，地陪应及时与领队、全陪接洽，核实该旅游团的国别、组团社名称、全陪和领队姓名、旅游团的人数等，无任何出入才能确定是自己应接的旅游团。如因故出现人数变更或与计划不相符的情况，要及时通知旅行社有关部门，以便及时调整，确保游客吃、住等各方面的顺利落实。

（二）集中清点，移交行李

如图 1-5 所示，地陪应协助旅游团游客将行李集中放在指定的位置，提醒游客检查自己的行李物品是否完整无损，与领队、全陪核对行李件数无误后，移交给行李员，双方办好交接手续。若有行李未到或破损，导游员应协助当事人到机场登记处或其他有关部门办理行李丢失或赔偿申报手续。

图 1-5　清点行李

（三）集中等车，清点人数

地陪应提醒游客带好随身物品，引导游客前往登车处。游客上车时，地陪应恭候在车门旁，观察游客的情况。若有游客需要照顾的话要适时给予帮助。

游客上车时注意确认，并礼貌地清点人数。

游客上车后协助其就座，帮助其放置随身物品，检查行李架上的物品是否摆放稳妥。

与全陪、领队确认游客全部到齐后，示意司机开车。

地陪在上车后开始工作前，应将移动电话等通信设备调至静音或振动，不要随意接听电话。

实训

模拟接站服务

1. 实训目的

（1）掌握认找旅游团的基本方法。

（2）熟练操作认找团队的程序。

（3）熟悉接待程序和步骤。

（4）掌握首站沿途导游的程序和内容并能够积极调动游客的情绪。

2. 材料与工具

接站牌、民族服饰、组团社标识或导游旗、标准旅游车、旅游车用麦克风。

3. 实训地点

车站、机场。

案例

某旅游团一行 26 人从广州飞至西安，旅游团出站后一直不见导游员来接站。全团只好在出站口等候。15 分钟后，只见一个年轻姑娘急匆匆跑到旅游团前，将导游旗展开，气喘吁吁地与全陪接洽并不时地道歉。事后，这位导游员向全陪说明了原因：她很早就来到机场等候接团，当游客纷纷出站时，她迎上去向一个旅游团询问，你们是来自 ×× 的游客吗？你们是乘广州来的飞机吗？你们是 ×× 旅行社的吗？你们是 26 人的旅游团吗？问题的回答都是肯定的，于是她带领客人登车。当到停车场准备登车时，她发现有一部分游客跟着另一位导游员走向了另一部旅游车。经过认真询问，才知道接错了团，这才从停车场跑到出站口，造成了接团的延误。

案例分析

本案例看似偶然，实际上存在着必然的结果，尤其是在旅游旺季、在客流量较大的航空港，同时出站的游客会有很多来自相同国家和地区的旅游团，仅仅凭客源地、旅行社、人数判断应接的团还是不够的。这位导游员犯了确认旅游团过于简单的错误，几乎造成了错接。

导游员想要预防此类事件的发生，在接团时要认真核实。导游员接到旅游团后一定要认真核对组团社的名称、旅游团的代码、人数、领队、全陪或游客的姓名、下榻的酒店等相关信息，只有在各种信息准确无误后，方可将旅游团带走。

思考与训练

1. 根据老年团队的特点，设计接团时的情景。

2. 模拟与全陪沟通的场景。

3. 自由组合，以小组合作形式设计首站接团的情景剧。

任务 3　途中服务技能训练

【本任务工作目标】

途中服务

1. 了解入住酒店的服务程序及相关知识。
2. 了解导游员需要掌握的途中服务技能知识。

【训练目标】

通过本任务的训练，学生应了解地陪途中服务所需掌握的工作环节与所要完成的工作内容，掌握相关服务的工作过程，并培养组织协调的能力。学生能融入角色，把握地陪、全陪、领队以及游客之间的沟通、交流技能，确保旅游团在当地活动的顺利进行。

【任务引入】

一个从美国来中国旅游的 30 人的旅游团队，从上海浦东国际机场入境，第一站在上海旅游，入住于上海静安区的波特曼丽嘉酒店。上海春秋旅行社承担了地接工作，旅行社要求小林担任该旅游团的地陪，并完成本次入店服务工作。

作为首站地陪，小林在带领旅游团进入酒店后，应尽快协助领队办理入住手续拿到房间钥匙，并简单介绍酒店及其功能区分布，特别告知游客餐厅所在位置，然后让客人回到房间做短暂的调整。导游员应嘱咐酒店行李员尽快将行李送到客人的房间，并提前落实旅游团的用餐安排，对用餐的时间、人数、标准、特殊要求逐一核实并确定。用餐前导游员应在餐厅所在楼层显著位置等候，引导游客进入餐厅，同时介绍餐厅的有关设施、饭菜特色、酒水类别等，带领游客用好第一餐。用餐结束前，导游员应及时宣布当日或次日的活动安排，并与酒店领队确定叫早时间。

通常旅游车司机座位后侧都有一个挡板，以帮助导游员在旅游车行进过程中站立讲解，而不会因车辆的颠簸摔倒。车辆起动后，导游员立即站到前排，打开车辆前排的靠背，站稳，一只手抓牢扶手，一只手拿好话筒，面带微笑，正式开始途中导游讲解服务。导游员在站立中一定要注意自身形象，如衣着、站姿、手势、麦克风的拿法等，只有考虑全面，才能在游客面前保持好的形象。

一、途中服务

（一）致欢迎词

如果是外宾旅游团，首站接团应该让中国组团社的全陪先代表我国组团社致欢迎词。全陪的欢迎词致完后，地陪代表地接旅行社致欢迎词。

欢迎词的内容应视旅游团的性质及其成员的文化水平、职业、年龄及居住地区等情况而定。导游员一般应在游客放好物品、各自归位、静待片刻后再开始讲。因为游客新到一个地方，对周围的环境有新鲜感，会左顾右盼，不易集中精神，导游员此时讲解效果不好。

因此地陪要掌握时机，等大家情绪稳定下来后再讲解。欢迎词要求有激情、有特点、有新意、有吸引力，能立即把游客注意力吸引到导游员身上来，给游客留下深刻印象。

欢迎词一般包括如下内容。

（1）代表旅行社热情欢迎客人光临本地。

（2）自我介绍，并介绍司机。

（3）简单介绍日程安排，希望得到大家配合。

（4）表示提供服务的诚挚愿望。

（5）预祝客人旅途愉快顺利。

欢迎词范例如下。

导游员首站欢迎词

各位来自 ×× 的朋友，你们好！首先我代表 ×× 所有的朋友欢迎您的到来。俗话说“百年修得同船渡”，今天我们可以说是“千年修得同车行”，在这里呢，向大家做一下自我介绍，我来自 ×× 旅行社，我叫李 ××，大家可以叫我小李或者李导，您的本次 ×× 之行将由我为您提供全程讲解服务，希望在我的讲解之下您能对这里有更深的了解，度过愉快的几天。如果您在旅途中遇到了什么困难，也请您及时告诉我，我会尽力为您解决。为我们此次旅行开车的是我右手边的刘师傅，刘师傅是我们旅游车队一位非常优秀的司机哦！别看他年纪轻轻，他曾手握方向盘、脚踩刹车板在我们的祖国大地安全行驶了百万余公里，可以说刘师傅是我们这一路上最辛苦的人了，在这里我们以热烈的掌声对刘师傅的辛苦表示感谢！（掌声）谢谢，谢谢大家。有一首歌曲叫《常回家看看》，有一种渴望叫常出去转转，说白了就是旅游。我和刘师傅会尽我们所能为大家提供优质的服务，预祝大家在 ×× 的几天游得开心、玩得尽兴，谢谢大家。

（二）调整时差

接入境团，地陪在致完欢迎词后要介绍两国时差，请游客将自己的表调到当地时间。

（三）首次沿途导游

游客初来一地感到好奇、新鲜，什么都想问，什么都想看，地陪应把握时机，选择游客最感兴趣、最急于了解的事物进行介绍，以满足游客的好奇心和求知欲。首次沿途导游是展示导游员知识、导游技能和工作能力的大好机会，精彩成功的首次沿途导游会使游客产生信任感和满足感，从而在他们心目中树立起导游员良好的第一印象。

1. 介绍旅游地的概况

介绍旅游地的地理位置、历史沿革、人口状况、行政区划、市政建设、社会生活、文化传统、风物特产、市容市貌等。

2. 风光导游

在介绍风光风情时，讲解的内容要简明扼要，语言节奏明快、清晰，景物取舍得当，随机应变，见人说人，见景说景，与游客的观赏同步。

3. 介绍下榻的酒店

向游客介绍所要下榻酒店的基本情况，包括酒店的名称，在城市中坐落的位置，酒店周围的环境，距机场（车站、码头）的距离，星级规模，主要设施设备及其使用方法，入住手续及注意事项（如赠品和非赠品的区别）等。

二、途中其他服务技能

酒店是重要的旅游资源，被列入旅游业的三大要素之一。它通常是一个国家、地区旅游业发展水平和接待能力的重要标志。客房是酒店的主体部分之一，是酒店向客人提供住宿的主要设施。有时客房也是客人进行社交、商务等活动的场所，旅行社应对游客“住”的选择特别慎重，因为“住”是旅游的保障，游客睡不好觉，休息不好，就不能“游”得好。

（一）“住”的安排技巧

1. 选择安全的住宿场所

安全需要是必须得到满足和保障的，如果客人在客房中连生命和财产安全都得不到保障，就谈不上旅游了。

旅行社在安排酒店的时候一定要注意：保障游客的生命安全，不住有安全隐患的酒店；保障健康安全，不住卫生不达标的酒店，以免染上疾病；保障财产安全，不住口碑不好的酒店。

2. 选择整洁、卫生的住宿场所

美国康奈尔大学旅游管理学院的研究人员曾用了一年的时间，调查了3万名游客，发现其中60%的游客把整洁、卫生作为选择饭店的第一要素。

3. 选择相对宁静、舒适的住宿场所

游客在旅途劳顿或观光游览之后，希望有一个安静的休息场所以消除疲劳。客人在客房最厌烦的就是各类噪声的干扰。

4. 根据游客需求安排住宿场所

一般的游客在旅游时，都抱有求新、求奇、求特的心理，都想体验一下异域风情，如蒙古包、傣家竹楼、东北的炕沿等。但在具体安排住宿场所时，应充分考虑游客的年龄、性别、兴趣爱好、经济状况、职业特征等。

对普通游客来说，“住”的地方需要安全、卫生，设备不一定要齐全豪华，只要能让游客休息好，保证充足的睡眠，能使游览活动顺利进行就行；对商务团队而言，“住”的地方需要能提供快捷方便的服务；对经济状况好的旅游团队而言，“住”的地方需要有个性、档次；等等。

（二）“住”的服务技巧

（1）提前核实游客下榻酒店的基本情况。导游员在拿到任务派遣单后，应及时核对订房情况，以保证旅行社预订的酒店能满足游客的需求。同时，注意客房与性别的比例，如果出现单独的男性与女性，应及时与旅行社联系，做好相应的准备。另外，还应注意是否有特殊住房需要的游客。

（2）了解下榻酒店的基本情况，包括地理位置、星级标准、周边环境、服务设施等。

（3）抵达酒店后，安排客人在大厅找座椅坐下休息，顺便告知客人洗手间的位置，顺手拿些酒店宣传册或景点宣传册给客人看。

（4）帮助客人学会使用房间钥匙，照看行李入房。

（5）帮助客人查看房间是否打扫干净，尤其在旅游旺季要特别注意这一点。

（6）提醒客人留意酒店的注意事项，如翻看“酒店注意事项”和“服务指南”，妥善保管贵重钱物，了解酒店电话使用方法等。

（7）协助处理游客入住酒店后的各类问题，维护游客的合法权益，同时也要注意维护酒店的声誉和利益。某酒店茶餐厅如图 1-6 所示。

图 1-6　某酒店茶餐厅

（三）做好酒店介绍

以下是一份酒店介绍示例。

各位游客朋友，我们下榻的是上海 ×× 酒店的第 20 层。大家拿到的是磁卡感应钥匙，开门时正面朝外轻靠门锁，门锁灯闪绿色亮光并发出滴滴的声音，就表示门已经打开了。房间内有传真机、免费宽带等设施。外币兑换在 1 楼，健身房、蒸汽浴在 3 楼，前台有保险柜可以保管贵重物品，4 层有医疗支持。酒店拥有 5 个餐厅，3 个酒吧。我们用餐在 2 楼“白玉兰”餐厅，该餐厅提供广东料理、法式料理等，可以品尝各地美食。3 楼的“夜来香”酒吧可以让您感受法式浪漫，一览大花园的全景，轻松惬意。33 层餐饮层更提供了多样美食：“山茶花”铁板烧餐厅擅长日式铁板料理，欧式、法式餐厅提供时尚经典美食，空中酒廊还可以让您极目远眺。酒店典雅舒适的高档客房、地道美味的各式佳肴、温馨细致的贴心服务，让您感受别致的酒店生活。酒店位于市中心，附近有淮海路购物一条街，能让您方便地购物。请各位游客进入房间后随手关门，可以将贵重物品寄存在总台，请您保管好自己的物品。房间中标出价格的物品是需要付款的，请注意使用。

酒店是游客在外旅游的“临时的家”，因此，导游员在游客入住酒店时为其提供周到的服务显得异常重要。

地陪应在游客抵达酒店后尽快办理好入住手续，让游客及时了解酒店的基本情况和住店注意事项，熟悉当天或第二天的活动安排，协助游客取到行李，进住房间。地陪应该做好以下几方面的工作。

1. 协助领队帮助游客办理住房登记手续

游客到达酒店后，地陪应在酒店大堂内指定位置让游客稍作等候。许多刚下车的客人会急着找洗手间或想给家人报平安，导游员应告诉客人洗手间和商务中心的具体位置。同时，导游员尽快向酒店前台讲明旅游团队名称、订房单位，协助领队办理游客住店登记手续。

导游员拿到住房卡后，请领队分发房卡，如图 1-7 所示，并掌握领队、全陪和旅游团成员的房间号，并将自己的联系方式告诉全陪和领队。

图 1-7　分发房卡

2. 介绍酒店设施和服务项目

待游客拿到房卡后，导游员应将游客集中起来介绍以下两项内容。

（1）向游客指明外币兑换处、商场部、娱乐场所、公共洗手间、中西餐厅、安全通道等功能区分布的楼层位置，以及电梯和楼梯的位置。针对外国朋友要特别介绍外币兑换比例，并做一些提醒工作。

（2）介绍本团队所住的楼层和房卡的使用方法，介绍酒店内的设施与设备、酒店内提供的服务以及一些功能场所。

3. 宣布当日或次日的活动安排，照看行李进房

（1）游客进入房间之前，地陪应向全团宣布当日或第二天的活动安排、集合时间和地点；与领队、全陪商量叫早时间，并请领队通知全团游客，地陪要通知好酒店总服务台或楼层服务台。

（2）地陪陪同酒店行李员核对行李件数，督促并协助酒店行李员尽快将行李送到游客房间，照顾行李进房，关注游客取得行李的情况。同时，领队应复印一份客人分房表给行李部，以便行李的发放。

（3）协助处理游客入住后的各类问题。游客进入房间前，地陪应提醒游客检查房间内的配套设施设备是否齐全。游客进入房间后，地陪应在本团游客居住地区内停留一段时间，处理临时发生的状况，如门锁打不开、房间不够整洁、重复排房、室内设施不全或有损毁现象、卫生设备无法使用、电话线不通、不是夫妻的男女被安排在同一房间等；可能还会发生行李没有及时送到，或个别游客没有拿到行李、错拿行李、行李有破损等情况。这时地陪应尽快查明原因，采取相应的措施。

（四）带领团队用好第一餐

（1）在游客进入房间前，地陪应介绍酒店内就餐的地点、时间、就餐形式及有关事项（如自助餐的用法，酒水是否自费等）。

（2）在用餐前，要提前到餐厅了解准备情况。如果游客有特殊要求，地陪要特别关注餐厅是否做了准备。地陪应根据入店时与游客约定的用餐时间，提前在用餐地点等候。

（3）游客到来之后，地陪引领游客进入餐厅到位置上就座。用餐前，地陪应向游客介绍就餐的有关规定，哪些消费属于费用之内，哪些属于费用之外。等游客入座后，祝大家用餐愉快。待游客开始用餐，地陪应在上完第二道、第三道菜后才能离开。用餐过程中地陪要及时了解游客对餐饮的反应。

（4）地陪将领队介绍给餐厅经理或主管，以方便联系。

（五）重申当天或第二天的活动安排

地陪应向全团游客重申当天或第二天的日程安排，包括叫早时间、用餐时间、用餐地点、集合地点、出发时间等，提醒游客做必要的游览准备。重申时机一般安排在第一餐将要结束、游客还未离开之前。

（六）核对、商定日程

旅游团开始游览之前，地陪应与领队、全陪或游客核对和商定活动日程。

核对、商定日程是旅游团抵达后要审核的重要程序。核对日程是针对绝大多数旅游团队和散客的，而商定日程只针对特种旅游团队、重点旅游团队或重点散客。

旅游团在一地的参观游览内容一般都已明确规定在旅游协议书上，而且在旅游团到达前，旅行社有关部门已经安排好该团在当地的活动日程。所以，在一般情况下，导游员只需核对日程就可以了。

1. 核对、商定日程的必要性

地陪在接受旅行社下达的接待任务时，旅行社的计调部门已将该团的参观游览内容明确规定在旅游协议书上，并已安排好该团的活动日程，其中包括每天上午、下午安排的参观游览的景点，午餐、晚餐安排的餐厅，晚间安排的活动内容等。即便如此，地陪也要与领队、全陪核对和商定日程（若无领队和全陪，地陪应与全体游客进行这项工作）。导游员必须认识到，游客提前支付一笔游览费用参加旅游团，也就是购买了旅行社产品，作为消费者，游客有权审查产品是否合格。日程安排是旅行社产品的一个重要部分，因此游客有权审核该团的活动计划和具体安排，也有权提出修改意见。导游员与游客商定日程，既是对游客的尊重，也是一种礼貌。某些专业旅游团除参观活动外，还有其他特定的任务（如参观工厂、学校、幼儿园、居委会等），因此商定日程显得更为重要。

2. 核对商定日程的时间、地点、对象

（1）商定日程的时间宜在旅游团抵达的当天，最好是在游览开始之前。对一般观光旅游团，商定日程甚至可安排在首次沿途导游的过程中，即在宣布本地游览节目时，用最短的时间确定日程安排；也可安排在旅游团入住酒店后再进行；对重点团、记者团、专业团、考察团，则应较慎重地在旅游团到达酒店后进行。

（2）商定日程的地点可因地而异，一般在酒店的大堂，有时也可在旅游车上；对重点团、记者团、考察团，必要时可租用酒店会议室。

（3）商定日程的对象可视旅游团的性质而定。对一般旅游团可与领队商谈，也可由领队请团内有名望的人参加；如旅游团没有领队，可与全团成员一起商谈；对重点团、专业团、记者团、考察团，除领队外，还应请团内有关负责人参加。

3. 几种特殊情况的处理

（1）如果游客提出修改意见或增加新的游览项目，地陪应及时向旅行社有关部门反映，对合理而可能的要求应尽力予以满足。

（2）对无法满足的要求，地陪要详细解释、耐心说服。

（3）如须增收费用，地陪应事先向领队或游客讲明，并按规定的标准收取。

（4）领队、全陪或游客提出的要求与原日程不符且涉及接待规格时，地陪一般应婉拒。

（5）领队（或全陪）手中的接待计划与地陪的接待计划有部分出入时，地陪应及时报告接待社查明原因，分清责任。若是接待社方面的责任，地陪应实事求是地说明情况，并赔礼道歉；若是组团社的责任，应报告接待社，在双方都能够接受的基础上商定日程。

（6）重点项目如有时间的变动应及时向领导请示，不得擅自做主。

（7）与领队、全陪商定本地节目安排。一般情况下，旅游团在当地的参观活动已在旅游接待计划上明确规定，即便如此，地陪也应与领队、全陪核对和商定日程，在核对、商定日程的过程中，对于出现的不同情况，地陪要采取相应的措施，尊重领队、全陪的意见和建议。

（8）将商定结果通知全团游客。与领队、全陪核对和商定完日程以后，将商定结果通知全体游客。

（9）审慎对待领队或游客的日程修改意见。在商定日程的过程中，领队或游客有可能对原定接待计划中的活动安排不太满意或提出修改意见。对于他们的意见，要及时向有关部门反映。对于合理又有可能满足的项目应尽量安排；需要加收费用的项目要事先向领队或游客讲明，按规定收取费用；对确有困难无法满足的要求，应向领队或游客说明原因并耐心解释；领队或游客提出的要求与原日程不符又涉及接待规格的，地陪一般应婉言拒绝，并说明我方不便单方面不执行合同，如有特殊理由，并且是由领队提出时，地陪应请示接待社有关部门。

（七）餐饮服务

俗话说，“民以食为天”，“食”是了解一个国家、一个区域文化的开端。特别在旅游时，如果没有各地的美味佳肴，整个旅游就会大为“失色”。但是，在游览过程中，仅通过眼看、鼻嗅、嘴尝来了解餐饮文化是不够的。据统计，中国有名菜 5 500 道，而每一道菜背后都有一个动人的故事。因此就需要游客用“耳”来了解其背后的文化。某旅游团队团队餐如图 1-8 所示。

图 1-8　某旅游团队团队餐

1. 导游员在餐饮服务中的作用

团队餐的形式大致分为自助餐、风味餐和宴会餐三种，不论哪种，导游员都应发挥好协调、保障、讲解和监督的作用。

（1）协调作用：导游员是游客和旅行社协作单位的桥梁。尽管协作单位会按照合同要求照章办事，但是导游员就客人细节方面的要求与餐厅进行协调还是有必要的。一个窗明几净、舒适优雅的用餐环境会让游客产生愉悦的情绪，再加上服务人员整洁如新的衣着和彬彬有礼的服务，会让客人更有亲切之感。可口的饭菜和一些细节要求的满足，不会让游客有“异乡人”的感觉。这一切都需要导游员再次和餐厅确认核对。

（2）保障作用：导游员应严格按照旅行社的安排，带领团队到旅游定点餐厅用餐，确保客人用餐时不会食用变质或者不干净的食物。如果发现异常的状况，要责令餐厅做出调整，并对客人道歉、补偿，必要时向旅行社汇报。

（3）讲解作用：餐饮服务是导游服务中一个重要的环节。看似简单的“吃”，却决定了导游员是否能给客人一次愉快的旅行，对导游员的接待质量和接待能力也是一种考验。用餐时，如遇到当地特色的食物，导游员有责任就其特点、风格、工艺进行简单讲解，使客人吃得“心中有数”。

（4）监督作用：旅行社同酒店、餐厅的合作关系通常都要经了解、协商，然后通过合同的形式确定，一般情况下不会出现什么问题，但是也不排除发生一些意外情况。因此，导游员有责任对餐厅的服务进行监督，如用餐环境、饭菜质量、用餐标准等。一旦发现问题要及时纠正和弥补，以确保客人用餐的质量。

2. 巧妙安排餐饮服务

“食”是首要的，只有吃得好、吃得饱，才能游得好。随着社会经济的发展，人们对吃的要求也发生了相应的变化。因此，导游员在带团过程中，不仅要满足游客吃饱、吃好、吃干净的要求，更要使游客吃出营养、吃出文化。

（1）根据游客的饮食习惯安排团队餐。来自不同国家、不同地区的游客有不同的口味和饮食习惯，因此，导游员在上团前必须认真分析所带团队游客的客源地、民族、宗教信仰、职业特点、身体状况等，然后根据旅行社的安排为游客订餐。在用餐的具体安排上，要注意地方风味与游客习惯饮食的合理搭配，特别关注是否有开病号餐以及一些特殊餐饮的要求，如不给泰国和印度游客用牛肉做菜，不给伊斯兰教信徒送猪肉包子，在与海员吃饭时不要将盘里的鱼翻身等。

（2）协助游客选择有特色的名菜、名吃，突出文化特色。在中国，名山、名水、名胜之处必有名吃，所以选择吃时，导游员就要同当地的名胜古迹的名字联系起来，如孔府三宴（家宴、喜宴、寿宴）、洞庭鮰鱼肚、西湖醋鱼、洛阳燕菜等。导游员要提醒大家，吃真正的名菜要到名店去吃。

有人说吃法国大餐，人们主要吃其“味道”，主要满足“口”；吃希腊美味，主要吃其“气味”，主要满足“鼻”；吃日本料理，主要吃“形式”，主要满足“眼”；若吃中餐，那就什么都满足了。中餐最讲究色、香、味、形、声、皿、意。导游员在向游客介绍美食时，一定要突出中国菜的文化内涵，引导其正确地欣赏和品尝美食。

（3）品尝风味小吃，引导游客参与。游客出门旅游，都希望能品尝到当地的美味佳肴、地方小吃，如陕西的羊肉泡馍、四川的担担面、山东的煎饼大葱、天津的“狗不理”包子等。如果导游员能请出厨师，让游客参与学习制作，也是旅游的一大乐趣。

（4）介绍特色风味及其食用程序与方法。游客不可能将某地的特色全部品尝，但他们有了解各地饮食文化的需求。因此，导游员可适时介绍。但要注意一点，行程中没有安排或推荐的特色风味，讲解中应适当省略，如果游客问到，则可以讲解。如果有些美食有特殊吃法，应介绍正确的食用程序与方法。

（5）乘飞机前的饮食安排。乘飞机旅行时，因为高空的气温、气压等改变，人体要消耗较多的能量，所以，应在上飞机前 1.5 小时适当吃些食品，例如面包、点心、面条、牛奶、蔬菜、瘦肉和水果。但是要注意以下几点。

一忌大荤及高蛋白食物。高脂肪、高蛋白食物在胃里停留时间长，难以消化，一般需要 4 ～ 5 小时才能从胃中排空，加之人体在空中消化液分泌量减少，胃肠消化功能减弱，更容易出现胃肠膨胀、腹部难受、胀气、打嗝等消化不良反应，所以，上飞机前应吃清淡的食物。

二忌大量的粗纤维食物。人体胃肠道内含有气体，其中由口吞入的约占 80%，消化食物时所产生的约占 20%。随着飞行高度的上升，气压越来越低，胃肠道内的气体就会发生膨胀。若飞行到 5 000 米的高度时，胃肠道中的气体体积就要比在地面上时增加 2 ～ 4 倍。临行前如果吃了大量容易产生气体的粗纤维食物，如芹菜、荞麦、萝卜等，在飞机上就容易产生不适。

三忌进食过饱或空腹上机。飞机升到高空后，胃肠血液的供给相对减少，会使胃液分泌减少，胃肠蠕动减弱，不利于食物的吸收。如果上机前进食过饱，则会因胃内空气增多而加重心脏的负担。相反，乘飞机前也不宜空腹，否则，由于血糖消耗量增加会产生低血糖反应而出现头晕、恶心、呕吐等症状，或使原有的“晕机”症状加重。所以，上飞机前应吃点东西，既不要吃得太饱，也不宜空腹。

（6）旅途中安排饮食的注意事项。

①不要太多地改变游客的饮食习惯，注意荤素搭配，提醒游客多食水果以助消化。

②合理安排旅游时间，注意饮食平衡，慎重对待每一餐。

③用餐注意饮食卫生，瓜果一定要洗净或去皮吃，防止“病从口入”。

④各地名吃一定要“品”，但要节制饮食，量不可太大。

⑤各地都有风味小吃、特产瓜果，游客品尝时应考虑水土适应问题。

⑥旅途中提醒游客未渴先饮、小口慢饮、以浆代饮、不贪冷饮。

⑦餐前一定要向游客说明用餐要求，哪些免费，哪些需要付费。

3. 各类型的餐饮服务

（1）计划内的团队便餐。导游员要提前按照接待社的安排落实本团当天的用餐，与供餐单位逐一核实并确认午餐和晚餐的用餐地点、时间、人数、标准、特殊要求。用餐时，导游员应引导游客进餐厅入座，并介绍餐厅及其菜肴特色；向游客说明用餐标准（简称“餐标”）是否含酒水及说明酒水的类别。

用餐过程中，导游员要巡视旅游团用餐情况，解答游客在用餐中提出的问题，并监督、检查餐厅是否按标准提供服务，及时解决出现的问题。

用餐后，导游员应严格按照实际人数、标准、饮用酒水数量，填写“餐饮费结算单”与餐厅结算。

（2）自助餐服务。自助餐是旅游团队用餐常见的一种形式，是指餐厅把事先准备好的食物、饮料陈列在食品台上，游客进入餐厅后，即可自己动手选择符合自己口味的菜点，然后到餐桌上用餐的一种就餐形式。自助餐方便、灵活，游客可以根据自己的口味各取所需，因此自助餐深受游客欢迎。在用自助餐时，导游员要强调自助餐的用餐要求，提醒游客以吃饱为标准，注意节约，不可以打包带走。

（3）风味餐服务。旅游团队的风味餐有计划内和计划外两种。计划内风味餐是指包含在团队计划内的具有当地特色的餐食，其费用团款中已包括；计划外风味餐则指未包含在计划内的餐食，是游客临时决定的，需现收费用。计划内风味餐按团队计划准备即可；而计划外风味餐应先收费，后向餐厅预订。

风味餐作为当地的一种特色餐食，是当地传统文化的组成部分。因此，在旅游团队用风味餐时，导游员应加以介绍，如风味餐的历史、特色、人文精神及其吃法等，使游客既饱口福，又饱耳福。

在用风味餐时，如游客未出面邀请，导游员不可参加。

（4）宴会服务。旅游团队在行程结束时，常会举行告别宴会。告别宴会是在团队行程即将结束时举行的，因此游客都比较放松，宴会的气氛往往比较热烈。作为导游员，越是在这样的时刻越是要提醒自己不能放松服务这根“弦”，要正确处理好自己与游客的关系，既要与游客同乐又要做到举止得体，并且要做好宴会结束后的游客送别工作。

4. 团队正餐的服务程序

旅游团的正餐一般是指午餐、晚餐，其用餐形式通常为桌餐和自助餐两种。不论哪种形式，导游员都应提前落实，与定点餐厅确认相关事宜。

（1）提前落实相关事宜。导游员根据旅游协议规定的标准提前落实用餐事宜，逐一核实并确认午餐和晚餐的用餐时间、地点、人数、标准、形式、特殊要求等，了解游客的口味和禁忌。如果游客中有少数民族，应尊重其民族信仰，对饮食有特殊要求者，应安排特别用餐。

（2）引导游客进入餐厅。导游员在团队用餐时，应适时介绍餐厅的区域位置、服务水平和饭菜特色，使游客在用餐之前先吃一粒“定心丸”。

①引导游客入座。导游员应事先了解团队用餐的餐厅位置，如不能事先了解，也应要求迎宾员尽快了解，带领游客就座，切不可带着游客满场绕。到达餐厅后，向餐厅服务人员简单介绍旅游团队信息，引导游客进入餐厅；协助餐厅服务人员安排游客在指定位置就座，并敦促服务人员迅速上茶水；向游客介绍餐厅设施，如洗手间、安全通道等，并约定用餐结束时间。

②巡视团队用餐情况。导游员要告诉游客餐标所含酒水范围以及自理项目，不可含糊其词、大包大揽；导游员要告诉领队、全陪用餐地点和餐后出发时间；用餐中，导游员一般要巡视游客用餐情况 2 ～ 3 次，解答游客在用餐过程中提出的问题，监督、检查餐厅是否按标准提供服务并解决出现的问题；上菜前，导游员可把握时间与游客寒暄，了解游客对当天旅游活动的看法及身体状况；导游员亲自到操作间查看，了解用餐准备和卫生状况；当菜全部上齐后，导游员要合理掌握时间，留给游客充裕的饭后放松时间，然后按照约定时间集合上车；在游客用餐结束前，导游员应先完成自己的用餐，然后检查一下车辆的准备情况（发动车辆、打开空调等）。

③餐后餐厅结账。用餐后，导游员严格按照实际用餐人数、标准，如实填写“餐饮费结算单”，与餐厅结清账目，带领游客离开餐厅。

5. 团队风味餐的服务程序

旅游团队在旅行过程中，不仅要欣赏名山胜水，还要不失时机地品尝各地的风味特色菜。风味特色菜是各地具有地方特色的饮食，其选料、价格及制作能体现某个地域独特的风格特点。因此，带领游客品尝风味餐，就要求导游员对本地的风味特色了如指掌，让游客通过“吃”来认识或喜欢一个地方，所有风味餐的安排一定要正宗。

（1）介绍风味餐特色。中国的地方菜肴是由于各地气候、水土、资源、文化、风俗和人们的口味不同而形成的，其特色也是从古到今流传下来、为世界所公认的，导游员可从菜肴的色、香、味、形、器等几个方面着手介绍。

（2）介绍风味餐用餐程序和食用方法。风味餐的用餐程序或食用方法可能不同于一般的饮食习惯，所以导游员应事先向游客介绍用餐程序和食用方法，这样游客不至于对着风味餐无从下嘴。

（3）风味餐表演。美味佳肴、地方小吃的制作过程也是一种文化、一种旅游资源。现在很多餐厅请出厨师现场制作，让客人观看制作过程，或引导客人参与，使客人可以从中享受别样的乐趣。

6. 宴会的服务程序

除了参观游览活动外，丰富多彩的其他活动也是旅游服务中必不可少的部分，是参观游览活动的补充，比如宴会、风味品尝等都是在旅游团中常见的社交活动。导游员对所带领游客的宴会服务主要有以下几个方面。

（1）了解信息。

①知道宴会的时间、地点、重要人物的身份。

②知道桌台台型、菜式。

③了解游客的个人习惯、特殊要求、忌讳和就餐方式等。

（2）座次安排。宴会中礼宾的次序是排席位的主要依据，导游员应有基本的宴会服务常识，这样才能准确地引导游客就座。通常情况下，桌次的高低以离主桌的远近而定，近高远低，左高右低；同一桌上，座次的高低以离主人的远近而定。但也应因团而异，考虑一些实际情况。比如，身份大体相同，使用同一语言、同一专业的游客可以考虑安排在一起。一般酒会会帮助摆席位，但导游员可以提供一些信息参考。

（3）准备时间的安排。团队游客在旅游活动中大都穿着很休闲，而这种着装是不适合参加宴会的，所以导游员在安排时间上应尽量两者兼顾，既可以把参观景点的时间安排得很完美，又能够留出足够的时间让游客回到酒店换装，整齐大方地赴宴。

（4）导游员带领旅游团赴宴要准时，这是一种礼貌。入席时，按照安排好的席位协助游客就座，之后礼貌地退出，不可喧宾夺主。

（5）做好翻译、介绍工作。如团队需要，导游员要很有分寸地做翻译和介绍，不可以边翻译边吸烟。

（6）正式宴会通常需要 1.5 小时左右，宴会结束后，导游员应清点人数，送游客平安回到酒店，其他工作程序按照服务要求来做。

需要注意的是，宴会的主角是游客，导游员切不可自顾自狂欢，应注意自己的身份和形象，不卑不亢，彬彬有礼，随时做好服务准备工作。

（八）娱乐、购物等其他服务

1. 娱乐活动

在旅游活动中，娱乐活动是常有的活动内容，包括地方传统剧目、工艺展示，以及一些刺激、休闲的活动，很多游客也很有兴趣了解和参与。所以导游员应该做好这方面的工作，发挥联络协调、安全保障作用，提供周到的服务和画龙点睛的讲解，以激起游客的兴趣。娱乐活动通常分为两种，即观赏性活动和参与性活动。不论安排哪种娱乐活动，导游员都要尽职尽责。

参与性娱乐活动的主要形式有以下三种。

（1）休闲娱乐活动。这类休闲活动诸如骑马驰骋、少数民族的对歌会、海上垂钓等。这类休闲活动比较轻松愉快，一般没有什么大的危险。游客在参与这类活动时多数会非常尽兴，但导游员绝对不可以掉以轻心，和游客一起狂欢时应注意提高警惕。

（2）探险经历。探险之旅也吸引了许多旅行者，如蹦极、漂流、山坡滑翔等。导游员在协助游客参与的前提下，一定不能忘记安全保障，多做提醒、检查，细心做好自己该做的工作。探险之旅紧张、刺激又让人兴奋，但是导游员要时刻保持冷静清醒的头脑，只有游客在安全的前提下尽兴了，才能说明导游员提供了高质量的服务。

（3）自娱活动。旅游团队往往由一些比较熟悉的朋友、同学、家人组成，也有游客因为旅行缘分，由陌生人变成朋友。在旅行期间，游客们有时会通过自娱自乐的方式加深彼此感情、增进友谊。一般情况下，游客的自娱方式主要有聚餐和舞会两种形式。导游员要见机行事，不可强行陪同或不理不睬。若游客自费聚餐，通常情况下，导游员不陪同前往，但如需要联络、安排和推荐时，应尽力帮忙。如果游客执意要求陪同，导游员不可反客为主，只要适当地与游客进行交谈即可。若游客自发组织娱乐性舞会，导游员可代为联络、购票，但无陪同的义务。在游客的自娱活动中，导游员应做到不卑不亢，有礼有节，把握好分寸，除自娱活动外，导游员要自始至终陪同，坚守岗位。

2. 购物活动

据统计，一个游客在旅游过程中所花费的费用约有 50% 用于购买物品。因此，很多旅游接待国家把旅游商品作为最主要的旅游资源来加以开发利用和销售。

导游员要把游览、购物和娱乐等有机结合起来，这样既能满足游客的需要，又能达到导游服务的目的。游客总是喜欢购买一些当地的名特产和旅游商品。旅游购物的一个重要特点就是随机性较强。因此，导游员要把握好游客的购物心理，恰到好处地宣传、推销本地的旅游商品，既满足游客的意愿，也符合导游工作的要求。在带领旅游团购物时，要坚持“需要购物，愿意购物”的原则，不得欺骗或强迫游客购物。

旅游团队的购物途径和形式主要有以下几种。

（1）计划内购物是指在旅游团的接待计划中明确规定的属于旅游团正常计划项目的购物。这种购物由于已经在接待计划中予以说明，因此全体游客对这种安排是事先知晓的。计划内购物，一般是建立在组团社对旅游目的地十分熟悉和了解的基础上的，并且购买的商品大部分都是当地最知名或最有特色的商品或旅游纪念品。比如，去景德镇安排购买瓷器，去宜兴安排购买紫砂茶壶，去杭州安排购买丝绸，去太原安排购买陈醋等。计划内购物是旅游团活动内容的重要组成部分，地接社的导游员要给予认真的安排，选择去当地那些最具规模的、价格公道的、质量有保证的商店购物，真正达到通过购物使游客满意的效果。

有的旅游团的接待计划中还特别明确了购物的次数和购物内容的限制，如每日不得超过两次，不得安排购买中药材、珠宝等，这是有意识地在维护游客的利益，导游员应该严格执行接待计划，不可自作主张。

（2）计划外购物是指在组团社接待计划中没有明确规定或限制的情况下，为满足游客的需求而临时安排的购物活动。计划外购物往往表现出较强的灵活性，导游员可以根据游客的游览行程、时间的紧张程度、游客要求的强烈程度和购物商店的分布情况灵活安排。

（3）自由活动购物。每一个旅游团都会安排一定的时间给游客，使他们有更多的自由活动机会。而游客常常利用这段时间进行购物。这种自由购物形式给了游客更多的选择空间，游客也能打消导游员可能吃回扣让游客在定点商店被坑骗的顾虑，因此更受到游客的欢迎。自由活动购物分为两种情况，一种是在游览的间歇中留出一段时间供游客在景点周围购物，一种是专门留出一天或半天时间安排游客去当地的繁华商业区购物。

在自由购物时，导游员要提醒游客保护自己的人身和财产安全，讲明注意事项，规定详细的集合时间与集合地点，尤其是在景点周围购物时，导游员要密切注意游客的动向，如发生纠纷，导游员应立即前去解决处理，有效地保护游客的利益，避免不必要的麻烦。

3. 购物导游服务程序

（1）导游员应遵循游客“按需购物，愿意购物”的原则做好服务工作。

（2）导游员应了解游客的购物要求，引导游客购物，当好游客的购物参谋，为游客出谋划策，适当地做好介绍商品的工作，如实介绍商品的类型、性能及功效等。导游员对游客感兴趣而又不太了解的商品要主动地进行介绍。介绍商品时，要客观、公正、详细、具体，尤其是涉及商品功效和性能的方面，更要实事求是。同时，也不要将个人喜好强加于人，表现出明显的倾向性。价格是个敏感问题，导游员一般不要妄加评论，贵与便宜，值与不值，由游客自己判断，购买与否，由游客自己做主，不要过度干涉。对于境外的游客要告知中国海关的有关规定并提醒其索取发票和有关凭证。

（3）导游员应协助游客办理大件商品托运手续。要熟知海关关于携带物品出入境的规定，以防游客买到贵重物品无法出境。在购物中，如有个别游客购买了商店中的大件商品，如家具、地毯、花瓶等，导游员要与商店积极地联系，协助办理托运手续。

（4）导游员应积极地维护游客的正当消费利益。

4. 针对本案例的娱乐导游服务程序

（1）介绍宋城主题公园的整体情况和晚上的活动安排。

（2）做好提醒工作，提醒游客注意安全。

（3）下车后，要讲清楚车辆停放的位置、车型、车号，明确集合的时间、地点。

（4）引导游客进入剧场，关照游客入座。

（5）在娱乐的过程中，要经常提醒游客注意安全与集合的时间。

（6）提前在规定的地点等候游客。

（7）到规定的集合时间时，要清点游客归队的人数，确保全部到齐后安全返回，如果没有到齐的话，要及时询问已到的游客，了解情况，尽快地找到未到游客。

（8）回程途中应该与游客进行交流，与大家分享参与娱乐活动的快乐心情，回答游客感兴趣的问题。

（9）向游客说明第二天的活动安排、起早时间、早餐时间、集合时间和地点，以及注意事项。

实训

模拟途中服务

1. 实训目的

（1）掌握途中导游的基本内容。

（2）熟练掌握途中导游的规程。

（3）了解途中导游的各种注意事项。

2. 材料与工具

外景影像资料。

3. 实训地点

开放教室。

4. 方法和步骤

（1）将开放教室布置成旅游车内场景，学生分两组扮演游客和导游员。

（2）（开车后）导游员向游客重申当日活动安排，包括下午旅游景点、晚餐的时间和地点；向游客报告到达游览参观目的地所需的时间，视情况介绍当日国内外重要新闻。

5. 作业

根据模拟实训材料写出实验报告。

案例

2019 年 2 月，某旅行社接待香港某旅行团。按照旅游合同约定，该旅行团在北京游览 4 天，2 月 11 日游览长城，2 月 12 日游览颐和园，2 月 13 日游览故宫，2 月 14 日参观市容后乘机返港。该旅行社导游员 ×× 未征得该旅行团的同意，擅自对旅行团日程做了变更，将游览长城的日期改为 2 月 14 日。该旅行团曾对此变更提出质疑，该导游员未做任何解释。2 月 13 日，北京下了一场大雪。2 月 14 日清晨，旅行团坐车到八达岭脚下，由于积雪封路无法前行，该团只得返回。翌日，该团返港后向旅游投诉中心投诉。

案例分析

核对、商定日程是做好接待工作的重要环节，是地陪和领队、全陪之间合作的序曲。旅游团开始游览之前，地陪应与领队、全陪商定本地的节目安排，并及时通知每一位游客。游客有权审核活动计划，也有权提出修改意见。

商定并宣布活动日程是领队的职权。商定日程一般遵循以下原则。

（1）宾客至上、服务至上的原则。

（2）主随客便的原则。

（3）合理而可能的原则。

（4）平等协商的原则。

日程安排既要符合大多数游客的意愿，又不会对已定的日程安排造成大的变动。如果变动过大，就会影响其他部门的工作安排。

本任务的案例处理方式如下。

（1）旅行社退还长城景点门票、导游服务费。

（2）旅行社赔偿长城景点门票、导游服务费同额违约金。

（3）暂扣该导游员导游证三个月。

案例

导游员小李接到了一个来自成都的老年旅游团，在机场顺利接团后先回酒店帮客人办理了入住手续并稍作休息后，按时带客人到餐厅用晚餐。他引导客人入座后就和全陪、司机一起去司陪餐厅用餐。过了一会儿，餐厅经理来找地陪，说他们团中有两位游客很生气且不肯用餐，质问旅行社是怎么安排的。于是小李赶紧来到餐厅了解情况，原来团里那两位游客是要求安排吃素食的，小李解释说自己不知道有此要求，现在菜也上了，希望客人将就一下，下一餐会安排好的。但是客人始终不肯将就用餐，对小李的做法很有看法。试问小李为什么会犯错？犯错后又该如何处理？

案例分析

（1）小李没有认真研究接待计划，尤其没有在意客人的特殊要求。

（2）客人用餐前，小李应宣布就餐规定，开始用餐时应巡视了解情况，待没有问题后再去司陪餐厅用餐。

（3）对客人的投诉小李应认真倾听并核实情况，及时道歉并纠正错误安排。

（4）即使自己不清楚，也不能随便让客人将就，小李应引起足够重视。

（5）小李应及时与餐厅联系，尽快按要求安排客人用餐。

（6）对自己的疏忽小李应再次向客人道歉。

案例

一个江苏 50 人的旅游团队到浙江杭州旅游，按照计划，第二天下午游览素有“给我一天，还你千年”美誉的中国十佳主题新景点——宋城主题公园。景区由《清明上河图》再现区组成，再现了宋代汴京和临安的京都繁荣景象。晚餐后在景区内观看文化演艺区的《宋城千古情》表演，这是宋城景区的精华所在。你作为杭州的地陪，应该如何做好游客娱乐活动的导游服务？

案例分析

该案例导游员所要面对的是晚间娱乐服务。18：00 ～ 19：00 在杭州宋城主题公园内进行一场精彩的《宋城千古情》表演，游客持票在规定的位置就座观看。大型歌舞《宋城千古情》是宋城演艺发展股份有限公司打造的一场立体全景式大型歌舞表演，该剧以杭州的历史典故、神话传说为基点，融合世界歌舞、杂技于一体，运用现代高科技手段营造如梦似幻的意境，给人以强烈的视觉震撼。从《宋城千古情》推出至 2022 年，累计演出近 15 000 场，接待观众 4 300 万人次，是目前世界上年演出场次最多和观众接待量最大的剧场演出，被海外媒体誉为与拉斯维加斯《“O”秀》、法国《红磨坊》并肩的“世界三大名秀”之一。《宋城千古情》是宋城一绝，刀光剑影，炮声震天，美女如云，如梦如幻。一般来杭州旅游的游客都会选择来宋城观看表演，故观看表演的游客较多，应及时提醒游客注意安全，并告知游客应在指定地点按时集合。

思考与训练

1. 旅游团队到达酒店后，入住登记、取房卡、介绍酒店设施程序具体有哪些内容？

2. 带领团队用好第一餐，应注意的事项有哪些？

3. 学生分组扮演旅游团、地陪、全陪、酒店前台、行李员，演练制作游客名单、办理入住、分房、介绍酒店直到入住服务结束的整套流程。

任务 4　送站技能训练

【本任务工作目标】

1. 熟悉并掌握导游员送站服务的程序。
2. 掌握送站技能。

送站服务

【训练目标】

即将结束旅程阶段，是一个比较特殊的环节，游客的体力和心理都与开始时不同，游客的懒散心理以及对游程或者导游服务的不满意，都有可能在这一阶段体现。游客和导游员各自都有许多事情要办，结尾工作非常重要，导游员依然要保持高度的责任心，否则会前功尽弃。

通过本任务的训练，学生应了解送站的准备内容、准备要求、准备环节，完成导游员送站的服务准备工作。

【任务引入】

4 月 20 日上午 10∶40，杭州中国国际旅行社迎来了来自日本大阪的 26 人旅游团，下榻在杭州黄龙饭店，4 月 22 日上午旅游团离开杭州。旅游行程的安排如下：旅游团抵达的当天下午，13∶30 游灵隐寺—岳庙—茶叶博物馆，17∶30 在香天阁用晚餐，品浙菜风味（费用自理），晚餐后到西湖赏杭州夜景；第二天，6∶30 起床，7∶00 用餐，7∶30 出发前往西湖，游西湖的平湖秋月—孤山—西泠印社—湖心亭—三潭印月—曲院风荷，11∶50 在滨湖饭店用午餐，13∶30 游六和塔眺望钱塘江，参观丝绸商场，17∶30 在黄龙饭店用晚餐；第三天，20∶00 去萧山机场乘 22∶51 的 KH5490 航班飞往下一站桂林。在杭州游程结束时，作为地陪，你该如何做好送站服务工作？

一、送站前的服务及准备

（一）核实交通票据

在旅游团离开的前一天核实旅游团机（车、船）票，要核对团名、代号、人数、全陪姓名、去向、航班（车次、船次）、起飞（开车、启航）时间（计划时间、时刻表时间、票面时间）、在哪个机场（车站、码头）启程等事项。如果航班（车次、船次）和时间有变更，应当问清楚内勤是否已通知下一站接待社，以免造成漏接。

若是乘飞机离境的旅游团，地陪应提醒或协助领队提前 72 小时确定机票。

（二）商定交接行李时间

先与旅行社行李部联系，了解旅行社行李员与酒店行李员交接行李的时间（或按旅行社规定的时间），然后与酒店行李部商定地陪、全陪、领队与酒店行李员四方交接行李的时间。

与领队、全陪商定游客交接行李的时间，商定后再通知游客，并向其讲清楚有关行李托运的具体规定和注意事项。

（三）商定集合出发的时间

与司机商定出发时间（因司机比较了解路况），还应及时与领队、全陪商议，确定后应及时通知游客。

（四）商定叫早时间和早餐时间

地陪与领队、全陪商定叫早和早餐时间，并通知酒店有关部门和游客。

（五）协助酒店结清游客的账目

地陪应提醒、督促游客尽早与酒店结清与其有关的各种账目（如洗衣费、长途电话费、饮料费等）。

地陪及时通知酒店有关部门旅游团的离店时间。

（六）及时归还证件

一般情况下，地陪不应保管旅行团的旅行证件，用完后应立即归还游客或领队。在离站前一天，地陪要检查自己的物品，看是否保留有游客的证件、票据等，若有，应立即归还，当面点清。出境前要提醒领队准备好全部护照和申报单，以便交边防站和海关检查。

（七）填写反馈表

请若干游客填写“旅游服务质量意见反馈表”，如表 1-1 所示。

表 1-1　旅游服务质量意见反馈表

<table>
<tr><td>姓　名</td><td colspan="2"></td><td>联系电话</td><td></td><td rowspan="2">出行地</td><td></td></tr>
<tr><td>团队编号</td><td colspan="2"></td><td>团　号</td><td></td><td></td></tr>
<tr><td>旅游时间</td><td colspan="2"></td><td>出游形式</td><td>散客 □</td><td colspan="2">团队 □</td></tr>
<tr><td>内容评价</td><td>满意</td><td>一般</td><td>不满意</td><td>内容评价</td><td>是</td><td>否</td></tr>
<tr><td>行程安排</td><td></td><td></td><td></td><td rowspan="2">旅游中是否强迫购物</td><td rowspan="2"></td><td rowspan="2"></td></tr>
<tr><td>用餐质量</td><td></td><td></td><td></td></tr>
<tr><td>住宿安排</td><td></td><td></td><td></td><td rowspan="3">导游是否索要小费</td><td rowspan="3"></td><td rowspan="3"></td></tr>
<tr><td>车辆车况</td><td></td><td></td><td></td></tr>
<tr><td>导游服务</td><td></td><td></td><td></td></tr>
<tr><td>司机服务</td><td></td><td></td><td></td><td rowspan="2">旅途中是否有安全提示</td><td rowspan="2"></td><td rowspan="2"></td></tr>
<tr><td>总结评价</td><td></td><td></td><td></td></tr>
<tr><td>游客建议</td><td colspan="6">

游客签名：</td></tr>
</table>

（八）做好衔接工作

如有旅行社负责人送行，要认真做好欢送的具体组织工作。

二、离店服务

（一）集中交运行李

离开酒店前，地陪要按商定好的时间与酒店行李员办好行李交接手续。游客的行李集中后，地陪应与领队、全陪共同确认托运行李的件数（包括全陪托运的行李），检查行李是否上锁，捆扎是否牢固等，然后交付酒店行李员，填写行李卡。行李件数一定要当面点清，同时告知领队和全陪。

（二）办理退房手续

协助、督促、检查退房情况，确保全团游客顺利办理退房手续。旅游团离开酒店前，无特殊原因，地陪应尽早办理退房手续。

（三）集合上车

出发前地陪应询问游客与酒店的账目是否结清，提醒检查有无遗落物品，请游客将房间钥匙交回服务台。离店手续办妥后，组织游客集合登车。在车门前一侧，引导、协助游客上车。上车后，协助游客摆放好随身的行李物品并入座，认真清点核实人数，提醒游客检查是否有东西遗忘在房间里，请游客检查自己的证件是否保管好。确定无误后示意司机开车出发。

（四）送行服务

（1）致欢送词，内容包括回顾旅游活动，感谢大家的合作；表达感谢和惜别之情；诚恳征求游客对接待工作的意见和建议；若旅游活动中有不顺利或旅游服务有不尽如人意之处，导游员可借此机会再次向游客赔礼道歉；表达对游客的美好的祝愿。

欢送词范例如下。

导游员送站欢送词

各位团友，从9号到今天，历经十多天，我们风雨同舟，一起迎朝霞，一同送落日，从上海、苏州、南京、无锡、杭州辗转北上，游览了北京、西安，见证了中国最现代化的都市——上海的繁华，一同饱览了素有“上有天堂，下有苏杭”之称的精致浪漫的江南名城——杭州和苏州。中国有八大古都，本次游程就让我们领略到其中的四大古都——北京、南京、西安、杭州，想必此次旅行让大家真正感受到了什么是悠久的历史与灿烂的文化，目睹了祖国古老的文明与当今的现代化潮流。十几天来，大家既饱了眼福，又饱了口福，口袋里还装有许多要带给亲戚朋友的精美礼物。当然，在这十几天里，我们的安排和服务还存在许多不足之处，感谢大家给我们提出很多宝贵的意见和建议，我们做得不满意的地方，还请大家海涵。我们会认真对待大家的建议，努力提高服务水平。在离别之际，我受公司的委托，要送给大家一件小小的礼物——折扇。我们中国人有句老话叫作“千里送鹅毛，礼轻情意重”，希望你们喜欢。除此之外，我还非常希望大家能带去我对你们的真诚与祝愿，但愿在未来的日子，我们还能重逢。送君千里终有一别，我真诚祝愿大家一路顺风！

（2）提前到达机场（车站、码头），照顾游客下车，乘坐出境航班应提前120分钟到达，乘坐国内航班应提前90分钟到达，乘火车应提前60分钟到达。

（3）办理离站手续。国内航班（车、船）的离站手续如下。

①移交交通票据和行李票。

②与全陪按规定办理好财务拨款结算手续并妥善保管好单据。

③等游客所乘交通工具启动后，地陪方可离开。

国际航班（车、船）的出境手续如下。

①移交行李。

②地陪要向领队（或游客）介绍办理出境手续的程序。

③与全陪办理好财务拨款结算手续并妥善保管好单据，将返程交通票据交给全陪。

④旅游团进入隔离区后，地陪、全陪才可离开。

（4）与司机结账，在核实用车公里数后，在用车单据上签字，并要保留好单据。

（五）后续工作

1. 结清账目，归还物品

整理好游程中开具的账目票据、表单，与司机结清费用，保存好过路、过桥费用以及相关费用的凭证单据，送走游客后，一般第二天就应到旅行社财务部门结清账目，归还从旅行社借出的喇叭、导游旗等物品。

2. 处理遗留问题

临行前，团队中若有游客委托办理物品转交，此时要联系物品转交的对象，将物品尽快转交给对方，并请物品接收者开具收条并签字盖章，将收条与委托书一并交给旅行社保管。

3. 总结工作

认真填写陪同日记，并将接待中的有关重要问题向旅行社负责人做汇报。

对团队的接待服务工作做好认真全面的总结。严格按照导游服务程序，仔细回顾：此次接待过程中，哪些方面是游客满意的，哪些方面是游客还不太满意的；在讲解及生活服务过程中，处理问题是否恰当，有没有更恰当的处理方法；服务过程中，游客（或领队）提出过什么建议，为什么会提出这样的建议，以后该怎么做；等等。

实训

送站服务

1. 实训目的

（1）熟悉送站服务的具体工作要求。

（2）培养认真、负责的工作态度。

（3）培养全面考虑问题的能力。

2. 材料与工具

相关知识和物质准备，模拟地陪及游客角色。

3. 实训地点

建议实训在真实的环境中进行，比如机场、火车站等。

案例

清晨 8: 00，某旅游团全体成员已在汽车上就座，准备离开酒店前往车站，地陪小明从酒店外匆忙赶来，上车后清点人数，又向全陪了解全团行李情况，随即讲了以下一段话：

女士们、先生们，早上好！我们全团 15 人已经到齐。好，现在我们去火车站，今天早上我们乘 9: 30 的火车前往 × 市。两天来大家过得很愉快吧，我十分感谢大家对我工作的理解和支持。中国有句话：相逢何必曾相识。短短两天，我们增进了相互之间的了解，成了朋友。在即将分别的时候我希望各位女士、先生今后有机会再来我市旅游。

人们常说，世界变得越来越小。我们肯定有重逢的机会，现在我为大家唱首歌吧，祝愿大家一路顺风，旅途愉快……（唱歌）团友们，火车站马上到了，请大家准备下车。

请根据送行环节导游工作规范的要求进行小组讨论，分析并指出导游员小明的不妥之处。

思考与训练

1. 地陪在送站服务过程中应做好哪些工作？
2. 欢送词含有哪些内容？
3. 地陪致欢迎词应该包括哪几方面的内容？
4. 简述导游员在接团过程中常见的接团事故及其发生原因，并谈谈你的处理方式。
5. 以自己的家乡作为旅游接待地，设计一段沿途导游词（包括自我介绍、旅游地概况介绍、从机场或车站到入住酒店行车路线的沿途导游讲解）。

项目二　讲解技能训练

【本项目工作目标】

1. 熟悉并掌握导游员讲解技能。
2. 熟悉导游员讲解准备工作。
3. 明确沿途导游讲解内容。
4. 了解娱乐活动设计讲解。

任务1　导游讲解准备

【本任务工作目标】

1. 了解导游词编写的规范和步骤。
2. 掌握导游词创作的要领与技巧。
3. 了解导游讲解的原则和要求。
4. 掌握导游讲解常用技巧。

导游讲解技巧

【训练目标】

导游讲解的目的是让游客充分了解景区的形象信息，欣赏景区的景观和人文的特点，使旅游景区在游客心目中的形象得到美的提炼，使景区的美景和游客美的感受、知识的充实完美契合，从而在游客心目中形成良好的景区形象。导游讲解服务有助于文化的传播。旅游是一种文化传播的方式，能够将旅游地文化传播到客源地。随着旅游业的发展，越来越多的国家注意到了旅游的这种功效，并将其作为国家文化对外宣传的重要窗口。面对这些，导游员更应该做好本职工作，通过引导和生动的讲解，让游客充分了解旅游景区的文化。

通过本任务的训练，学生应了解导游员讲解服务的内容、导游词讲解内容、导游词编写等，从而完成导游员讲解的服务工作。

【任务引入】

导游讲解准备是导游员在幕后进行的一系列复杂而艰辛的工作。导游讲解之前，导游员首先要进行导游词编写，其次必须了解导游讲解过程中的服务原则和要求，并灵活掌握导游讲解的技巧，做好这些准备，导游员才能在实际工作中出色地完成讲解任务。

一、导游词编写

导游词的编写属于导游服务工作的起始阶段。对于导游员来讲，学会导游词的撰写十分重要。撰写一篇好的导游词，首先要了解导游词的结构，其次需要导游员不断地搜集资料，实地考察导游线路，然后还需要导游员掌握一定的撰写技巧。

（一）导游词编写规范

导游词是导游员引导游客进行游览观光的讲解词。通常一篇完整的导游词是由前言、总述、分述和结尾四部分构成的。

一篇好的文章应该具有“凤头、猪肚、豹尾”，即开头应引人入胜，中间充实丰满，结尾铿锵有力。好的导游词也是一样，开篇要能吸引听众，中间应内容充实、层次分明、结构严谨，结尾应让人有意犹未尽的感觉。

（1）前言：前言部分一般是导游员在陪同游客参观游览前，向大家表示问候、欢迎和自我介绍的内容，实质上是一个开始，既要简短、亲切，又有引出下文的作用。

（2）总述：总述是对将要参观游览的景点用精练的词句先做整体介绍，让游客对景点有初步了解，以便让游客有一种见树先见林的感觉。

（3）分述：分述是导游词的重点，它按游览的先后顺序，对景观逐一进行生动、具体的陈述，使游客饱览一个个景点的风韵和艺术魅力。每一个大景点由很多小景点组成，我们要把重点放在介绍景区中最具有代表性的景点和景物上，即对主要游览内容进行详细讲述。

（4）结尾：做事要善始善终，写导游词有开头就一定要有结尾。导游词的结束语包括总结、回顾、感谢和美好祝愿。

（二）导游词编写步骤和方法

1. 集中查阅讲解资料

要写出一篇能完整地介绍旅游景点各方面情况的导游词，前期的资料搜集工作必不可少。导游词的效果很大程度上取决于导游员的知识水平，包括导游员知识面的宽窄以及掌握知识的新旧。因此，导游员应该通过各种途径，不断搜集各种资料，不断充实并完善自己的知识库，才能撰写出合格的导游词。常用的搜集景点资料的途径有以下几种。

（1）查阅专业书籍、杂志、报纸、旅游网站等资料。与旅游景观相关的专业书籍是导游员常常需要用到的。导游员应养成行万里路、读万卷书的习惯，多读书，读好书。古称“腹有诗书气自华”，当撰写导游词时，有广博的知识做铺垫，就能旁征博引、妙语如珠。

杂志和报纸也是导游员搜集讲解资料的重要媒介，尤其是旅游专业杂志和报纸，里面包含着许多常用的专题知识和业界的最新动态，导游员可以花较少的时间，较集中地获得较丰富的知识，而这些知识在撰写导游词时便可以信手拈来，为己所用。

网络的出现使人们的生活方式有了翻天覆地的改变。借助于网络，导游员只需点击鼠标，足不出户，也可及时获悉旅游形势，查找最新的旅游信息资料。网上既可查到官方的统计数据，也可查到业界同人的导游感受和精彩的导游词范例，大大丰富了导游员的视野。

可供导游员参考的旅游网站有：官方旅游网站，如文化和旅游部网站；大型网站的旅游频道，如网易、新浪、中华网等；导游论坛等专供导游员交流的网站；各地旅游协会、旅游景区创建的专业网站；搜索网站，如谷歌、百度等，导游员只需输入关键词即可实现实时检索。

（2）虚心向有关专家、当地居民和资深导游员咨询求教。从实际工作来看，向有关专家、当地居民和同行们咨询也是一种较可靠的景点资料搜集途径。这些人员或出于专业研究，或由于长期居住，或基于工作需要，都会积累相当丰富的景点资料。导游员向他们请教，可以及时弥补景点说明词和书籍介绍词中的不足，增加写作时可选择的资料。

（3）参加导游员培训班，接受强化训练。目前在很多地方都有专门为提高导游员的服务技能而开设的培训班，针对当地特有的景观、文化对导游员进行专门的培训。这类培训班会聘请资深的导游员和专业人士为学员进行有针对性的、系统的培训，提供大量的讲解资料，有助于导游员搜集资料、提高导游词撰写水平和讲解水平。

（4）平时做个有心人。搜集讲解资料时，不要局限于上面谈到的几种方式，导游员应该在平时的生活中处处留心，善于捕捉各种有用信息，所谓“处处留心皆学问”。譬如与朋友闲坐聊天、与游客交往时，只要留心，就可能在不经意中获得宝贵的导游素材。

（5）在带团实践中修正导游词。在带团实践中，导游员要注意游客对导游讲解词的反应，通过游客赞许或疑惑的表情、目光，确定讲解内容是否应该修正及应做哪些取舍；导游员还可把带团中游客提出的各种问题记录下来，待查找资料获得正确答案后，经过筛选将这些内容添加到导游词中，这样导游词就会越来越充实、详尽，导游员的知识会越来越丰富，对于以后带团将大有裨益。

2. 实地考察导游线路

导游员在带团之前仅收集各种书面的、间接的线路资料是不够的，还必须收集一手资料，对导游线路进行实地考察，也就是常说的“踩线”，即亲赴现场考察旅游线路的行程、景点、酒店、餐厅、交通状况、娱乐及购物场所等情况。只有通过实地考察，导游员才可能知道旅游线路的具体情况，譬如景区入口在哪里，出口在哪里，线路怎么走，行车要多长时间，沿途有什么风土人情需要讲解，甚至沿途哪些地方有厕所、商店等。因为上团后游客若有吃、住、行、游各方面的问题都会找导游员解决，如果游客问到“导游，我们还有多久到景区啊？”“导游，附近有厕所吗？”等问题，导游员一概不知，那就不免太尴尬，也显得导游员不负责任。而这些问题的答案在教科书上都是找不到的，只有通过实地考察来获取。

（1）考察前的准备。

①了解行程、线路。在实地考察前，导游员要弄清楚这条旅游线路要经过哪些地区、路程大概有多远、沿途有什么景点，把握这条线路的“骨架”，做到心中有数，以便以后开展工作。

②讲解资料的准备。根据上面了解到的旅游线路“骨架”，针对每个具体方面准备讲解资料，如所经过地区的概况，包括该地区的历史、政治、经济、民风、民俗各方面的材料，沿途的导游词，所到景点的导游词。导游员还要根据路程的长短、景点的大小估算讲解时间的长短。

③心理上的准备。导游员在“踩线”前要调整好自己的心态，站在游客的角度，以兴奋状态进入实地考察过程，以游客的视角来找寻沿途景物并思考问题，设想游客想看什么、想知道什么，从而确定所需要的讲解内容。

（2）考察中的对照与发现。

①考察中要将实际景物与讲解资料相对照，完善导游词。考察时首先看讲解资料是否符合实际，其次看它是否写出了景观的精彩之处，最后要记下经过每一段路、每一个景点所需要的时间，以便确定导游词撰写的长短。

②善于发现新景象。导游员在“踩线”时，要有敏锐的洞察力，要善于发现。首先是发现沿途那些资料和书上没提到，但也有较高观赏价值的自然景观、风土人情；其次是发现众所周知的景观经过联想或者从不同的角度观察，所呈现出的另一番景象。导游员可以将这些收获融入导游词中，使导游词更加生动、更具个性。

（3）考察后的完善与创新。

①导游词的完善与创新。在实地考察旅游线路后，导游员既找到了原有资料的不足，也有了自己的亲身体会和创新性发现，之后就可结合前人的资料与自己的发现重新完善导游词，使之与景观结合得更紧密，更体现个人风格，更有创新性。

②对旅游线路、行程安排的创新。每一条旅游线路都不可能尽善尽美，或多或少都会存在某些缺陷。通过“踩线”，导游员能够体会到这些缺陷带给游客的不尽如人意之处。考察活动结束后，导游员应向旅行社提出线路中存在的问题和解决的办法，如行程太紧张、没有足够的时间观赏旅游景点等，可建议适当改变游览顺序，错开客流高峰、开辟深度游等。

3. 导游词编写的技巧

导游词的编写质量直接影响着游客对一个地区旅游资源的感知，对当地旅游形象的树立至关重要。要写好一篇导游词，使人有身临其境之感，就要求导游员对其讲解的景观既有全方位的了解，又善于取舍、精于提炼。要写出一篇优秀的导游词，应注意运用下述技巧。

（1）注重层次感。导游词应按一定的规律或顺序依次介绍景点概况，以达到逻辑清楚、容易理解的目的。比如介绍一座古建筑，应按照始建时间—历史沿革—坐落位置—地位与价值—宏观布局—具体景点这样一条主线来讲解，以便游客系统、完整地了解景点知识。

（2）确立讲解主题。一个景区可供讲解的内容很多，必须选择一个讲解重点，即确定导游词的主题和中心思想。选准了主题，导游词的编写就成功了一半。选好主题后，还必须选好切入点，将景区每个景点的特色串联起来，围绕主题展开讲解。如讲解武当山风光时，重点在于强调武当山的道教文化渊源，因此，在介绍武当山的建筑、自然风光、悠久历史时，都要围绕道教文化来展开，从而使游客感受到武当山作为道教名山的风采。

（3）突出方位感。导游词是导游员要传递给游客的信息。导游员站在一个特定的位置，引导游客观赏景物，并对景物进行讲解。因此，导游员讲解的第一步应该是指明景物的方位，让游客看见该景物。为此，导游词中必须大量使用表示方位的词句，如“在我们的左前方，有……”“请大家注意上面这个……”“请大家顺着我的手看过去，是不是可以看见……”。待游客看见景物后，导游员才能进行后面的讲解。

（4）讲究口语化。导游词的写作素材虽来源于书面资料，但是导游词是用来讲的，所以导游词中不适合用书面语，而必须将书面语转换成口语。导游员要注意书面语和口语两种语言格式的差别：书面语多用长句，口语用短句；书面语多用倒装句，而口语较少在主语前加较长的修饰语。

导游员在讲解景观的历史渊源时有时会参考古代文献或诗词歌赋，这时一定要将其译成白话，游客才容易理解。如资料中介绍四川的清江（青衣江）：“夷水，即艮山清江也。

水色清照，十丈分沙石，蜀人见其澄清，故名清江。”这段文字出自郦道元的《水经注》，是一段文言文，如果直接写入导游词中，既难念也难听明白，可改为：“清江古名夷水，因为江水清澈透亮，据说水深十丈也能分清水底的泥沙和石子，所以古代蜀人给它取名叫清江。”这就浅显直白得多。

（5）根据不同的导游对象灵活调整导游词。充分分析游客情况（具体包括国籍或居住地、籍贯、民族、年龄、职业、文化程度、社会地位、兴趣好恶等社会、心理、文化背景以及旅游的动机等，这些资料可从旅游接待计划中获得），灵活编排或适当调整导游词，使导游讲解或通俗易懂，或广博深入，或平铺直叙，或跌宕起伏，或大力渲染，或一带而过，或委婉避讳，或直接显明，从而引起游客的共鸣。如对文化层次不高的游客，一般要注意运用通俗易懂的语言；对年轻而有文化的游客，语言则要尽量高雅、生动、活泼。要根据不同游客的文化背景、心理背景、行业背景、语言背景更换导游词。

二、导游讲解服务

导游讲解是导游员的一种创造性的劳动，因而在实践中导游讲解的方式、方法可谓千差万别。但是，这并不意味着导游员在讲解过程中可以随心所欲。相反，要保证导游讲解的服务质量，无论何种导游讲解方式、方法的创造，或导游讲解艺术的创造都必须符合导游讲解的基本规律，要遵循一些基本的原则和符合一定的导游讲解要求。

（一）导游讲解应遵循的原则

1. 以客观事实为依托原则

所谓客观性是指导游讲解要以客观事实为依据，在客观事实的基础上进行意境的再创造。客观事实包括自然界的万事万物和人类社会的各种事物。其中有的是有形的，如名山大川、文物古迹；有的则是无形的，如社会制度、旅游目的地居民对游客的态度等。这些都是客观存在的。导游员进行讲解时，无论采用何种方法或技巧，都必须建立在自然界或人类社会某种客观事实的基础上。

2. 计划性原则

所谓计划性是指导游讲解的科学性和目的性，要求导游员在特定的工作对象和时空条件下发挥主观能动性，科学地安排游客的活动日程，有计划地进行导游讲解。

导游员应根据游客的具体情况合理安排在景点内的活动时间，选择最佳游览路线，导游讲解内容也要做适当取舍。什么时间讲什么内容、什么地点讲什么内容以及重点介绍什么内容都应该有所计划，这样才能达到最佳的导游效果。

3. 针对性原则

所谓针对性是指导游员从游客的实际情况出发，因人而异、有的放矢地进行导游讲解。导游员每次带团面对的游客都不一样，游客所感兴趣的内容也不一样，所以导游员以一篇不变的导游词面对不同的游客是行不通的。导游员要根据不同游客的具体情况，在接待方式、服务形式、导游内容、语言运用、讲解方式方法上都有所变化。

4. 灵活性原则

所谓灵活性，就是导游员的讲解要因时、因地而异。导游讲解的内容应可深可浅、可长可短、可断可续，一切须视具体的情况而定，切忌千篇一律、墨守成规。导游讲解贵在灵活、妙在变化，原因是各旅游景点的美学特征千差万别，大自然又变化万千，游览时的气氛、游客的情绪也在随时变化。即使游览同一景点，导游员应根据季节变化，阴晴变化采用切合实际的讲解方式。

例如，雨中游览武夷山时，导游员的不同讲解会带来不同的效果。导游员如果说“下雨天，什么景色也看不清”，就会大大影响游客的心境。导游员此时应引导游客欣赏自然山水的朦胧美，山朦胧、水朦胧，自有一番神秘、奇妙之感。

导游讲解以客观事实为依托，计划性、针对性和灵活性体现了导游活动的本质，也反映了导游方法的规律。导游员应灵活运用这四个基本原则，自然而巧妙地将其融于导游讲解之中，这样才能不断提高自己的讲解水平。

（二）导游讲解应符合的基本要求

导游讲解是为了向游客有效地传播知识、联络感情。一方面，导游员讲解的知识要能够为游客所理解；另一方面，要使游客在心理上或行为上产生认同，在情感上与导游员趋同。导游员在讲解时应符合以下八项具体要求。

1. 言之有物

导游讲解要有具体的指向，不能空洞无物。不要东拉西扯，缺乏主题，缺乏思想，满嘴空话、套话。讲解资料应突出景观特点，简洁而充分，应把讲解内容最大限度地“物化”，使所要传递的知识深深地烙在游客的脑海中，体现旅游的最大价值。

2. 言之有理

导游员讲解的内容、景点和事物等都必须要以事实为依据，要以理服人，不要言过其实和弄虚作假，更不要信口开河。一旦游客得知讲解内容违反事实，就会感到自己被嘲弄和欺骗，导游员的形象在游客的心目中也将一落千丈。

言之有理不仅在于讲道理的“理”，还在于导游讲解要符合一定的生活和风俗习惯，符合人们的欣赏习惯，符合法律法规。

3. 言之有趣

导游员在讲解时要生动、形象、幽默和风趣，要使游客紧紧地以导游员为核心，在听讲解的过程中，感受到一种美好的享受和满足。需要指出的是，导游员在风趣幽默地讲解时，比拟要自然，要贴切，千万不可牵强附会，不恰当的比拟往往会伤害游客的自尊心，并对其他游客产生不良的影响。导游员正在讲解，如图 2-1 所示。

图 2-1　导游员讲解

4. 言之有神

导游讲解应尽量突出景观的文化内涵，使游客领略其内在的神采。其讲解内容要经过综合性的提炼并形成一种艺术氛围，让游客得到一种艺术享受。

5. 言之有力

导游员在讲解时要正确掌握语音、语气和语调，既要有鲜明生动的语言，又要注意语言的音乐性和节奏感。此外，导游员在讲解结尾时，声音要响亮，让游客有心理准备。

6. 言之有情

导游员要善于通过自己的语言、表情、神态等传情达意。讲解时，导游员应既充满激情和热情，又充满温情和友情。富含感情和人情味的讲解更容易被游客接受。

7. 言之有喻

导游员应结合游客的欣赏习惯，恰当地运用比喻手法，降低游客理解的难度，提升旅游审美中的形象和兴趣。

8. 言之有礼

导游员的讲解用语和动作行为要文雅、谦恭，使游客获得美的享受。

三、导游讲解技巧

经过旅游业专家及导游员苦心钻研、探索，又经过多年的导游实践活动和总结，导游讲解技巧大体可归纳为以下二十一种。

（一）七大要素法

导游讲解一定要知识性、趣味性、科学性三者兼备，要做到这一点，导游讲解必须具备七大要素。任何景观，特别是历史景观，在讲解时七大要素缺一不可。这七大要素可以说对任何景观都适用，只是对不同的景观侧重点有所不同。这七大要素如下。

（1）历史背景。何年所建，当时的历史条件是怎样的。

（2）景点用途。为何而建，为纪念名人还是为欣赏风光，为保护文物还是为教育后代。

（3）景点特色。建筑结构布局有何特点，风光有何奇特。

（4）景点地位。景点在世界上或在国内、省内、市内处于何地位，是何级文物保护单位。

（5）景点价值。历史价值、文物价值、旅游价值、欣赏价值如何，如能介绍接待状况，游客也会有兴趣了解。

（6）名人评论。历史名人、国家领导人、世界名人、著名文人等参观后有何评论，采用“名人效应法”介绍景点受人称颂的情况会引起游客的兴趣。

（7）有始有终。要有开场白，即欢迎大家到景点参观，并提醒注意事项；也要有结束语，即感谢大家耐心听讲，并期盼大家再来参观。

（二）分段讲解法

分段讲解法是指将一处大景点分为前后衔接的若干部分，以见到的一个个游览对象为顺序逐一讲解的方法。这种方法适用于较大的游览项目。在参观一个大的、重要的游览点之前，首先在前往景点的途中或在入口处的景点示意图前，导游员用概述法介绍景点（包括历史沿革、名称、背景、占地面积、欣赏价值、设施等），并介绍主要景观的名称，使游客对即将游览的景点有个初步印象；其次，导游员带团顺次参观，边看边讲，借物论事，由此及彼，逐渐达到高潮，以给游客留下难忘的印象。

导游故宫、颐和园、避暑山庄这样的重点项目和比较大的项目时，最好能用“分段讲解法”，否则不会达到很好的效果。

（三）虚实结合法

虚实结合法一般用于导游名胜古迹、名山大川、园林景观，以收到烘托气氛、增加情趣、引起共鸣和思考的效果。“实”就是所见的实景、实物，客观存在的实体；“虚”就是和实景、实物、实体有关的民间传说、神话故事、轶闻趣事。把二者有机地联系穿插在一起进行讲解、介绍，这种方法叫“虚实结合法”。当然，虚实结合法应用时要以“实”为主，以“虚”为辅，“虚”为“实”服务，“虚”为加深“实”的存在感而运用。如带游客游览天然画廊——长江三峡时，导游员应主要引导人们欣赏三峡的壮美风光，而穿插介绍诸如“神女峰”等传说，只是为了使三峡风光更显神奇、完美而已。

（四）突出重点法

突出重点法就是导游员在导游讲解中避免面面俱到，而是突出某一方面的讲解方法。如果导游员讲解面面俱到，没有详略，没有突出重点，游览结束后肯定不会给游客留下深刻的印象。

导游讲解所突出的内容应包含以下四个方面。

（1）有代表性的景观。游览规模大的景点，导游员必须做好周密的计划，确定重点景观。这些景观既要有自己的特征，又要能概括全貌。到现场游览时，导游员主要讲解这些具有代表性的景观。例如，游览故宫主要突出对前三大殿的介绍。

（2）与众不同之处。以佛教寺院为例，其历史、宗派、规模、结构、建筑艺术、供奉的佛像等各不相同，导游员在讲解时应突出介绍与众不同之处，以有效吸引游客的注意力，避免使游客产生雷同的感觉。

（3）游客感兴趣的内容。导游员在研究旅游团的资料时，要注意游客的职业和文化层次，投其所好，在游览时重点讲解旅游团内大多数成员感兴趣的内容。

投其所好的讲解方法往往能产生良好的效果。如游览故宫时，面对以建筑业人士为主的旅游团，导游员除介绍故宫的一般情况外，要突出讲解中国古代宫殿建筑的布局、特征，故宫的主要建筑及其建筑艺术，还应介绍重点建筑物和装饰物的象征意义等。如果还能将中国的宫殿建筑与民间建筑进行比较，将中国宫殿与西方宫殿的建筑艺术进行比较，导游讲解的层次就大大提高了，也就更能吸引人。面对以历史学家为主的旅游团，导游员应更多地讲解故宫的历史沿革及在中国历史上的地位和作用，还有在故宫中发生的重大事件。

（4）突出“……之最”。一般说来，人们对“最”感兴趣，也喜欢追求“最”。面对某一景点，导游员可根据实际情况介绍这是世界（中国、某省、某市、某地）最大（最长、最古老、最高、最小）的……如洛阳的白马寺是中国最早的佛教寺庙等。有时第二、第三也值得一提，如长江是世界第三大河。这样的导游讲解突出了景点的价值，会激发游客的游兴，给他们留下深刻的印象。

这种导游讲解法适应了游客的心理要求，会给人以深刻印象，令游客为之兴奋。但不能为了突出特点而信口开河，所讲内容要有根据，要有权威性和可信度。

（五）有问有答法

所谓“有问有答法”，就是导游员在讲解中避免个人滔滔不绝地唱独角戏，而是要调动游客进入角色、活跃气氛，利用讲中有问、问后再答的办法，与游客进行交流，巧妙地抓住游客的注意力，使导游水平达到更高的境界。

有问有答法可分为“自问自答法”“客问我答法”“我问客答法”“客问客答法”四种。

（六）类比法

类比法以游客熟悉的事物来介绍、类比所参观的事物，使其很快地了解生疏的事物并产生亲切感，使客人虽在异国他乡，却又犹如置身故地。类比法分为同类相似类比和同类相异类比两种。

（1）同类相似类比将相似的两物进行比较，如将北京的王府井大街比作日本东京的银座、美国纽约的第五大道、法国巴黎的香榭丽舍大街；把上海的城隍庙比作日本东京的浅草；讲到中国的梁山伯与祝英台时可以将其比作英国的罗密欧与朱丽叶。

（2）同类相异类比体现两种风物在规模、质量、风格、水平、价值等方面的不同，如在规模上可将唐代的长安城与东罗马帝国的首都君士坦丁堡相比；在价值上可将秦始皇陵地宫宝藏同古埃及法老图坦卡蒙陵墓的宝藏相比；在宫殿建筑和皇家园林的风格和艺术上，可将北京故宫与巴黎的凡尔赛宫相比。这样有利于游客很快了解原本陌生的景点的性质和特点。

当然，利用此法要求导游员对国外景点比较了解，而且作为类比双方的事物从性质到含义都有相似之处才行，万万不可乱打比方。

（七）创新立意法

创新立意法就是将大家熟悉的景点给予新的讲解，用创造性的、新鲜的手段将游客引入一个崭新的意境中，使游客进入一种美的境界，产生愉悦感。使用时不但要敢于“创新”，还要讲究“立意”，来不得半点勉强，必须自己下功夫创造才行。

如导游员在介绍青岛风光时讲：“青岛风光可分为五个层次，碧海、金沙、红瓦、绿树、蓝天，很像音乐的五线谱。”他接着说：“勤劳、聪明的青岛人民，犹如五线谱上的音符，通过自己的辛勤劳动，谱写出一曲曲动人的英雄乐章！”把青岛风光比喻成五线谱，将青岛人民比作音符，这就是创新立意法。

（八）名人效应法

名人效应法，即利用名人的知名度、社会名望来宣传和讲解一个景点、一个名胜，以扩大影响，加强讲解效果，产生轰动效应。因为人们对名人都有些敬仰、信赖，并且容易产生效仿心理，所以名人效应法是导游讲解的好手法，能扩大景点的知名度，吸引更多的游客。

（九）制造悬念法

制造悬念法也叫“吊胃口”“卖关子”。导游员有时利用游客想知道结果和想了解来历的迫切心情，故意引而不发，巧妙安排，产生悬念，使其产生想听下回分解的欲望；有时提出问题，暂时停顿，给游客稍加思考的时间；有时讲到关键地方、紧要关头，来个急刹车，欲知后事就得继续听导游员道来，使得导游员始终处于主动地位，让游客非得跟着走不可。利用这个手法可使导游讲解波澜起伏，趣味横生，引人入胜。例如，在游览孟姜女庙时一进门就要登石阶，导游员此时就可以问游客："你们知道这里一共有多少级石阶吗？大家不妨在攀登时数数看，看谁数得对，来一次比赛，怎么样？"导游员这么一讲，游客兴致大增，纷纷拾级而上。登上之后，大家七嘴八舌，各不服气。此时，导游员再告诉游客共有 108 级，然后再由这 108 级石阶讲解孟姜女寻夫经过 108 难。这样游客就不会觉得爬台阶很累、很乏味，也会觉得听到的故事更有趣。

当然，"悬念"不能"乱造"，"关子"不能"滥卖"，更不能生硬地"推销"，要讲艺术性。讲求艺术性才会收到良好的导游效果。

（十）组织故事法

故事人人爱听，特别是在优雅美丽的环境中。

我国有悠久的历史，有许多优美的民间传说和故事。故事和传说，往往又和真山真水连在一起，更增加了故事的可信度。因此，只要我们将故事有机地同导游讲解结合起来，就会增加游客的游兴，给游客留下深刻印象。我们中国的导游员，应该从我国民间文学中汲取营养，收集故事、传说，以丰富我们的导游内容，提高我们的导游水平。

（十一）导入意境法

意境，大多是靠人们的想象而呈现的，所以都是美丽的、壮观的。如果导游员能使游客进入意境，那么导游工作就是成功的。导入意境法就是通过生动的导游，激发游客的想象力，使他们的情绪、思想进入导游员安排的特定的意境中，达到探索美、追求美的境界，产生更美好的感觉。

我们带游客观看的一些历史古迹、园林或文物，不一定都是美丽壮观的，也不一定都是吸引人的。对于有些出土文物，不了解情况的人还以为是破铜烂铁。如果导游员不说明，不描绘历史的意境，这些古迹、文物就很难吸引到游客。这就是导游讲解"点石成金"的作用。

（十二）画龙点睛法

在导游中，将景物最精彩的地方向游客指出，使他们领略其绝妙之处，这样的手法叫"画龙点睛法"。

如南京的导游员说：南京的特色，首先是个"古"字，作为六朝古都，有着悠久的历史；其次是"大"，有中国最大的河，有中国最大的桥，还有中国最大的城墙；然后，南京在历史上、地理上都占有重要的位置，所以"重"也是其特点；最后，南京是绿色城市，树木繁多，平均每个人占有十余棵树，"绿"也是该城之特色。"古""大""重""绿"这四个字，便是南京导游员的画龙点睛之笔。

（十三）转换角度法

中国风景名胜，讲究气势宏大、意境深远，妙在移步换景、一步一景。欣赏是在流动中完成的，称之为"动态观赏"。特别是中国园林都是由建筑、山水、花木等组合而成的一个综合艺术体，富有诗情画意。叠山理水要造成“虽由人作，宛若天开”的效果，酷似大自然。欣赏大自然，不走不动是不行的，不仅“动”，而且还讲究“仰观”和“俯观”。这种从不同角度、不同层次、不同高度，从内到外、从远到近、从横到侧来欣赏景观的方法，我们暂称之为“转换角度法”。发明此法者，应首推宋朝大词人苏东坡先生，他在《题西林壁》中写道：“横看成岭侧成峰，远近高低各不同。不识庐山真面目，只缘身在此山中。”他告诉我们，从远、近、高、低不同方位及不同角度会欣赏到“各不同”的景观。

（十四）触景生情法

触景生情法就是见物生情、借景说情的一种导游讲解方法。就是见到景色后，不只是简单地讲解一下景色，而是由此引出话题，介绍事物。这样使游客不仅知其然，而且还知其所以然，从而达到通过旅游获得教益、学到知识的目的。运用触景生情法的基本要求有以下两点。

（1）导游员不能就事论事地介绍景物，而是要以点带面。

利用所见景物使游客产生联想。如经过昆明市东站交叉路口看到风格独特的白水泥雕塑时，导游员要向游客介绍这组圆环形雕塑由六个少数民族组成，并顺势讲解云南省少数民族的概况。再如在游览车上，看到一所中学，导游员便介绍我国的教育制度，开展各种教育活动的情况，以及我国的教育方针、政策等。这样，游客就能从一所中学了解到中国的教育状况，导游员的讲解起到了以点带面的作用。

（2）导游讲解的内容要与所见景物和谐统一，使其情景交融，使游客感到情中有景，景中含情。

如当旅游团参观故宫太和门广场以及高大巍峨的太和殿时，导游员可适当描述皇帝登基时的壮观场面：金銮殿香烟缭绕，殿前鼓乐喧天，广场上气氛庄严肃穆；皇帝升殿时文武百官三跪九叩，高呼万岁万岁万万岁。还可讲清末代皇帝溥仪三岁登基时被这隆重的场面吓得直哭，闹着要回家，而他的父亲连忙说“快完了、快完了”哄他的历史趣闻。游客望着宏伟的太和殿，听着导游员的风趣讲解，会发出欢快的笑声。

（十五）寓情于景法

“寓情于景法”和“触景生情法”是不同的。“触景生情法”是由景及情，借景说情，引出话题。而我们现在所讲的“寓情于景法”，是将情感、知识、故事放在景点中去讲，情景交融，使讲解与风光、景物达到和谐的统一，使游客陶醉于情景交融之中。

（十六）引而不发法

引而不发法是艺术性较高的方法，适合高文化水准的旅游团。这个方法，就是导游员给游客以启示、指点，让游客去思考、去判断、去琢磨，最后由他们自己找到答案。这样会营造出一种非常活跃的气氛，使大家参观游览得更愉快。总之，“引”就是指点要领，引入门径，使游客入门；“不发”就是在导游中不和盘托出，不说尽了，而是给游客留有思索、回味、体会、欣赏的余地，开动游客的脑筋，让他们自寻答案、品味余兴。当然，到了最后若游客实在不知道答案，还是要“发”的。

采用“先藏后露”“欲扬先抑”，也就是引而不发的方法，可以引起游客的兴趣，一旦“发”出来，给人印象就特别深刻。

（十七）启示联想法

这是为了加深游客的印象，引起他们的联想，从而对事物做出更深刻总结的一种方法。

游客在参观游览中目睹了风景名胜，耳闻了导游员的介绍，便会在脑海中产生印象和概念。但是，仅仅是印象和概念而已，尚未达到系统的感性认识层面，也未形成深一层的理性认识。此时此刻，导游员要加以启示，引起他们的联想，深化他们的认识，从而让他们形成合乎情理的判断，达到我们导游员想要达到的效果。

如在参观十三陵地下宫殿时，要说明帝王生活的奢靡和修陵的耗资。若只是说当时花了多少万两金子，游客不会产生具体的印象。如果这样讲："你可能问修陵花了多少钱？具体数字可能比较抽象，但有人计算过，当时若用此项花费购买大米，可供100万人吃六年半的。"这样的描述会令游客从惊奇中联想到封建社会的不平等。

（十八）引用名句法

历史上中外文人、名人的许多脍炙人口的名言、名句、诗词、典故等，如果在导游中加以引用，不仅能增添导游的文采，而且还可以给人以更形象、更鲜明的印象。这种利用名人名句来进行导游的方法，叫"引用名句法"。

人们往往有这样的心理：看到美景名胜时有一番感受，同时也很想知道历史上来过这里的名人有何观感，一般人来此又有何评价。

另外，一些名言和俗语能帮助我们非常透彻地讲解一些事物，使导游词变得有文采、有感染力，同时游客也更容易接受，并能得到游客的欣赏。

（十九）因人而异法

"因人而异法"就是导游时不能千篇一律，不能不看对象地照本宣科，而是要因人、因地、因时而异，有针对性地进行讲解。

（1）了解游客不同的旅游目的和心理动机，并根据其不同的心理特点采取不同的导游讲解方法，尽可能地做到有的放矢、因人而异。

例如，游览北京故宫，对于一般的西方游客，导游员进行一般性讲解就可以了；而对于海外侨胞，就可以结合导游内容多介绍一些有关典故、轶事、传说等；而对于研究中国历史、文物、古建筑的学者、专家，则要对与他们专业有关的内容进行深入细致的讲解，同时介绍我国学术界的有关情况。当然，对国内游客，也要根据其不同的层次进行导游讲解。

（2）对不同国家、民族以及具有不同性格特征的游客，要采用不同的讲解方法。

要做到这一点，在工作中就要注意揣摩来自不同国家和民族游客的特点以及他们的习惯。

例如，荷兰是个海洋国家，居民长期与大海打交道，所以荷兰人比较粗犷、爽快；美国是个年轻的国家，其人民个性自由开放、幽默、爱开玩笑；法国人有较高的文化素养，但又很容易激动，特别是女士们；澳大利亚地广人稀，其人民性格线条比较粗一些，喜欢参观动物、植物，特别是花草，言谈也直爽；英国人一般绅士派头十足；日本人沉着，注重礼节……了解到这些特点，在接待他们时就可以"因人而异"了。对美国、荷兰、澳大利亚的游客要言谈爽快，别拐弯抹角；对英国人要讲点外交辞令，用词要考究；对日本的客人要以礼相待，注意鞠躬。

（二十）有的放矢法

“有的放矢”就是对准靶子再射箭，这应用到导游中，就是要有针对性地进行导游，看好对象，针对他们最关心的问题进行讲解。

如有一西欧旅游记者和作家访华团，团内流传着一个笑话，内容是“世界上最幸福的男人所具备的四个条件为：第一，拿美国的工资；第二，娶日本妻子；第三，住英国乡村的房子；第四，吃中国的饭菜。世界上最不幸的男人的四个条件为：第一，娶美国妻子；第二，住日本的房子；第三，吃英国的饭菜；第四，拿中国的工资。”这虽是个笑话，但我们可以看到他们普遍认为中国的工资较低。

导游员针对这种情况，可在旅游过程中安排他们到居民区参观，进行家庭访问，而且以家庭收支情况为例，进行详细介绍。当他们了解到一套房子的房租及水电费、中国家庭的日常消费水平以及中国家庭几乎家家都有存款的情况，就会觉得只简单地将中国人的工资折合成多少英镑或美元是不对的，应当了解在中国物价非常便宜，只有了解中国人的支出情况，才能真正了解中国人的工资水平。同时，沿途介绍一下导游员的家庭收支情况，他们也自然地与其各自家庭收支情况对比，这样他们就能了解到中国人的工资和他们原来想的不完全一样，他们就会改变看法。这里就采用了“有的放矢法”。

（二十一）课堂讲解法

作为全陪，一路上带游客看了不少，讲了不少，然而又如何归纳一下，给他们一个系统的印象呢？作为地陪，游客在一个地方看了不少参观点、游览点，如何让游客对整个城市有个全面的了解呢？这些，就需要导游员们系统地去讲解一些事情，这就要采用课堂讲解法。课堂讲解法不一定必须在课堂上讲，可以在会议室讲，也可以在长途游览车上讲，也可以在火车行进中讲。总之，它是设定一定主题、比较系统地讲一个专题的方法。

课堂讲解法的运用应注意选题，一般对外国游客而言，中国的风俗习惯及与西方的对比这一专题会很受欢迎。一方面，这样的专题能使游客了解我国的传统文化，另一方面，讲解从思维方式到分析东西方文化的不同，引导游客从一个更深的层次探讨这两种文化，从而增加游客从游览、参观中所获得的知识。

还有很多可能在我国是司空见惯的内容，对于外国游客而言却特别有吸引力。比如教他们学中国人的手势，教他们用一只手表示从一到十的数字，一般都会取得很好的效果，这就是文化差异带来的魅力。所以选择讲解专题也是需要技巧和不断总结的。

总之，导游讲解方法在不断地丰富和创新，各种方法又是相互渗透和联系的，导游员在博采众家之长时，也应该结合自己的特点融会贯通，在实践中形成自己的导游风格，这样才能获得不同凡响的导游效果。

四、导游词编写

编写导游词要认真研究接待计划，分析团队基本情况，利用各种途径搜集资料，为编写奠定材料基础，同时对导游线路进行实地考察，了解每一条游览线路和每一个景点的实际情况，为实际导游讲解做好铺垫。了解导游讲解服务的原则和要求，并用来指导导游词编写和实际讲解。掌握导游讲解技巧，并真正落实到导游词编写和实地讲解中。

导游词范例如下。

各位杭州来的朋友，你们好！欢迎大家来到苏州，我姓张，大家叫我小张就可以了。非常高兴今天能够陪同各位一起到周庄参观游览。

今天我们将要参观浏览的景点是被誉为“中国第一水乡”的周庄。周庄，是一个有着900多年历史的江南水乡古镇，它以悠远的传统、淳朴的民风、古老的建筑、清澄的河水和充满传奇色彩的人物，成为一个极有诱惑力的旅游胜地。著名古建筑专家罗哲文说：“周庄不仅是江苏省的一个宝，而且是国家的一个宝。”台湾某杂志盛赞周庄是“中国第一水乡”。还有不少人在游览了周庄之后，这样说道：“上有天堂，下有苏杭，中间还有一个周庄。”大家为周庄保存着如此众多的明清建筑而赞叹，为“小桥、流水、人家”的精美格局而眩惑，为处处可画、时时有诗的风情而陶醉，觉得周庄是无法重造的美丽水乡。下面就请大家跟我一起走进周庄，去领略那“小桥、流水、人家”的水乡特色吧！

（走到贞丰泽国牌坊前）这里是石牌楼，巍然矗立在这新老镇区的交界处，是古镇周庄的象征，上面镌刻“贞丰泽国”四个字，为著名书法家沈鹏所写。“贞丰”是指周庄的原名为贞丰里，北宋元祐元年（1086年），有一位姓周的迪功郎（古代官名，又称宣教郎）因信奉佛教，将两百亩庄田捐给当地的全福寺作为庙田，老百姓感其恩德，把贞丰里改为周庄。“泽国”是指四周环水的地方。坊柱上有一副对联，上联是“贞坚不贰攀日康庄有道路”，下联是“丰衣足食向阳桃李自逢时”，意思是说我们周庄人民在改革开放的大潮中走上了康庄大道，生活越来越富裕了。

大家跨过石牌楼就进入古镇区了，请回头再看，这里还有一副对联：“万顷碧波水光潋滟晴方好，百尺临云塔影横斜景亦奇”。这是著名记者冯英子题写的。横额上书“唐风子遗”。意思是在周庄，古代优秀的民族文化、古风遗韵还能看到一些。这是著名书法家费新我老先生在晚年的时候用左手题写的，左下角还有他的落款呢！大家可以仔细辨认一下，是“新我左笔”四个字。这石牌楼和马路两旁飞檐翘角、黛瓦粉墙的房屋，以及高高耸立的古塔，构成了一个古建筑群，许多人都喜欢在这里留影，回头大家也可以在这里留个影。

（边走边导游）前面呢，有一座醒目的汉白玉照壁，它是为纪念古镇900周年而建造的，它艺术地勾勒出了周庄悠久的历史。抬头看去，拱桥驳岸，风火墙和蠡窗黛瓦，无不给人以浓重的历史感。

周庄，是典型的江南水乡，有人把它比作威尼斯。四条河道交叉形成“井”字形将古镇分割成8条街道，15座各式小桥彩虹般横跨在“井”字形的河道上，给周庄增添了风采。镇上大部分居民住宅都临港背河。过街骑楼、临河水阁、水墙门、长驳岸、河埠廊坊、穿竹石栏、水巷幽弄、深宅大院，处处显露出古朴幽雅的气质，是中国水乡古镇风貌的“活化石”。吴冠中教授游览了周庄后说：“黄山集中国山川之美，周庄集中国水乡之美。”

前面有一座古桥，叫太平桥，建于清代。展现在大家眼前的是一幅动人的江南风情画，在沈厅的展览室里，可以看到日本著名女画家桥本心泉以它为主要背景画的一幅名为《周庄的某一天》的油画。

这一条古街俗称一步街，因为它很窄，一步就可以跨过，街道两旁开店的店主不用走出店门就可以互相握手或递东西表示友好，所以又称友谊街。上面还有一线天，中间是过街楼。这种建筑在大城市里是很少见的，在周庄却有许多。

（在双桥前停下来）现在，我们已经来到了双桥，周庄双桥是不能不看的。大家看，这桥面一横一竖，桥洞一方一圆，样子很像是古时候人们使用的钥匙，所以当地人便称之为“钥匙桥”。这两座桥始建于明代万历年间（1573—1619 年）。这座石拱桥叫世德桥，横跨南北市河，长 16 米、宽 3 米、跨度 5.9 米。这座石梁桥叫永安桥，平架在银子浜口，长 13.3 米、宽 2.4 米、跨度 3.5 米。双桥最能体现古镇的神韵，等一会儿大家可以在这里拍照留念。双桥为什么会这么出名呢？那是 1984 年春天，上海著名旅美画家陈逸飞乘坐小船来到周庄，看到了双桥，觉得自己仿佛回到了记忆中的童年。于是，就以双桥为背景，创作了一幅名为《故乡的回忆》的油画。后来这幅油画连同他的 37 幅作品一起在以美国西方石油公司董事长阿曼德·哈默（Armand Hamer）名字命名的哈默画廊中展出。这幅画在当时引起了很大的轰动，后来，被阿曼德·哈默以高价购藏。同年 11 月份，哈默先生在访问中国的时候，将这幅油画送给了邓小平。1985 年，这幅画又经过陈逸飞的加工成为当时联合国首日封的图案，深受集邮爱好者和各界人士的青睐。经新闻媒体宣传，周庄古镇声名鹊起。陈逸飞的画使默默无闻的双桥走向了世界。钥匙桥不是钥匙胜过钥匙，因为它开启了周庄与国际交往的友谊之门。

（过双桥）各位游客，大家看，我们对面的一角，有小桥、流水、人家，这一角，是我们周庄建筑内涵最丰富的一角。所以啊，不管是雨雪霏霏，还是赤日炎炎，喜欢画画的人都会在这里铺开画板，描绘着对岸的一景一物。我国的许多电影导演和演员，都把周庄作为最佳的外景地，先后在这里拍摄了《共和国不会忘记》《聊斋志异》《杨乃武与小白菜》《济公游记》《摇啊摇，摇到外婆桥》等数十部电影和电视剧。著名导演张艺谋说：“在周庄拍片子，很令人满意。”他追求的就是这种古宅的建筑和幽深的水巷组成的文化氛围，这不是一时一日能制造出来的。

（走到张厅）现在，我们已经来到张厅，张厅是周庄仅存的明代建筑之一，为江苏省重点文物保护单位。张厅为明代中山王徐达的弟弟徐孟清的后代所建。按理说徐家建的应叫徐厅，为什么叫张厅呢？那是因为在清代初期的时候，徐家衰落了，就把这座房子卖给了一户姓张的人家，才被改名为张厅。让我们到张厅的正厅去看看。这儿是张厅的正厅玉燕堂。玉燕堂原名怡顺堂，早先门前有两棵玉兰树，春天一到，玉兰花开放，引来了许多燕子，燕子在屋檐下筑巢繁殖后代，被张厅的主人看见了，认为燕子和玉兰树给张厅带来了勃勃生机，于是就将怡顺堂改为玉燕堂。张厅的特点是“轿从门前进，船从家中过”。大厅的东侧，有一条幽暗深长的备弄，它的作用类似现在大宾馆里的员工通道。请随我进去。

这儿就是“船从家中过”的地方。你们别看它窄窄的，可是它能通向外面的大湖。它有两个作用，一是张厅住着一户大户人家，每天要消耗许多吃的、用的、穿的，都靠小船从这里运进运出。二是封建社会，时时会打仗，张厅主人万一遇到什么危险，就可以坐着小船从这里逃生。我想各位一定想了解一些我们周庄的风俗习惯吧！这儿我给大家介绍一下我们周庄的“阿婆茶”。“阿婆茶”就是一些上了年纪的老太太吃过午饭后闲在家没事干，就带上自己的小孙子和一些自家腌制的酱瓜、菜苋等聚到一块儿，泡上一杯清淡的茶，一边品尝酱瓜什么的，一边谈天说地，他们喝的这种茶就叫“阿婆茶”，有机会大家也可以去品尝一下。

（出张厅，边走边讲）各位游客，自从周庄的旅游事业发展以后，小商店日益增多，特别是旅游工艺品店，在这些商店里有刺绣、雕刻、编织、字画、旅游食品等，繁荣了周庄的旅游市场，大家等会儿可以选购一些留作纪念。

（走到沈厅）这里就是沈厅，为江南民居之最。沈厅是“七进五门楼”，它的七进可以分成三个部分，第一进是第一部分，是迎接客人的地方；第二、三、四进是沈厅的第二部分，是接待宾客的地方；第五、六、七进是第三部分，是沈家生活起居的地方。总之，这三部分可以用四个字来归纳——前厅后堂。好，下面我们进去看看沈厅。

这就是沈厅的第一进“水墙门”，以前水乡的主要交通工具是船，所以这里是沈家的船码头，也是沈厅主人接送宾客的地方。

我们现在走进沈厅的第二进“墙门楼”，又称旱墙门，是沈家办理婚丧大事的地方，过路的人一看，不必进去，就知道今天沈家又有什么大事了。这里有一块沈厅的简介石碑，请大家先看一看吧！石碑旁有一段文字介绍，沈厅又名敬业堂，1995 年被列为江苏省文物保护单位。

这里就是沈厅的第三进了，叫茶厅，是船夫和轿夫喝茶的地方。因为在那时，船夫和轿夫是不能跟主人一块儿到里边去的，所以啊，这里的家具都很简陋。

我们已经来到了沈厅的第四进，也就是沈厅的正厅松茂堂了。我们看这块匾上的“松茂堂”三个字，是清末状元张謇写的。这里是沈家主人招待贵宾的地方，所以这里的家具很讲究。沈厅一共有三帮建筑风格，在这里我们都能看见。请大家抬头看，屋梁上精美雕刻有凤凰、仙鹤等。特别是这个图案，你们一定会说这是龙吧，嘿，这回你们可错了！龙，那时候就是天子的象征，沈厅是民居，所以就只能把它称作“蟒”。这种雕刻属于“苏帮”艺术。这一进的屋顶有两层，我们现在看到的是下面一层，上面还有一个屋顶，这样的结构可以起到防寒避暑的作用。我们再来看这个砖雕门楼，这是五个门楼中最宏伟的一个。上面的砖雕有《红楼梦》《西厢记》中的情景。可惜的是这些精美的砖雕都被破坏了，专家说已经很难修复，这些砖雕属于“徽帮”艺术。还有一帮是“绍帮”，那屋顶两旁的封火墙就属于“绍帮”艺术。松茂堂里边是沈家生活起居的地方，沈厅是前厅后堂的建筑格局，我们已经来到了后堂，这里是大堂楼，现在是陈列室。请大家随便参观。这就是沈厅的第六进，小堂楼。这尊塑像就是沈万三。沈万三是元末明初人，是一个富有传奇色彩的人物，号称江南第一大富豪。关于沈万三的富有，民间流传着很多说法。有人说：“沈万三有一只聚宝盆，金银财宝取之不尽，用之不竭。”也有人说：“沈万三左脚是金，右脚是银，凡是他走过的地方，都能挖到银子。”这些呀，只不过是传说罢了。据专家考证：沈万三的富有有三个原因。第一，他是靠躬耕起家的，院子里的这头牛就表明他是靠种田发财的。第二，沈万三继承了人家的财产。第三也是最主要的一点，沈万三靠镇北边的那一条急水江和外国人做生意。他把江南一带的刺绣、丝绸卖给外国人，赚了大钱。用我们现在的话说就是做外贸。沈万三的富有不仅在我们江南一带是数一数二的，而且在全国也很有名气。那时候朱元璋刚做上皇帝。由于连年打仗，没有多少钱，但是他又想在南京修城墙，怎么办呢？有一个大臣提议让富豪来承担这笔巨款。于是，沈万三分到了建三分之一城墙的任务。当时沈万三想借这个机会来讨好朱元璋，便很爽快地拿出了许多钱。不久城墙修好了，而且修得很漂亮，沈万三心里很高兴，于是他想犒劳一下修城墙的士兵。谁知这件事情被朱元璋知道了，朱元璋本来就很眼红沈万三，这么一来他就找到借口了。朱元璋把沈万三抓了起来，说：“你要和我比富，还想收买军心，要夺我江山，这怎么了得。”于是就要把沈万三判死罪。多亏了那些文武百官出面求情，沈万三才免了一死，被发配到云南充军。沈万三的家人，杀头的杀头，坐牢的坐牢，家破人亡。他的家产也全部充公了，只有一个小孙子逃了出来，沈家才留下了一条根。我们现在看到的沈厅就是沈万三的后代沈本仁在乾隆七年时建造的。这塑像两旁的对联，上联是甲万户起南浔周庄江南聚宝，下联是称三秀居东宅客金陵浜东藏银，概括了沈万三的一生。

这后边是沈家吃饭的地方，我们进去看看。

这里，就是沈厅的最后一进，第七进，是沈家吃饭的地方。桌子上摆的都是一些家常小菜，这中间的主菜是沈家特有的，叫万三蹄，它还是我们周庄的特产呢！现在商店里可以买到，大家可以买一只回去合家品尝品尝。人们都说："万三蹄肥而不腻，酥而不烂，真是席上珍品。"隔壁是沈家的厨房。看，这个东西曾在《正大综艺》节目中登过场。大家也来猜猜，它是派什么用场的呢？不知道吧！这是挤甘蔗汁用的。这里还有许多以前用的器具。大家可以随意看看。

接下来请到楼上去看看。这里有老爷房和小姐房。我们来看这架床，它叫千功床，它分三进，有三个门帘，有许多精美的雕刻，看上去很复杂，可是整架床没有用一根钉子。夏天时天气炎热，可以把那些雕花板拆下来，里面就通风了，冬天时再装上去。那为什么叫它千功床呢？有两种说法：一说上面许多栩栩如生的人物，是唐代李世民手下的开国功臣，为了缅怀那些大臣，就把他们刻在床上，所以称千功床；二说上面的精美图案，花了整整 3 年的时间才刻成，功夫太深，故称为千功床。其他的陈列物品，请大家随意看看。

这是沈厅的走马楼，所谓走马楼，就是楼道，绕着沈厅兜一圈。大家看，这儿有一块木板。从这里望下去，是我们刚才走过的松茂堂。平时，木板都是关着的。封建社会，女性是不能随便见客人的，所以就设计这么一个可以开关的窗，每逢有客人来，她们就可以掀开一条缝偷偷地看了。古代小姐就是在这里看自己的未来丈夫的。好，请大家跟我走。这里呢，就是沈家逢年过节请戏班子唱戏的地方，这两边可以坐人。如果好好装饰一下的话，那可真是一个很不错的小舞台。到了此处，沈厅我们已参观完了。那么，沈厅的价值究竟在哪里呢？对！沈厅的价值就在于它不是官宅，而是民居。民居能有这么大的规模，而且保存了 200 多年，这在江南一带是极罕见的。

（出沈厅，到富安桥）大家请看，展现在我们眼前的这座桥叫富安桥。它始建于公元 1355 年，明成化十四年（1478 年）、嘉靖年间（1522—1566 年）两次重修，为单孔拱桥。桥长 17.4 米，宽 3.8 米，跨度 6.6 米。清咸丰五年（1855 年）重修，桥面改成花岗石，东西有级梯，中间为平面，刻有浮雕图案，桥身四角有桥楼，临波拔起，遥遥相对。据说沈万三的弟弟沈万四，因不愿重蹈其哥哥与朱元璋作对最终被发配充军的覆辙，主动捐钱为乡里做好事，曾捐钱修建过富安桥。富安桥的名字，就是表达了他富了以后祈求安康的心愿。

（边走边导游）各位游客，这儿还有穿竹石栏，很有特色，所以许多电影导演也都喜欢在这里拍镜头，像电视剧《柳亚子》《江南巨富沈万三》等，许多片段都是在这儿拍的。

看，这条市河以前是我们周庄的菜市场。水乡人家，买菜卖菜也是在水上进行的。每天早晨河道上挤满了小船，船上装着鲜鱼、蔬菜等。小贩们一边摇船，一边叫卖，两岸的居民听到以后纷纷到河埠上来买菜，有些住在楼上的人懒得下来，就直接从楼上放下一只篮子，篮子里面放着钱，小贩只要把菜放到篮子里把钱拿走，这样一笔生意就成交了。

（叶楚伧故居门前）这里面是国民党元老叶楚伧的故居。叶楚伧小名小凤，是著名的南社诗人，曾经担任国民党江苏省政府秘书长，我们周庄曾有一段时间被改名为楚伧镇。叶楚伧出身贫寒，长大后虽然做了“大官”，可仍然处处注意节约。一次他到老朋友沈仲眉家去，沈仲眉问他吃什么，他只点了一只糟烧螺蛳头肉。螺蛳在水乡是极便宜的，这也是他童年时代家里最好的菜了，他认为这菜有乡土风味且价廉物美。吃完饭，沈家的女佣王妈给他绞上一把毛巾，他连忙说：“不敢当，不敢当！您老人家替我绞毛巾，真是过意不去，应该让我们年轻人给您绞毛巾才对。”王妈很感动，她说：“这个‘叶老爷’虽然官做得大，却没有一点官架子，真是少有的好人。”叶楚伧的作品很多，有《楚伧文存》《叶楚伧诗文集》等。1946 年叶楚伧在上海病逝。故居陈列了叶楚伧的生平家世、著作，以及有关他的照片、回忆文章。请大家进去参观一下。

（走到全福讲寺）各位游客，这里是全福讲寺，矗立在南湖园中，殿宇轩昂，飞檐高翘，欢迎四方游人。相传宋元祐元年（1086 年），周边功郎舍宅为寺，在白蚬湖畔建全福寺。历代不断扩建，梵宫重叠，楼阁峥嵘，碧水环绕，香火鼎盛，成为江南一带以经忏为主的名寺。寺内有一口巨钟，重 3 000 斤，悬于大雄宝殿左侧。每当破晓时分，寺内有和尚撞钟，钟声洪亮，传到数十里外。人们把它当作报晓的鸡啼，闻声纷纷起床，下田耕作。久而久之，“全福晓钟”成为周庄八景中的重要一景。昔日的全福讲寺共有五进，主体建筑大雄宝殿，殿宇雄伟轩敞。高达三丈余的如来大佛巍然盘膝而坐，巨佛宽阔的手掌心足可卧伏一人，这样高大的佛身，在江南一带的各大寺院中绝无仅有。据《周庄镇志》记载，如来大佛本苏州虎丘海涌峰云岩寺世尊像，清顺治五年（1648 年），都督杨承祖兵驻白蚬湖边，迎于寺内。如来大佛的左右，伫立着文殊、普贤佛像，同样十分高大。两侧的十八罗汉神态各异，栩栩如生。清初，书法家李仙根寻访全福讲寺，见寺院与湖光水色交相辉映，相得益彰，挥毫写下“水中佛国”四个大字，制成匾额悬于山门之上，给全福讲寺增添了光彩。

全福讲寺 900 多年来香火鼎盛，成为周庄繁荣发展的一个象征。然而，这座堪与杭州灵隐寺媲美的寺院，却在 20 世纪 50 年代初期被迫改做粮库，寺内所有的佛像、经卷和珍藏不知去向，历史悠久的古寺毁于一旦，这不能不说是周庄的一大损失。

20 世纪 90 年代后，周庄镇建造南湖园。作为主体工程的全福讲寺，也于 1995 年 3 月破土动工。经过 300 个日夜的紧张施工，移址到南湖的全福讲寺以崭新的面貌呈现在人们面前。新建的全福讲寺主要建筑包括山门、指归阁、大雄宝殿和藏经楼等。

山门耸峙在南湖岸边，门前湖光潋滟，水埠码头平卧碧波，游人和香客可以乘船进南湖沿石阶登岸，别有情趣。进入山门，只见一座五孔石拱桥飞跨在荷花池上，桥上石栏相扶。驻足桥上，可以欣赏荷池中的红嶂翠盖，也可以回眸南湖，尽情地观看旖旎的湖景。

过拱桥，前面就是重檐复宇、气势庄严的指归阁。在此登楼，居高临下，远近的景色尽收眼底。南湖中养鱼的网箱簖栏以铅灰色的线条分割着万顷波光。寺院内的亭台楼阁错落有致，钟楼、鼓楼矗立两侧，互为映衬，使寺院愈加气象雄伟。

第三进，即主体建筑大雄宝殿。飞檐翘角，雄伟而不失精美。“佛光普照”四个大字在高达 18 米的屋脊间熠熠闪光。镶嵌于两边的梅、兰、竹、菊砖雕构图别致，精细秀逸。

缓步进入殿堂，只见大殿中央供奉着佛祖释迦牟尼的铜坐像，高 5 米、重 3 吨。释迦牟尼两侧，是骑跨在雄狮上的文殊菩萨和骑跨在大象上的普贤菩萨。殿后塑有飘海观音像，屹立在鳌鱼之背，衣袂飘动。大殿两旁的十八尊罗汉像也各具神态，栩栩如生。整座大雄宝殿神光闪耀，祥云缭绕，置身其间，足以感受佛教文化氛围。

经台有蜿蜒曲折的花廊环抱，经台中央矗立着三层宝殿，终日香烟缭绕。四周的荷花座石雕栏杆上镌刻着吉祥云纹，经台下的池水与曲径花廊下的流水相连，有锦鳞嬉游，富有诗情画意。

大雄宝殿后是三层高的藏经楼，殿堂宽敞，装饰精美，楼内诸多佛教文化精品荟萃。藏经楼两侧大斋堂和方丈室遥相呼应。

周庄修复全福讲寺，借水布景，巧夺天工，融佛教文化、建筑艺术和园林景色于一体，既为佛教文化爱好者提供了一个理想的场所，也为游客提供了一个流连忘返的好去处。

（出全福讲寺）大家看对面的那座小茶楼就是三毛茶楼，它是为了纪念台湾女作家三毛而建的。1989 年，三毛在烟雨朦胧之中来到了我们周庄，她看到周庄“小桥、流水、人家”的迷人风光，不禁感慨地说道：“啊！这不正是我魂牵梦绕的故土吗？”三毛激动地流下了眼泪。三毛回到台湾后还经常来信，说还要尝尝周庄的大闸蟹，很可惜她再也没能实现这个愿望。周庄人民为了纪念她，将这座古宅改称三毛茶楼。茶楼中除了陈列三毛的照片、手迹、书信外，还陈列了中外大批文人学者游访周庄的照片。

（边走边导游）前面就是迷楼了。大家看，这儿有一座古桥，它叫“贞丰桥”。“贞丰桥”这个名字，不用我说大家也都知道，它是根据周庄的原名起的。桥边的那座小楼就是有名的迷楼。迷楼以前是一家小酒楼，叫德记酒楼。它怎么会出名呢？原来，清朝末年有一些进步的文化青年成立了一个团体，叫“南社”。那时南社成员柳亚子、陈去病、王大觉等人都喜欢在这酒楼里喝酒吟诗，他们还以酒楼为题，写下了许多著名诗篇。后来这些诗篇被编成了《迷楼集》，随即迷楼的名气也就传开了。

那“迷楼”为什么被称为“迷楼”呢？原来南社成员们在酒楼上饮酒作诗，他们觉得小酒楼的一切都非常迷人，菜很迷人，酒很迷人，周围的环境也很迷人。因此，他们就风趣地把酒楼称为“迷楼”。他们把酒楼叫作迷楼还有一个用意，就是转移反动派的视线。

好，我们就到迷楼里面去看看。迷楼为临河修筑的两层小楼。楼内陈列着南社成员的照片、手迹、著作和书画作品，以及当代书法家书写的《迷楼集》中的诗句。二楼的东侧，是一组人物蜡像，展现的正是“小楼暂饮夜传杯”的情景，可谓“如闻其声，如见其人”。迷楼向游客开放以后，接待了许多南社成员的后裔，他们热情地向迷楼提供图片资料和实物，还积极参与南社研究，小小的迷楼引起国内外诸多人士的关注。

（继续向前走）这里是澄虚道院，又称“圣堂”，创建于宋元祐年间（1086—1096 年），距今已有 900 余年历史。明代中叶以后，道院规模日趋宏大。嘉靖年间，当地人捐资增建了仪门。清康熙二十五年（1686 年），道士胡天羽化缘募捐建玉皇阁。五年后，又在阁西建造了文昌阁，清乾隆十六年（1751 年），道士蒋南记在山门外建造圣帝阁，楼阁面对普庆桥，形成了前后三进的建筑群，气宇轩昂，占地 1 500 平方米，成为吴中著名的道院之一。澄虚道院不但保存着丰富的宗教文化遗产，而且具有优越的地理位置和水乡风光，使道院的游人香客流连忘返。

各位游客，我的导游到此结束了。如果有时间，各位可以在古镇里随便走走看看。在这临别之际，让我再一次感谢大家的光临。同时，还请您把周庄的祝福带给您的家人和朋友。祝大家在周庄旅游愉快，吉祥如意！

实训

撰写导游词

1. 实训目的

（1）熟悉导游词的撰写。

（2）培养认真、负责的工作态度。

（3）培养全面考虑问题的能力。

2. 材料与工具

相关知识和物质准备，模拟地陪及游客角色。

3. 实训地点

教室。

4. 实训内容

将全班学生分成 4 个小组，每组选取一个当地的景点进行导游词的撰写，由小组长选出最具有代表性的一篇，4 个小组进行导游词比赛，由教师进行点评并评选出名次。

案例

近年来，文化旅游热度渐增。然而，在群众的文化旅游需求高速增长的当下，景区导游员随意讲解、编造一些奇闻轶事等现象十分常见，严重影响了旅游整体质量的提升。想必多数游客在景区都听过不少“闻所未闻”的野史、艳史、宫斗、传说。导游员这边说得绘声绘色、唾沫横飞，游客那边听得有滋有味、啧啧称奇。有媒体调查发现，景点里的讲解乱象可谓不少：要么同一景点的讲解各异，难辨真假；要么各种格调低俗的轶事大行其道；要么面对游客追问，许多导游员讲解颠三倒四、漏洞百出……

这讲解乱象为何泛滥？不少旅行社和景区降低员工入职门槛、培训不到位、放松监管是导致讲解乱象发生的一大原因。导游员不能也不应成为“低入职门槛”的代名词。导，意味着引导、指导、导向，如果导游员瞎导一通，这出来看世界的游客岂不是花钱买误导了？对景区来讲，任由导游员歪曲历史，怎能唤起游客对历史的尊重、认同和敬畏？怎么让游客感到此行有意义？景区搞成“野史集散地”，不可不察。

有些导游员之所以胡编乱造，想必最大的动力在于迎合某些游客的猎奇心理，通过炒作制造“卖点”。其实，一个导游员通常面对的是一个旅行团，其信口开河的讲解传递出的错误信息和价值导向，跟电视、网络等媒体恶搞历史的做法性质上并无二致。试想，当游客们听了谣言，却缺乏历史知识基础或没再去学习历史，那便容易先入为主、信以为真，尤其对于知识结构和价值观尚在建立中、辨别能力不强的青少年来讲，很容易造成误导。

历史是最好的老师，严肃的历史态度是发挥历史教育作用的基础。很多景点游客可能一辈子只去一次，导游员有义务和责任让他们听到真实的故事。导游员应该规范言行、珍惜信任，保证解说有史料依据、有据可查。此外，对导游员的日常培训、考核和监管力度也不能缺位，这需要相关职能部门加强对景区和人员的管理，也需要畅通投诉渠道，倒逼整个旅游行业提升形象和素质，把社会效益放在重要位置。

当然，并不是说导游员得板着脸，像背诵历史课本一样。尊重历史是底线，但是让游客获得既真实又生动的历史文化信息也必不可少。此前有位博物馆的讲解员把文物的故事说得像相声一样绘声绘色，而且面对各种业余或专业问题的“刁难”，都一一解答，赢得了游客和网友热捧。这无疑是很好的典范。实际上，导游员下足功夫钻研文化遗产背后的历史文化内涵，不仅是对游客负责，也是丰富自身文化内涵、赢得职业提升的契机。无疑，这也给景点增色不少。

读万卷书，行万里路。我们期待这“行万里路”能在清晰正确的导览下，成为收获历史文化知识的难忘旅程。

思考与训练

1. 导游词由哪几部分构成？
2. 如何搜集导游词编写所需的资料？
3. 导游讲解应遵循哪些原则？
4. 导游讲解时一般应突出哪些方面？
5. 什么是“突出重点法”“虚实结合法”“名人效应法”“触景生情法”？

任务 2　定点导游讲解

【本任务工作目标】

1. 了解自然风光和人文景观讲解的基本要求。
2. 掌握各种自然风光和人文景观讲解的要领和技巧。

【训练目标】

景区景点的导游讲解是导游服务的组成部分，包括旅游区、自然保护区、博物馆、纪念馆、名人故居等地的导游服务。导游员通过在景区景点实地的导游和讲解，使游客对该景区景点的全貌和主要特色有较为全面的了解，并增进游客对环境保护、系统生态或文物意义的认识。导游员介绍、讲解时，要讲普通话，要发音准确、口齿清楚，语音语调生动，让游客获得丰富的知识和美好的感受。

通过本任务的训练，使学生了解导游员讲解的技巧、要求等，从而完成导游讲解的服务工作。

【任务引入】

小李是黄山当地的一名导游员，有一个来自上海的旅游团需要在黄山进行参观游览，小李承担此次导游讲解任务，请问小李如何顺利完成黄山景区的讲解任务？

黄山景区是著名的风景名胜区。导游员小李对黄山景区的讲解属于定点导游讲解。要顺利完成定点导游讲解必须了解定点导游讲解的要领，并贯彻到具体讲解的任务中。黄山景区被列为世界文化自然遗产，导游员不仅需要在讲解中应用自然风光讲解技巧，还需要灵活运用人文景观讲解技巧，才能顺利完成此次讲解任务。

一、定点导游讲解要领

定点导游讲解是导游员针对某一旅游景区（点）的讲解介绍。某些景区景点安排有定点导游员（也称为讲解员），如图 2-2 所示，负责景区（点）专门的讲解。景区（点）是游客的游览目的地，是导游员讲解服务的重点。讲解内容以景区（点）的景物为核心，讲解中要注意引导游客了解正确的观景、赏物方法和途径，讲解方法应依据游客的游览需要、景物的特点和游览时间灵活选择。根据景区（点）资源特色的不同，景区（点）的导游讲解一般划分为自然景观讲解和人文景观讲解。

图 2-2　景区定点导游员

（一）交代游览注意事项

抵达景点时，下车前地陪要讲清楚并提醒游客记住旅行车的标志、车号，以及停车地点和开车的时间。

在景点示意图前，地陪应说明游览路线、游览时间、集合时间和地点等。

地陪还应向游客说明游览参观过程中的有关注意事项。边境游的旅游地陪在出境前应向游客说明旅游目的地的风俗、习惯及注意事项。

（二）游览中的导游讲解

抵达景点后，地陪应对景点进行讲解。讲解内容应繁简适度，包括该景点的历史背景、基本概况、布局、特色、地位、价值等方面。讲解的语言应生动，富有表达力。

在带领游客按照参观游览路线进行分段讲解时，应视游客的类型、兴趣、爱好不同，讲解内容有所侧重，积极引导游客参观和观赏。

在导游讲解的同时，导游员应结合有关景物或展品宣传环境、生态系统或文物保护知识，并解答游客的疑问。

景点导游的过程中，地陪应保证在计划的时间与费用内，使游客能充分地游览、观赏，做到讲解与引导游览相结合，集中与分散相结合，劳逸适度，并应特别关照老弱病残的游客。

（三）安全提示

在景点导游过程中，导游员应提醒游客在参观游览过程中注意安全，并给予必要的协助。地陪要自始至终与游客在一起活动，注意游客的动向并观察周围的环境，和全陪、领队密切配合并随时清点人数，防止游客走失和意外事件的发生。

二、自然风光讲解

自然风光讲解

（一）自然风光讲解的基本要求

1. 熟悉路线

以自然景观为主体的旅游风景区一般面积都较大，为了不破坏自然景物，游览线路往往较为隐秘，因此导游员在带领游客游览以自然景观为主体的景区时，必须熟悉并掌握最佳游览线路。游览自然景区（点）时，导游员自己要熟悉景区的游览路线，避免走回头路，不能走断径绝路。如果是导游员不熟悉的景区，最好提前去踩线。带领游客到达景区后，应在导游示意图前讲清楚行走路线。

2. 掌握必要的自然科学知识

由于自然景观的类型丰富，因此，作为导游员必须相对全面地掌握与自然景观相关的科学常识。导游员应掌握的与自然景观关系较为密切的知识主要包括地质地貌学、水文学、植物动物学、气象气候学、生态学等。

3. 掌握相关的文学知识

中国古代大量的文学作品都与山水有关。要提升自然景观区游览的品位，导游员必须提高自己的文学修养，适时地引入著名的山水诗、词、文，让游客真正体验到中国的山水文化精髓。

4. 掌握自然景观的观景方法

导游员在带领游客游览过程中，要根据不同的景观特点，静态观赏与动态观赏有机结合，积极引导游客游览。在游览过程中要注意“导”与“游”的有机结合。在观赏过程中还应注意观赏的距离、角度、时间。

5. 灵活运用导游讲解方法

不同的景物、不同的游客要使用不同的导游讲解方法。导游讲解方法多种多样，贵在因时、因地、因人而异，贵在灵活。

（二）自然景观讲解的要领

从自然景观的特色分析，导游员在进行自然景观导游讲解时，可以凭借自然景观本身所具有的形态特征对游客感官的刺激完成对景观的介绍，对不同类型的自然景观突出不同的特色，采用不同的导游讲解方法。

（1）要注意形象讲解与审美引导相结合，科学知识与传统文化相结合，突出个性，体现哲学思想，注意景观的变化与人文延伸的力量。

（2）要全面调动自己和游客的各种感觉器官，用特殊的导游语言，引导游客产生联想，进而获得精神上的享受。

（3）要对自然景观天然的特点进行介绍，提醒人们注意保护生态环境和自然景观。

（4）要注意景观的地域对比，灵活运用导游讲解方法，吸引游客的注意力。

（5）要讲究科学性和知识性，并注意措辞的准确和语言的生动。

（6）注意知识的融合，用画家和文学家的眼光去审视自然景观，分清层次，引导游客“审读”和“享受”自然景观之美。

（三）山岳景观导游讲解技巧

导游员在实际讲解山岳景观的过程中，可根据游客的实际情况和游览兴趣，选择从不同的角度进行导游讲解。

1. 从地质角度讲解

要求导游员全面了解所游览山地的相关地质、地貌学基础知识。此种讲解带有科普性质。科普知识在导游讲解中占多少比重，要因人（游客的动机、修养、求知欲，当时的身体状况、情绪等）、因时、因地、因景而异，相关科学知识要取舍得当。

2. 从山岳景观特色角度讲解

根据不同山岳景观资源的旅游功能，突出重点。在讲解中主要突出所游览山岳的景观特色，灵活运用讲解方法，可运用比拟手法，以游为主，注重娱乐与休闲。

3. 从文化的角度讲解

中国名山承载了丰富的文化内容，主要包括中华传统文化、宗教文化、文学艺术等，往往以传说故事、名人行迹、摩崖石刻、诗词歌赋、建筑书法、寺观庙堂等形式表现出来。山岳的文化内涵需要依靠导游员生动、有效的讲解，才能传播开来。所以导游员在山岳讲解中必须突出其文化特色，灵活运用借景生情和虚实结合法，向游客生动展示不同的山岳承载的文化内涵。

4. 从美学特征的角度讲解

对于普通的山岳，或以游览休闲为主体功能的山地，则应该从美学特征的角度，从雄、险、秀、奇、幽等方面进行介绍，让游客享受各种形式美。

（四）水体景观导游讲解技巧

1. 从水的美学特征角度讲解

水是构景的基本要素，在构景中均有形、影、声、色、光、味、奇等形象生动的特点。导游员应正确掌握这些特点，把自然美和人文美有机地结合起来，将这些美感特征介绍给游客，提高游客兴致，将其引入情景交融的境界。

（1）形态美：海洋、江河、流泉、瀑布一般以动态为主，湖泊则以静态为主，也有受到地形和季节的影响呈现动中有静、静中有动的特点。因此，在导游江河湖海时，形态美的讲解能对游客产生很强的吸引力。水体形态美背后的成因，需要导游员深入讲解。不同形态的水能引发游客不同的情感，讲解中要及时捕捉游客的反应，发挥旅游活动的功能。

（2）倒影美：倒影美是江河湖海的第二个特点。由于水是无色的透明体，所以在光照的作用下，万物皆成影。山石树木，蓝天白云，飞禽走兽，乃至人的活动都会在水中形成倒影，从而形成水上水下，岸边桥头，实物虚影的相互辉映，构成奇趣无穷的画面。例如，九寨沟镜湖就具有“鱼在天上游，鸟在水底飞”的倒影景观美。景观欣赏往往需要特定的观赏地点和适宜的观赏位置，导游员要注意寻找最佳位置，提醒并引导游客观赏，并将倒影美传达给游客。

（3）声音美：水体运动所发出的各种声音，给游客营造了特定的情与境，因而声音美也是江河湖海的第三大特点。声音能让游客在旅游过程中获得重要的乐趣，如泉水的叮咚声、溪流的潺潺声、瀑布的轰鸣声、海浪的咆哮声等，清浊徐疾，各有节奏。有些景象虽无声音，人们却似感到声音的存在，达到“此时无声胜有声”的效果，如“无边落木萧萧下，不尽长江滚滚来”将长江宏阔的境界、磅礴的气势一语写尽，给人以无限遐想。导游员在游览中应合理安排时间和行进路线，让游客有机会聆听水发出的“天籁之音”，还要注意此时此地“无声胜有声”。

（4）色彩美：水本无色，但进入水中的光线通过吸收和散射，会出现不同的颜色，给人以色彩美的享受。例如，渤海、黄海呈黄色，东海呈蓝色，南海呈深蓝色，黄河呈黄色，黑龙江呈黑褐色，鸭绿江呈鸭绿色，九寨沟的五彩池、五花海和火花海则呈现出多种色彩。水色与水体的质量、成分，太阳的照射角度，天气状况等多种因素有关。导游员引导游客欣赏水色时，需要选择好时间和观赏位置，同时对色彩的成因及文化承载做引申讲解。

（5）光泽美：水体自身的运动，在光线的作用下，能产生美妙无比的光学现象，令人赏心悦目。著名的诗句“水光潋滟晴方好”，就是描写西湖晴天时湖水光泽美的绝句；又如三潭印月，就是月光、烛光、水光的交相辉映，形成“天上月一轮，水中影成三”的美丽景色；宋代范仲淹称洞庭湖景色是“上下天光，一碧万顷”；而丽江古城中的万家灯火让本已浪漫的“小桥流水”再添万种风情。可以这样说，水体在日光、月光和灯光的作用下呈现出来的各种光学景象非常美妙神奇。光泽之美需要水与光的巧妙配合，而水体的光泽美是有时间性和季节性的。因此导游员应掌握不同水域景区的水和光的配合情况，适时引导游览、讲解介绍。

（6）水味美：水本是无色、无味的液体，有些未被污染的江河湖海水质清冽甘甜，还含有丰富的微量元素，如青岛崂山矿泉水、杭州虎跑泉泉水、济南的趵突泉泉水等均为甘甜醇厚的泉水，是酿酒、泡茶和饮料加工的理想水源。在特定景区，导游员应向游客介绍水体的特色水味及引申文化，有条件的情况下，让游客亲身体验，如品饮甘泉、品茶赏艺。

（7）奇特美：水体的最后一个美学特征是奇特美，这是自然界的一些奇特现象造成的。如安徽寿县的“喊泉”，其涌泉量与人的声音大小成正比；四川广元的“含羞泉”，一遇震动，泉水便似害羞的姑娘悄然隐去，待安静后泉水复出。云南大理有“蝴蝶泉”，其他地方还有“笑泉”“水火泉”“色泉”，这些都是因奇特现象而形成的趣景。还有的水体含有丰富的矿物质，具有可饮、可浴、可看、可赏的作用，如庐山温泉、五大连池药泉等，是我国著名的矿泉理疗康复旅游区。导游讲解中，要突出“奇”，在可能的情况下要讲清楚科学成因，进行科普宣传和教育，注意引导游客亲身体验。

2. 从文化欣赏的角度讲解

导游员在对水景的讲解中，除了从直观的形态角度进行讲解外，还应引导游客从文化的角度进行欣赏。

（1）力量：水的力量给人的是一种崇高美，它以其恢宏大气的场面、一往无前的执着、摧枯拉朽的气势，显示出一种无与伦比的力量。人们看到大海，感动的是其宽阔、澎湃；看到江河，感动的是其奔涌、执着；面对瀑布，感动的是其磅礴、壮观。这种力量所蕴含的意义在历史长河中激励着人的斗志，启迪着人的智慧，荡涤着人的心灵。导游员在导游过程中，对这种文化意蕴应尽可能地深入挖掘并充分地传达给游客，以水寄情，以水抒情。

（2）温柔：水的温柔，给予了人们更多的愉悦和温情。弯弯的小河，潺潺的流水，平静的湖面，幽绿的池潭，如同一位娴静、温柔的少女，给人一种甜美、安逸的审美享受。温柔的水景，体现了水深邃的文化内涵。游客在欣赏此类水景时，从平静中感受到亲切，从舒缓中感受到悠闲。导游员在讲解服务中注意借鉴引导，赋予水体“生命”，以水寓意。水的景色已与人的性格紧密地联系在一起，人们在欣赏它时，可达到物我合一的境界。

（3）无私：无私是人们赋予水的人格化特征，体现了人们对水的作用的社会化评价。水体景观中有许多既提供了供人们观赏的形态，同时又提供了供人们生存的资源，体现了水的综合美感。水作为载体，为人们提供了交通的方便；作为有机体，为人们提供了生活的保障。这是一种奉献，是人们在观赏水景的同时感悟出的精神内涵。以水寓理，在观景中升华思想。

（五）植物景观导游讲解技巧

1. 突出形态

大自然的花草树木高低不同，大小不一，千姿百态，风格迥异。银杏、水杉等乔木可以长到几十米，有些草木却只有几厘米高；巨莲的叶子上可以坐一个小孩子，而青萍的叶片直径不足一厘米。树形或是挺拔雄健，或是婀娜多姿，形状各异。如此丰富的形态，给了游客更多的审美感受。树叶和花形也多彩多姿。看叶有单叶、复叶、全叶、裂叶之别，形状有桃形、圆形、梭形、扇形之分；看花有大、小、繁、简之分，层次有单层、多层之别。如凌霄花似一口倒挂的金钟，牵牛花像喇叭，更奇妙的是堪称“绿色国宝”的珙桐花，看上去像一只可爱的白鸽。

2. 突出色彩

花草树木以其多样的色彩，给人以愉悦的感觉。所谓姹紫嫣红，就是对植物的色彩描绘。绿色，是植物最基本、最普遍的色彩，因为叶绿素的光合作用是植物赖以生存的重要生理机制。绿色已经成了生命和青春的象征。颜色对人们的心理和生理健康有着非常重要的作用，是衡量植物美感价值的一个重要方面。但并非所有植物的叶子都是绿色的，如紫苏的叶就是深紫色。

3. 突出香味

植物的茎、叶、花、果，不仅装饰了自然景观，有的还散发出沁人心脾的芳香，给人以无限欢快的嗅觉享受。某些植物的特异芳香，不仅使人精神振奋，还诱使人们亲自去尝试体验。植物的芳香气味给人带来了极大的审美享受，无论是香远益清的荷花、浓香扑鼻的桂花，还是幽香缕缕的兰花、清香阵阵的梅花，它们的美跟那诱人的芬芳是分不开的。有些花主要就是依靠香气吸引人们去观赏的。如桂花，它的花形很小，颜色也不是那么鲜艳，但却由于它的香气浓烈，在秋风中可以飘到数里外，才成为人们很喜爱的花。

4. 突出价值

植物除了具有审美价值之外，同时还具有实用价值。许多植物具有药用价值，成为中国博大精深的中医使用的草药；有的具有经济价值，可用来制作各种生活用品及工艺品；有的还具有食用价值，成为人们餐桌上的美味佳肴。导游员在讲解中应突出植物的价值，同时还应注重介绍植物的生长特性，包括其对温度、气候、土壤条件各方面的要求和分布特点，如白杨树的生长特性、银杏树的雄雌异株等。

5. 突出寓意

有些植物富有深刻的寓意，易使人获得稳定而丰富的意境和美感。我国自古有通过植物来寄托自己感情和理想的习惯。松柏表达刚强、长寿；竹表达刚直、清高、虚心；梅表达坚骨、孤高；荷代表洁身自好。这些都体现了植物的寓意美。导游员在讲解中，要突出植物的这种寓意美，这样，可以使游客在审美过程中获取更多美的享受，并且可以达到陶冶性情、升华境界的审美目的。

（六）动物景观讲解技巧

动物也是大自然景观的构成要素，常常成为与植物不可分离的内容，有草才有虫，有树才有鸟，动植物的存在已经成为生态平衡的重要标志。奇特珍稀的动物往往令人瞩目，成为一种奇特的景观，如峨眉山的枯叶蝶、四川的大熊猫等。在导游动物景观时，要突出动物的奇特性和珍稀性，因为这正是吸引游客的地方。

1. 突出奇特性

奇特是指动物在形态、习性、迁徙和活动等方面的奇异性。动物能活动、迁徙，进行种种有趣的表演，对游客的吸引力远远超过了植物。长江中下游的扬子鳄、主产于南方各地的娃娃鱼、东北的“四不像”、云南的金丝猴等，都具有很强的奇特性。

2. 突出珍稀性

特有的、稀少的甚至濒临灭绝的动物，往往成为人们关心的焦点，被列为保护动物。如武夷山的角怪，峨眉山的弹琴蛙，以及娃娃鱼、扬子鳄、褐马鸡、朱鹮、丹顶鹤、黑颈天鹅、大熊猫、白唇鹿、东北虎等，都是集观赏价值与保护价值于一身的珍稀性动物。导游员在动物景观讲解中，突出动物的珍稀性与奇特性，能使游客在感受大自然神奇的同时，增长知识，体会人与自然的和谐。

3. 突出药用性

许多动物全身是宝，是著名的中药材，如虎骨、麝香等。在介绍动物的药用功效时，导游员必须相应地介绍我国关于野生动物保护的相关法律、法规，提醒游客自觉保护、爱护动物。

4. 关注宗教性

在不同国家和地区，由于宗教原因，人们把某些动物奉为神灵。导游员要特别提醒游客当地动物方面的某些禁忌，以免与当地风俗发生不必要的冲突。

5. 强调观赏距离

动物，特别是野生动物是不能近距离接触的，即使是人工建造的野生动物园，游客也不能与动物进行零距离的接触。导游员要特别提醒游客注意保持一定的观赏距离，确保游览中游客的人身安全。

三、人文景观讲解

人文景观，是指人类活动所留下的具有观赏价值的痕迹或实物。它们是人类历史发展的见证，在内容、形式、结构、格调等方面都具有历史特点，同时还表现出明显的地方特点和民族风格。一个国家或一个地区独具特色的民族习俗、历史发展、文化艺术，以及物质文明和精神文明的内容等，都可以构成人文景观。导游员在进行自然景观导游讲解时，从某种程度上，可以凭借自然景观本身固有的形态特征对游客感官的刺激完成审美过程的介绍，而面对人文景观时，除了显性的形象展现之外，更多地要对其中的文化内涵、历史价值等隐性因素给予准确而深入的揭示，以满足游客求奇、求异、求知的审美需求。因此，人文景观导游对导游员的文化素质和讲解技巧提出了更高的要求。

人文景观讲解

（一）人文景观讲解的基本要求

1. 强化知识性基础，突出文化内涵

人文景观与自然景观相比，最大的特点就是文化内涵的延伸性。自然景观往往可以直观赏析，但人文景观却不能。要相对完整地了解一处人文景物，必须有一定的文化底蕴。因此，导游员自己一定要具备丰富的文化基础知识，要把自然地理知识和文化常识有机结合起来。

2. 注重讲解的通俗性，深入浅出

人文景观的文化内涵博大精深，而游客旅游的目的并不是做学术的探索。因此导游员在实际导游过程中必须合理组织自己的语言，以满足游客的需要。

3. 有针对性地讲解，做好充分的准备

游客群体的组成是极为复杂的，导游员在实际导游之前，必须对游客的文化基础做全面的分析，有机地根据游客的实际情况，自己创造新颖的导游词，介绍游客感兴趣的内容。

4. 灵活运用讲解方法，提高讲解效果

优秀的导游员能够针对讲解内容和游客的情况，因时、因地、因人、因景地灵活运用各种导游讲解方法。或解惑释疑，创造悬念，引人入胜；或善于编织故事情节，虚实结合，启发想象，情景交融；或采用问答的形式，注重双向交流与沟通：尽可能让游客参与到讲解中，让不同游客的合理需求得到满足。

5. 突出景观的思想特征，实现教育功能

导游员的服务，其中很重要的一条就是教育功能，因此，导游员在讲解中要能客观地介绍历史，并恰当地结合现实，做到有的放矢，把人文景观的学术价值、思想价值充分地展现在游客面前，使游客的思想得到升华。

6. 把握文人景观的审美特征，引导审美

人文景观具有特殊的协调美、统一美、艺术美和创造美。导游员要以地理的、历史的、文化的和发展的眼光看问题，了解旅游目的地与客源地的审美文化差异性，有针对性地为游客讲解，引导游客审美。

总之，人文景观作为文化的承载体而存在，人文景观的赏析与自然景观存在较大差异。要讲解好人文景观，导游员应全面提升知识水平，并灵活运用导游语言和方法，才能通过现象启发游客发现其内在文化美。

（二）人文景观讲解要领

凡是由人创造的、与社会实践和文化相联系的景观，都可以视为人文景观。要讲解好人文景观可以从四方面着手。

1. 交代背景知识

人文景观与当时的社会有密切的联系，所以不能脱离当时的历史背景孤立地去欣赏它们。首先，要交代好景观所处时代的历史背景，这样有助于游客了解其出现的缘由，探寻景观的文化底蕴。其次，要交代好景观周围的自然背景。对于人文景观的欣赏必定离不开它所处的环境。中国的古代建筑常常建在风景优美之处，借助自然风景来突出建筑的美。因此，为游客讲解人文景观时，要结合其所处的周围环境，引导游客领略人文景观之美。

2. 解读景观特征

讲解人文景观离不开对实物具体特征的把握，主要包括对其布局（结构）、功能（作用、用途）、造型（形状）、质地、纹饰、色彩以及与之有关的匾额楹联等的解读。景观类型不同，解读的侧重点也会有差异。

出土文物类景观讲解主要从文物功能、造型、质地、文饰和色彩等方面去把握；书院、楼阁类古建筑景观讲解主要侧重建筑布局、匾额楹联碑刻、陈列实物等方面；城墙类古建筑（长城、苗疆边墙等）景观讲解主要介绍其御敌的功能、特殊结构和建筑材料等；名人故居类景观讲解侧重于故居的整体结构，室内陈列实物、照片等。

3. 挖掘历史文化

还原特定的社会生活方式：人文匾额楹联是在一定的社会历史环境下产生的，与社会生活有密切的联系。北京开发的胡同游，用黄包车载着游客逛胡同，安排游客到四合院做客，受到外国游客的欢迎。这说明老北京人的生活对外国游客有很大的吸引力。

追溯一段历史：历史上无论是影响历史进程的重大事件，还是显赫一时的风云人物都已经随时间的流逝灰飞烟灭，不复存在。但是与之相关的人文匾额楹联却作为历史事件的见证得以保留下来，通过这些人文匾额楹联可回溯历史，凭吊怀古，获得启迪。

探寻承载的人类文化：人文形态的人文景观表现了人类不同的文化内容，成为文化的凝聚、积累和表征。正是因为人文景观，各时代各地区的相当一部分文化得以保留和显现。透过它，我们可以探寻那个时代的思想和情感。

4. 编织故事情节

导游员在讲解人文景观的时候，要在尊重科学和历史的前提下叙述故事情节，以求产生艺术感染力，努力避免平淡的、枯燥无味的、就事论事的讲解。需要注意的是，故事化讲解要中心突出，条理清楚，前后贯通；要善于取舍，选取那些能突出景点神韵和生气的东西，舍弃那些繁枝赘叶。

（三）中国古代建筑讲解

中国古代建筑具有悠久的历史和辉煌的成就，是一定社会时期的见证，是古代文明、思想和科学的结晶。它们不仅反映着时代生活，还具有明显的时代文化特征，蕴含着丰富的历史信息。通过对古代建筑的欣赏认识，可以了解当时的社会生活、道德观念、经济状况、科学水平和文化艺术风格。

作为一名导游员，在带团游览时大多会涉及古建筑的讲解。对导游员来说，要带领游客游览古建筑，并为其导游讲解，首先自己要对古建筑景区做深入了解，这有助于游览线路的设计和讲解内容的选取。

1. 中国古建筑讲解的基本要求

导游员在讲解前应该对所要游览的古迹认真地追根究底，对古迹的具体情况有足够的了解，对景点内涵和游览路线要有明确的认识，并设计讲解服务技巧。在游览过程中，可以多问几个为什么。对导游员来说如能了解问题、解说问题，就会使自己言之有物、言之有理、言之有趣、言之有神，也会使游客产生浓厚的兴趣，以欢快喜悦的心情进入下一个旅游景点。盲目地游览必定会使游客毫无兴味，毫无收获。

中国古建筑群是主次分明、重点突出、装饰纷呈、主题明确的建筑群体。一般情况下，凡是重要的建筑都被排列在纵贯南北的中轴线上，次要建筑都排列在中轴线的两侧，并保持严格的均衡对称和等级规制。同时还按建筑的性质在建筑的各个部位进行装饰，使各部分建筑同中有异，各具特色。所以游览古建筑群时一般沿着中轴线走，由外往里走，其中正殿是游览的主要对象，应作为游览的重点。游览时，对于中轴线两侧的次要建筑一般可以弃而不游，但也可以视具体情况而定。

游览古建筑时还应把握古建筑文化要领如下。

（1）分析建筑氛围的意境（崇扬什么）。

（2）熟悉每个建筑的各项功能，突出建筑的风格特色。

（3）突出建筑的结构原理，准确领略各种陈设和装饰的含义。

（4）对各种艺术珍品评价其价值所在。

（5）关注礼制与等级的体现之处。

（6）注意文化意蕴的内涵及表现途径、方法和手段。

2. 古建筑群导游讲解内容和技巧

（1）古建筑景区（点）的历史沿革介绍。在开始游览前，导游员要用简练的语言，以突出重点的方法向游客介绍将要参观的游览点的历史成因、价值（历史、文化、美学、旅游等价值），提升游客游览的期望值。

（2）介绍古建筑景区（点）的位置，讲解中国古老的“堪舆”理论和学说。中国古建筑在设计时都十分注意周围的环境，对周围的山川地势、地理特点、气候条件、林木植被等都要认真调查研究，以使建筑布局、形式、色调等与周围的环境相适应，从而构成一个大的环境空间。在向游客说明古建筑景区（点）位置时，用借题发挥的方法介绍我国古老“风水”学说中积极的部分，切忌宣传封建迷信。古代建筑往往讲究风水、五行，建筑中的装饰物等均有其寓意，不同的建筑其实用功能不同，则风水格局也不同。在讲解时可以从地形、地貌、山脉分布、河流流向、河流径流量、风向、气候等方面为游客进行分析。

（3）向游客介绍古建筑景区（点）游览路线和方式时，讲解古建筑布局组合情况。中国古建筑以“间”为单位构成单座建筑，再以单座建筑组成庭院，进而以庭院为单元，组成各种形式的组群，是平面展开的布局方式。正式游览之前，导游员应引导游客观看景区（点）的游览示意图，介绍游览路径和方式，同时向游客提出要求和注意事项，避免游客因走错路而影响整个游览活动。这个时候可以借图介绍古建筑景区（点）的建筑布局。

（4）讲解建筑体，突出功能性、艺术性和文化性。中国古典建筑的类别、名目是很多的。每一类别、每个名目都有自己的特定用途、功能和样式。导游员在导游讲解中国古建筑时，对不同古建筑的称谓必须加以规范。中国的古建筑在用料、建筑形制、建筑方式、色彩的运用、装饰物的选用及布局等方面都有着明显的等级划分，体现出特有的艺术和文化。

（5）介绍基本构件，讲解等级划分。台基：又称基座，是高出地面的建筑物底座。它用以承托建筑物，并使其防潮、防腐，同时可弥补中国古建筑单体建筑不甚高大雄伟的缺陷。台基大致有四种，即普通台基，较高级台基（在普通台基边建栏杆），更高级台基（须弥座，又名金刚座），最高级台基（由几个须弥座相叠而成，常用于最高级建筑）。木头圆：常用松木或楠木制成圆形木头，置于以石头为底的台上。开间：四根木头圆柱围成的空间称为“间”。建筑的迎面间数称为“开间”或“面阔”。建筑的纵深间数称为“进深”。中国古代以奇数为吉祥数字，所以平面组合中绝大多数的开间为单数，而且开间越多，等级越高。大梁：即横梁，是架于木头圆柱上的最主要的一根木头，以形成屋脊，是中国传统木结构建筑中的骨架构件之一。斗拱：是中国古代建筑特有的构件。方形木块叫斗，弓形短木叫拱，斜置长木叫昂，总称斗拱。彩画：彩画原本为了木结构建筑物防潮、防腐、防蛀，后来才突出其装饰性，可分为三个等级，即和玺彩画（是等级最高的彩画），旋子彩画（等级仅次于和玺彩画），苏式彩画（等级低于前两种）。屋顶：中国传统建筑屋顶的类型主要有庑殿顶、歇山顶、悬山顶、硬山顶、攒尖顶等。山墙：房子两侧上部成山尖形的墙面。

（6）讲解古建筑中的驱魔纳吉装饰。一座古建筑并不单单是工程技术的组合体，还是工程技术与艺术的综合体。我国古代建筑尤其强调建筑的种种装饰，其中驱魔纳吉装饰占有独特的位置。一般而言，驱魔辟邪起源于人们无法改变和抵御灾祸。在现实的生活中，人们对许多灾祸束手无策，在科学水平低下的情况下，就产生对众多神灵的幻想，人们就想借助某种灵力来避凶趋吉，消灾解厄，所以在古建筑中常在某些部位、结合结构上设置一些驱魔纳吉装饰。普通游客，特别是外国游客很难看明白这些装饰物，需要依靠导游员的导游讲解才能认识和赏析。故宫屋脊小兽，如图 2-3 所示。

图 2-3　故宫屋脊小兽

（7）讲解古建筑中色彩的运用及含义。黄色：黄色在我国古代一直被认为是最尊贵的色彩，这主要因为五行学说里黄色代表中央方位。在唐代，黄色已被规定为皇室用色，明清时期更有明文规定，只有皇帝的宫室、陵墓及奉旨兴建的坛庙等建筑才准许使用黄色琉璃瓦。因此黄色乃是帝王的专用色，意味着普天之下，唯我独尊，是皇权的象征。红色：红色在我国古代被视为美满、喜庆的色彩，意味着庄严、幸福、富贵。自周代开始，宫殿建筑普遍使用红色。之后，它一直是象征封建帝王“至高无上”和“尊贵富有”的专用色。另外，在中国民俗中认为红色具有破邪祟之作用，所以清代监斩官莅临刑场要披大红斗篷。旧时新娘上轿时，上下穿的亦是一色红，这除了表示喜庆外，主要还为了破不吉、除邪恶。青色：北京天坛的祈年殿，在清乾隆十六年重修时三重檐全改为青色，以此来象征“天”。南京中山陵的琉璃瓦不用黄色而用青色，体现孙中山先生“天下为公”的思想，因为青色象征“天”，象征“平等”。另外，青色与木、东、春等概念相匹配，这与五行学说有关，如北京社稷坛东坛墙上的琉璃瓦为青色琉璃瓦。白色：我国很多佛教建筑都喜用白色，如喇嘛塔、喇嘛教经堂、一百零八塔等。因为佛教以白色象征“洁净”，所以驮运佛经的乘骑，在印度多用白象，在中国则用白马，观音菩萨因常穿白衣而名“白衣大士”。因此在佛教建筑中用白色含“洁净”“无邪”“虔诚”之意。黑色：由于黑色代表水，所以故宫中文澜阁（藏书楼）的琉璃瓦采用黑色，以寓水灭火之意。同样，玄武大帝的殿堂内，其神像及所持之旗和器物一概为黑色，因为玄武大帝是水神，水为黑色。

（8）品析匾额楹联。匾额、楹联是中国古典建筑中特有的装饰，宫殿、寺庙、祠观、府第、宅邸、园林如果失去了匾联，就如同人少了眼睛。匾联具有点题示意使意境得到升华的作用。导游员在向游客介绍古建筑中的匾额楹联时，除讲解其形制外，还应讲解其书法艺术，更重要的是要讲解其中的文化内容及蕴含的哲理，这是中国古建筑导游中的一个难点，却是游客较为感兴趣的部分，对游客游览赏析古建筑有提示和引导作用。

（9）赏字画。字画是中国古典建筑中特有的装点。无论是宫殿、府第、宅邸、园林，还是普通住宅，字画的装点必不可少。厅堂、楼阁、轩榭之中均要悬挂几幅名家书法和绘画以得到满室生辉的效果。导游员在讲解时应把中国国画的相关知识有机融入，因为这是宣传中国书画艺术的一个好机会。

（10）介绍家具及陈设。家具是供使用的器具，其实也可算是室内布置与装修的组成部分，因为许多家具都是供陈设之用。常见的有床、榻、几案、柜、椟等。室内陈设主要使用器皿和艺术品。精美的瓷器、陶器、玉器、水晶、琥珀、文房四宝、景泰蓝等陈设于室内，光彩夺目。

3. 宗教建筑讲解技巧

宗教建筑在中国古代建筑中占有重要地位，并对传统建筑有着深刻的影响。宗教建筑在中国非常普遍，具有分布广、数量多的特征。许多宗教建筑都借鉴了中国传统建筑的模式，尤其是佛教建筑，对中国传统文化的吸纳和融合较充分，是中国古代建筑的重要组成部分。

由于宗教有着广泛的社会基础，其建筑也体现出强大的社会功能。正因为如此，千百年来，许多宗教建筑才被幸运地保存下来，尤其是一些木构建筑。

（1）佛教建筑讲解要领。佛教文化博大精深，表现在建筑中，同样赋予佛教建筑深厚的文化内涵。导游员对佛教建筑艺术的导游讲解要将建筑与文化紧密地联系起来，用建筑来体现文化，用文化来说明建筑。这要求导游员既要熟悉建筑方面的有关知识，又要了解相关的佛教文化。导游员在进行佛教建筑导游讲解时，要从以下几个方面入手。

①讲清寺院的基本布局。佛教传入中国后第一座寺院白马寺是以汉代官署的格局建造的，以后又有不少官僚和富豪捐赠现成的府邸和私宅为佛寺。所以，中国汉族地区的佛寺在近两千年的发展过程中，基本继承了中国的建筑传统，以院落形式作为佛寺的布局，即由一个个大大小小的四合院串连而成。汉地佛寺的另一个特点就是有一条南北中轴线，主要建筑建在中轴线上，附属建筑则在中轴线的东西两侧。中轴线上的建筑由南往北，依次为山门、天王殿、大雄宝殿、法堂、藏经阁等。天王殿前的东西两侧有钟楼、鼓楼对峙。大雄宝殿前的左右两侧有伽蓝堂和祖师殿相对。法堂前左右两侧为斋堂和禅堂。法堂后或藏经阁左右两侧是方丈室。另有库房、厨房、客房、浴室等分布四周。大寺名刹，还另辟有五百罗汉堂。有的著名大寺院在寺院的左后侧或右后侧设立戒坛，自成格局，另为一院。还有的附有塔院（又称塔林）。以上所述寺院殿堂布局为一般正规的寺院采用，但也略有不同。至于小型寺院，则因地而异，各具风格。

②讲清佛教载体的艺术特征。第一，建筑本身的艺术性。佛教建筑有的造型别致，有的材料特殊，有的环境奇特，有的规模宏大，都具有非常强的艺术性。如五台山显通寺中的铜殿，全部用铜铸就，外面呈二层楼阁形状，图案精巧、细致，远望金碧辉煌，被誉为国家建筑珍品。再如普陀山慧济寺，掩映绿树丛中，深藏不露，曲径通幽，黄墙夹路，意境十分优美。第二，佛像的艺术性。佛像是佛教建筑中最基本的内容，各殿堂基本上都供奉佛像。虽然这些佛像被佛教赋予了更多的象征意义，但客观上仍然表现出明显的艺术价值。导游员在讲解中既要把握住佛像的宗教内涵，又要领略其艺术价值。因为游客不一定都是佛教信徒，见佛就拜，有相当一部分游客纯粹为满足审美的需要。所以导游员在对佛像的讲解中，突出其艺术方面的内容是必要的。突出佛教建筑中佛像的艺术性，主要从材料、造型、神态、色彩几方面入手。第三，其他艺术形式的表现力。佛教建筑艺术是一种综合艺术，通过各种各样的艺术形式丰富着佛教建筑的文化内涵。有不少佛教寺院的殿堂、回廊的墙壁上都绘有表现佛教内容的壁画。有些壁画因其较高的艺术水平和艺术价值成为吸引游客的重要因素。如敦煌莫高窟的壁画举世闻名，是世界艺术珍品。洛阳龙门的石雕佛像也深深吸引着游人。佛教寺院虽然是较为严肃的场所，但比起皇宫来，还是较为贴近百姓生活的。民间各种艺术形式在佛教建筑中都表现得相当充分，例如，建筑中的彩绘、

石雕、砖雕、木雕的装饰都运用得非常普遍，这既增强了佛教建筑的艺术效果，又提供了更为丰富的审美内容。

③讲清佛教的思想内涵。佛教认为世间万物变化都处在因果关系之中，按照善恶因果的业报法则，众生流转在“六道”之中，唯有断恶向善、潜心修行才能获得解脱。佛教劝人为善、平等、慈爱等精神对现代社会道德文明建设有着积极作用。

（2）道教建筑讲解要领。道教是中国土生土长的宗教，在中国的宗教中最具本土文化特色，体现在建筑上，也必然彰显中国建筑文化特点。道教建筑统称为道观，它包括道宫、道观、道院等。至今我国仍然保存着许多道教建筑，并作为一种重要的旅游资源吸引着众多的国内外游客。

道教建筑的导游讲解与其他类型建筑的导游讲解方式没有太大的区别，关键在于在掌握有关道教建筑知识的基础上，把握道教建筑讲解的以下要领。

①道教的哲学思想。道教的哲学思想是中国传统文化的重要组成部分，尤其是其辩证的思想，至今仍然有着积极的意义。虽然这种思想被包裹上了一层宗教的外衣，但其精神实质仍然是导游员应该重点把握的。例如，道教的内养修炼是指人体内精、气、神的凝聚和炼养，以达到强身健体的目的，导游员应能给予科学的解释。

②道教建筑的艺术特色。道教建筑的艺术性体现在各个方面，主要包括殿堂等主体建筑的奇妙构思，精美的艺术装饰，形态各异的神像雕塑，以及表现宗教内容的各种壁画和雕刻。道教建筑中的装饰艺术在我国古建筑中占有重要的地位，其中的石雕、木雕琳琅满目，内容丰富，技法精湛，具有极高的审美价值。导游员要掌握这些美学价值，并生动传神地介绍给游客。

③道教建筑的历史价值。我国有些道教建筑在历史上曾有着显赫的地位和重要的影响，如泰安岱庙，是历代皇帝举行封禅大典的必去之处，地位极高；北京白云观自元代以来受历代皇帝的青睐。有的道教建筑对道教的发展有着举足轻重的作用，如陕西的楼观台、四川的青城山、江西的龙虎山、广东的罗浮山、湖北的武当山等，都具有很高的历史价值。导游员在讲解中要突出这些建筑的社会历史价值，使游客能够全面地了解历史、认识道教。

四、博物馆讲解要求和技巧

随着人们文化素质和欣赏水平的提高，博物馆已经成为旅游参观的热门景点。尤其是欧美国家的旅游团，每到中国的一个城市旅游，都会把当地的博物馆作为重要的参观游览对象。可以说，博物馆是一种高品位的文化旅游资源。

我国历史悠久，中华民族在漫长的历史进程中创造了光辉灿烂的文化，保存的地上、地下的历史文化遗产极为丰富，它们记载着中华民族数千年来的发展轨迹和发明创造。导游员在进行博物馆导游讲解中要注意以下几点。

（一）做好知识准备

博物馆中丰富的藏品蕴涵着深厚的文化，涉及方方面面的知识，个别展品的讲解还可能要求有一定的专业知识。

馆藏内容文化内涵的综合性、连贯性，要求导游员必须具备系统的知识，既要了解“点”，又要知道“线”，既要掌握审美知识，又要了解科学原理。博物馆内容的专业化，又决定了导游员在某些方面知识的专门化，不但要知其然，而且要知其所以然。导游员不能只是简单地说“这是什么”“那是什么”，这样讲，游客是难以满足的。导游员应善于利用别人的研究成果，把它转化为导游内容讲给游客，做到“外行看我们很内行，内行看我们不外行”。

（二）熟悉陈列内容

博物馆的藏品十分丰富，有的多达数万件，但并不是所有的藏品都能成为陈列品，只有经过挑选的、能反映陈列主题思想的藏品才能成为陈列品。一般来说，进入陈列室的陈列品都是该馆藏品中最有价值的。陈列品的陈列顺序和陈列类别体现了陈列品的内在本质、价值和馆藏者所要表达的主题思想，这就需要导游员对博物馆的展品陈列有一个基本的了解，熟悉陈列品的种类、所在位置、陈列顺序以及其所表达的主题思想。

（三）客观讲解，据题发挥

博物馆的展品是具体的实物和生动的艺术品，有较强的客观性。这些实物具有强大的说服力，是对历史、科学、文化等方面成就最有力的诠释。导游员要根据展品实物有针对性地进行讲解，切忌偏离具体的对象去讲其他不着边际的内容。

（四）深入浅出，通俗易懂

博物馆的许多展品，都具有较高的学术价值，使其具有了非同一般的教育功能。导游员的讲解不是做科学报告，因此，要把那些本来深奥的内容用浅显的语言讲出来。

（五）知识性、趣味性并重

博物馆展品所蕴含的知识是十分丰富的，甚至是十分奇妙和不可思议的。如果自然界一块普通的石头被存放到了地质博物馆里，也许它就是某一地区地质年代演变的最典型代表；一块动物化石里面所包含的也许是某个物种的生命演变历史。这些都是导游员要向游客介绍的知识点。但是，这些知识的讲解不是单纯的、枯燥的介绍，而应是充满知识性、趣味性的讲解。

五、古典园林讲解

中国的园林艺术历史悠久、风格独特，融建筑、雕塑、文学、书法等艺术为一体，在世界园林艺术中也享有盛名，赢得了“世界园林之母”的美誉。中国园林艺术包含着深刻而丰富的美学思想，具有很高的游览和观赏价值，是重要的旅游资源。

中国的园林是一种空间艺术作品，是由建筑、山水、花木、绘画、文学等组合而成的一个综合艺术品，富有诗情画意，具有启发心智、陶冶性情的独特的审美效果。导游员在园林艺术的导游讲解中，要把握住园林艺术的特点，并能准确地将园林艺术的美传递给游客。

（一）古典园林讲解要领

1. 自然天成的和谐法则

中国园林虽然是人工所造，但具有自然山水之妙。“虽由人作，宛自天开”，充分体现了中国古代哲学家、艺术家“天人合一”的文化观念。中国园林的造园艺术，讲究师法自然、融于自然、顺应自然、表现自然、再现自然，强调造园的和谐法则。

2. 匠心独运的艺术构思

园林是一种艺术创造，它体现着园林主人的精神追求和美学思想，同时，也充分表现出造园者的独特的艺术构思。园林中的树木栽植，不仅仅为了绿化，其品种的选择还体现出园林主人的爱好与情操，种植地点的选择则反映了造景的需要，因情设景，利用树木创造出另一番如诗似画的优美意境。

3. 博大精深的文化内涵

园林艺术的美，不仅仅体现在自然的表现上，而且还往往以构景、命名、楹联、匾额和花木来表达园林主人的某种思想感情与理想追求，从而给人一种综合美感。导游员应着意去理解园林中的文化内涵，从哲学、历史的角度去探究园林的深邃意境。园林的文化内涵有的是主人的直抒胸臆，有的是主人的内敛隐喻，有的在园中布局上就有体现，有的在园林的名称中便可得知。比如扬州个园，因主人爱竹，便借清代诗人袁枚的“月映竹成千个字”，取名个园，倒也别致清新。苏州拙政园的“留听阁”，则是李商隐的“留得残荷听雨声”意境的再现。某古典园林如图 2-5 所示。

图 2-5　某古典园林

（二）古典园林讲解方法

1. 移步换景讲解法

导游员带领旅游团队游览园林，一般要采用移步换景讲解法，即边走边看边讲解。这种讲解法，要求导游员在入园处先概括地介绍一些园林的基本情况、基本要点，如名称由来、背景、面积、主要景点、欣赏价值、园林特点等，然后带着团队依次参观，边看边讲。参观过程中，借物论事，由此及彼，逐渐达到高潮。移步换景不仅是循序渐进的游览，更重要的是要产生步移景异之感，讲究的是游览讲解当中“起承转合”的章法，像音乐或戏剧一样，有开端、发展、高潮、结局。例如，苏州拙政园，占地 70 亩，分东、中、西三部分。

中园为全园的精华所在，四个景区犹如四个乐章，组成一部和谐幽雅的交响曲。从腰门入口的假石山洞到远香堂，是第一乐章，采取的是“抑景”手法，创设桃花源意境，点明园主世外桃源的理想。从枇杷园到海棠春坞，是第二乐章，用的是“框景”“对景”法，形成层层相套的庭院深深的意境。从梧竹幽居经雪香云蔚亭到见山楼为第三乐章，层次分明，景色多变，逐渐开阔。由香洲、小沧浪到倚玉轩为第四乐章，有一种恬静闲适的气氛，代表了园主“维德之馨”的思想情趣。在此基础上，导游员便可由面到点，由此及彼，一景一景地，或详或略地讲解。在讲解中还要善于突出每一景的特点，善于导入意境，使游客的情绪、联想随着景点的变换进入特定的意境中，产生愉悦的感受。

2. 变换角度讲解法

在园林导游中，就某一景物，还要善于从不同的角度向游客进行讲解。在观赏景物时，因观赏者的立足点不同，所处的角度有别，所看到的景观效果也不一样。正所谓“横看成岭侧成峰，远近高低各不同”。对同一景点，可引导游客远眺、近看、仰观、俯察，然后从不同的视角讲解，进而挖掘和展示出多种风格特点和各不相同的艺术感受。例如，颐和园湖面的十七孔桥，为多孔拱桥，通体洁白柔和，颇似玉带。导游员带领游客走在桥面，可引导游客欣赏桥上的精美雕刻、桥体的严整结构和全桥的壮美气势。若从远处透过湖面横望此桥，导游员可引导游客欣赏桥的另一种美：半圆形桥洞与水中倒影交接混含，形成一串透空满月，远远望去，既像长虹卧波，又像一串精美的珍珠项链镶嵌于湖面，许多中外游客为此景倾倒，赞美不已。在游览中，导游员要积极引导游客多视角、多角度欣赏景点和大自然，增加游览情趣。同一处景点，同一处山水还会因四季之分而不同。导游员也要注意引导游客想象四季不同的景色，带领游客进入不同的艺术境界。北宋画家郭熙在《山川训》中说：“山水之烟岚，四时不同。春山淡冶而如笑，夏山苍翠而如滴，秋山明净而如妆，冬山惨淡而如睡。”四季景色不同，带给游客的感受乃至情绪自然也不同。尽可能调动游客的不同感受，不同情绪，这是一个高水平导游员应孜孜追求的。

3. 分门别类讲解法

中国园林的物质构成大体可分为水景、山石景、植物景和建筑景，要素虽基本相同，但南北风格不同，各园之间的特色相异。在园林导游讲解中，导游员可根据所游园林的具体情况和特点，分门别类地加以讲解。

（1）水景。水景被称为中国园林的命脉。园林中的泉、溪、瀑、池、湖都是根据不同的组景需要设计建造的。北京芍园的水景可谓千姿百态，游后给人以“到门唯见水，入室尽疑舟”的感觉。游过浙江绍兴沈园水景后，文人则写出了“伤心桥下春波绿，曾是惊鸿照影来”的诗句。园林水景又分为静水与动水，静水以澄澈、柔美、涵映无际见长，动水则要求流畅、奔突、空谷传响、八音齐奏。在苏州园林中，水景无疑成了主体，充分利用园外的活水，妙用湖池水中的倒影，扩大园林景色。随着光线的变化，阴晴的变化，四季的变化，水中景色也变化无穷，气象万千。

（2）山石景。古人云：“天下之山，得水而悦；天下之水，得山而止。”无水，山无生气，无山，水无依存。堆石叠山是中国园林的独特创造。园林中的假山分为石山、土山、土石山三种类型。石山又分为湖石山、黄石山。湖石山由姿态各异的湖山筑成。黄石山则由外形多为直线的棕色或黄色石材组成。扬州何园的假山是湖石山，“一峰突起，连冈断堑，变幻顷刻，似续不续”。上海豫园的假山是黄石山的代表。园林中的假山，有的深厚，有的瘦削，有的刚劲，有的精巧，千姿百态，不一而足。园林山石景除假山外，另一种表现形式则为置石，即以单块奇石立于院中，“透、瘦、绉、漏、清、丑、顽、拙”八字是古人对园林假山、置石的审美评价概括。或玲珑剔透，或棱角分明，或纹理苍老，或关窍相通；或阴柔，或阳刚，或奇突，或浑朴。

（3）植物景。园林没有花木，就没有色彩，没有生气，也就不称其为园林。所以植物景是园林的重要组成部分。园林植物讲求配置，木有高低，杆有粗细，枝有疏密，叶有阔窄，色有浓淡，造园者通过不同方位、不同品种的配置，用来增强园景的变化。例如，殿前立松，墙根种竹；水边植柳，间种红花；篱畔栽菊，配以芳草。这就增添了园林的诗情画意。另外，分门别类地讲解还能指出同类中的不同特色。在植物的配置上，还要讲究一年四季都有景有色，有绿有花，种植不同的树木花草，使之四时宜人。有的园林还讲究突出主景、突出主题，如承德避暑山庄广植苍松，有松云峡、松林峪、松鹤斋、万壑松风等著名景点，突出苍松常青、耐寒、长寿的品格，用以象征国运和民族精神。无锡的梅园则遍植梅树，冬日蜡梅怒放，春季红梅飘香，梅开之时，如云如雪，用以颂扬园主的品格骨气。扬州个园则是绿竹满园，用以隐喻园主的德行气节。

（4）建筑景。建筑景是园林主要风景形象之一，不论亭台楼阁，或是桥榭厅廊，既是园林景观，又是观景处所。园林建筑是园林的“眼睛”，又是园林山水与游客之间的连接纽带，有它独特的审美价值和游览效应。园林建筑一般散布在山景、水景、植物景之中，单体建筑之间多用曲径、曲廊、曲桥相连，使园林建筑能和周围风景和谐融合，体现融于自然的审美情趣。园林建筑的布局，还要显隐结合。颐和园万寿山顶的佛香阁，网师园的风来亭，留园水中的濠濮亭，寄畅园的知鱼槛，以及水绘园中的水明楼等，都是园林的主景。有的建筑则掩映于浓荫之中，悄藏于假山岩壁之后，幽趣横生，别有洞天。

4. 造园手段讲解法

为深入了解中国园林的艺术魅力，介绍一些造园手段也是常用的讲解方法。如借景、引景、点景、藏景、对景、框景、漏景等。

（1）借景。借景是借用景点以外的景色，有远借、邻借、仰借、俯借等，用以扩大园林空间，丰富园林景色，达“纳千顷之汪洋，收四时之烂漫”之目的。如苏州沧浪亭，借园外清水绕围而过，临水一面不建围墙，以漏窗复廊对外，把绿水涟涟的河景借入园内。北京颐和园，为借玉泉山和西山之景，在昆明湖西堤一带没有高大建筑挡住视线，使西山群峰全部倒映湖中，同时，两堤桃柳恰到好处地遮挡住园墙，使园内园外界限无形中消失了。西山峰峦、玉泉山塔影、两堤烟柳自然融为一体，成为园中景色。

（2）引景。为增强游客游兴和好奇心，鼓励和吸引游客继续攀登，往往在曲折的山径尽头或山顶建造一座亭子或塔，秀出天际，非常醒目。引景对游客具有很大吸引力。

（3）点景。点景主要为增添园林风景的魅力和色彩。如颐和园万寿山上的佛香阁，就是作为点景，使万寿山显得神采飞扬。

（4）藏景。藏景，就是藏景于园，形成园中有园的境界。如苏州拙政园中“枇杷园”，即大园中的小园，空间深邃、含蓄，富有情趣，别有韵味。

（5）对景。对景，一是指人与景的相对关系，不管身处园中什么位置，对面都有景可看，如登上楼、亭、台、阁、榭，可观赏堂、山、桥、树木等。二是指景与景的相对关系，不论园中的任何景点，都有相得益彰的景点相对应。如扬州瘦西湖上的钓鱼亭，亭的四面园门洞开，人在亭中，从一门可看法海寺的白塔，从另一门可看莲性寺旁的五亭桥。

（6）框景。框景是指园林中建筑的门、窗、洞，或树木树枝抱合而成的景框，往往把远处的山水景观或人文景观包含其中。

（7）漏景。漏景是指园林围墙或走廊墙上常常设以漏窗，或雕以带有民族特色的各种几何图形，或雕以令人喜闻乐见的花木、动物等，透过漏窗的窗隙可见园内或园外的美景。

（8）其他景，如抑景、夹景等。园林造景不会让游客一进门就看到最好的景色，往往要卖几个“关子”，先藏后露，给人以“山重水复疑无路，柳暗花明又一村”的惊喜，这种手法就叫抑景。例如，园林入口处常以假山挡门，这就是抑景手法。如景点在远方，视线两侧空空荡荡，景点就显得单调乏味，如景点两侧用花木或相应的建筑物建起屏障，景点就显得富有生气，这种手法就称为夹景。

5. 知识融入讲解法

在园林导游讲解中，往往会涉及一些建园背景、历史事件、历史人物等知识内容，这种讲解即知识融入讲解法。特别是文化层次较高的游客，很看重这种讲解。例如，苏州留园原是明朝嘉靖年间徐泰时的东园，清朝嘉庆时刘恕改建成寒碧庄，也称刘园。太平天国运动后，苏州阊门外许多建筑被毁，独留此园，谐刘园之音，便更名为留园，引“长留天地间”之意。扬州个园，原为清代画家石涛的故居，叫寿芝园，清朝嘉庆、道光年间，大盐商黄应泰修建为住宅花园，因园主爱竹，“个”为“竹”字的一半，所以称作个园。有的园林的建园背景不仅富有知识性，还富有故事性，如穿插加以讲解，往往会起到引人入胜的效果。如苏州沧浪园，就富有故事性、知识性。北宋庆历年间，在朝廷做官的苏舜钦因遭诬陷，被削职为民，退隐苏州。有一天，他独自到南园一带散心，只见此处有一大块荒地，三面环水，有些杂乱树木，还有些残败的池台亭阁，原来是一处废园。苏舜钦喜欢这个地方，回头见河边有一船，船上有一老翁在钓鱼，苏便上前和老翁攀谈起来，得知此处曾是吴越国广陵王近戚孙承佑的别墅，后来人败园废，可谓荣华富贵，过眼烟云。这正与他不顾高官厚禄，愿过清贫自在生活的思想相近，于是，他花了四万铜钿买下这个废园，雇工理水叠山，广植花木，建屋造园。苏舜钦望着浩渺烟波，心旷神怡，忽然记起《孟子·离娄》所说：“沧浪之水清兮，可以濯吾缨；沧浪之水浊兮，可以濯吾足。”喻皇上英明，则洗净帽缨为其理政，皇上昏聩，且隐居山林之中，洗足自娱。于是苏舜钦把园中最高的亭子叫沧浪亭，并以亭名为园名。园中有亭，不可无联。苏舜钦就给正在滁州做官的好友欧阳修写信求联，欧阳修写好后托人带给苏舜钦，此联为“清风明月本无价，可惜只卖四万钱”。苏舜钦觉得上联还好，下联粗俗且不对偶，于是他只将上联先挂起来，下联空着。苏舜钦的亲朋好友前来游园，看到只有上联，均不解其意。一日苏邀请老渔翁在石亭饮酒，望着眼前好景，情不自禁吟诵起诗来：“东出盘门刮眼明，萧萧疏雨更阴晴；绿杨白鹭俱自得，近水远山皆有情。”这时，老渔翁突然喊道：“下联有了，这最后一句正合其意。”于是机缘巧合地得到了一副很好的对联：“清风明月本无价，近水远山皆有情。”通过这样的讲解，不但了解了园林景点的设置用意，还使游客增长了许多知识，加深了文化修养。另外，在讲解中还应注意触景生情和寓情于景等讲法，力求生动活泼，使人得到启示和教益。

六、定点导游讲解

以黄山景区的定点导游讲解为例，介绍定点导游讲解的内容。

（一）交代游览注意事项

黄山景区马上要到了，下车前大家要记住我们乘坐的旅行车的标志、车号、停车地点还有集合的时间。我们是一个团队，大家进入景区游览时不要擅自离开团队游玩，不要单独行动，要紧跟团队，以防走失。

在景区要十分注意防火及环保，在景区内不要随意吸烟，以免发生山林火灾事故。山上每隔 1 小时左右的路程就会有一个吸烟点，需要吸烟的朋友留意吸烟标志。黄山是世界游览胜地，已被联合国教科文组织列为世界文化与自然遗产。景区优美的环境需要我们大家共同维护。大家不要乱扔垃圾，沿途设有垃圾箱，大家一定要把垃圾扔到垃圾箱里。

（二）安全提示

大家在游玩时要记住"安全第一"，安全是快乐游玩的前提。爬山时一定要注意脚下安全。照相时不能忘乎所以，一定要留心脚下及身后的情况。所谓走路不看景，看景不走路，大景不放过，小景不留连，拍照不用慌，先对身后望。

大家保管好随身贵重物品，上车下车都要随身携带。预祝在座的每一位在这次旅行中玩得开心，游得尽兴。

（三）游览中的导游讲解

黄山是一座以景观奇特而著称于世的山体。导游员在实际讲解过程中可根据游客的游览情趣，有选择地从不同的角度进行解说。

1. 从地质角度讲解

位置：黄山位于安徽省的南部，跨越四县——歙县、黟县、太平和修宁。黄山在秦朝（公元前 221—公元前 206 年）时叫作黟山，在唐朝天宝六年（747 年）时才有这个名字。

成因：1 亿多年前的地球地壳运动使得黄山崛起于地面，后来经第四纪冰川的侵蚀作用，慢慢地就变成了今天这个样子。黄山宏伟、庄严、风光迷人，为著名的风景区。

景观特点：黄山是一个奇迹，在 154 平方公里的面积上群峰耸立，许多山峰形如其名，"莲花""光明顶""天都"是其中最主要的三个，海拔都在 1 800 米以上。这些山峰都是花岗岩体，通常由竖直接合点连接。侵蚀和断裂促使这些岩石变成巨大的石柱，形成了高峰和深谷。天阴时这些高山隐现在雾霭中，如虚幻一般，天晴时则尽展其威严与壮丽。

2. 从美学特征角度讲解

黄山的颜色和形态随四季的更替而不断变化。春天，盛开的鲜花色彩缤纷，点缀着四处的山坡；夏天，青绿的山峰一座连一座，泉水汩汩流着；秋天正是枫树火红的季节，把整个黄山装扮成红、紫相间的世界；冬天则把群山变成一个冰与雾的世界，到处是银枝银石。

3. 从景观特色角度讲解

因此自古以来就有许多游客来到黄山，探求其秘密、惊叹其美景。人们渐渐地总结出黄山的四大特征：奇松、怪石、云海和温泉。其实，黄山上也到处可见花岗岩，尤其是在以下几个景区——温泉、玉屏楼、西海、北海、云谷寺和松谷庵。黄山作为一座中国名山，在以安徽一线为主题的旅游线路中起着画龙点睛的作用，是整个旅游讲解的重点所在。

4. 从文化的角度讲解

黄山看起来清新、年轻，却有着悠久的历史，古代的书籍、诗歌、绘画和雕刻都是很好的证明。李白并非歌颂黄山的唯一诗人，唐代诗人贾岛（779—843 年）和杜荀鹤也曾来此吟诗作赋。在唐以后的各个朝代不断有人游览黄山，在诗中表达他们的赞美之情。明代伟大的地理学家和旅行家徐霞客（1586—1641 年）专门写了两本关于黄山的游记，清代的西安派大画家渐江和石涛（1642—1718 年）在身后留下了许多幅关于黄山的画。已经去世的地理学家李四光在其专著《安徽黄山上的第四纪冰川现象》中总结了他个人对黄山的考察成果。一代又一代人的题词随处可见："千姿百态黄山云""刺天峰""清凉世界""奇美"和"独具魅力的风景"，这仅仅是其中的几个而已。这些诗一般的词汇配上优美的书法不仅仅是装饰品，更是一道迷人风景。

实训

景点讲解

1. 实训目的

（1）了解景点基本讲解方法的使用对象与环境。

（2）掌握景点基本讲解方法的使用技巧，能结合具体景点熟练使用。

2. 材料与工具

导游词，图片，多媒体教学设备。

3. 实训地点

多媒体教室。

4. 实训准备

布置模拟导游现场，利用图片、多媒体等形式练习使用讲解方法。

5. 作业

根据实训材料写出实训报告。

案例

制造悬念讲解法

制造悬念讲解法是指导游员在讲解时提出令人感兴趣的话题，但又故意引而不发，激起游客急于知道答案的欲望，产生悬念。这种方法就是俗称的"卖关子"。卖关子必须找到恰当的关口，即时机。制造悬念以前应有铺垫，即先有引人入胜的讲解，足以引发游客强烈的兴趣和愿望；制造悬念的方法很多，如问答法、引而不发法、分段讲解法等都可能激起游客对某一事物的兴趣，引起遐想，急于知道结果，从而取得制造悬念的良好效果，似乎不经意地说："虎丘塔的年代，过去人们一直在猜测，说法不一，直到新中国成立后才搞清楚这个问题，"说到这里停下来，给游客留下一个问号，大家在想到底多少年呢？是怎么弄清楚的呢？过了一会儿，导游员绕到一个合适的位置，说："大家请看这里，当年就是在这儿加固塔身的时候，在塔内发现一个窟窿，工人探身进去，找到一个石头箱子，把石头箱子搬出来打开一看，里面有个木头箱子，大概这么大……”导游员边比画边看四周，大家都在屏息静听，想知道一层一层包裹的小箱子到底放的什么。“再把小箱子打开，里面有一包佛经，用刺绣的丝织物包着。箱底写着年代，为北宋建隆二年，即公元 961 年，因此虎丘塔距今有 1 000 多年了。”这位导游员很会制造悬念来吸引游客的注意力，最后才把悬念落实，使游客由衷地发出“原来如此”的感叹。

思考与训练

1. 举例说明在景区景点的讲解中导游员对于自然风光和人文景观的讲解有什么具体要求？
2. 导游员在景区景点讲解中应注意哪些具体事项？
3. 如何进行山岳景观导游讲解？
4. 如何进行水体景观导游讲解？
5. 山水景观导游讲解实训（实景教学，以学生讲解为主，教师适当点评）。

（1）以当地景区为例实景模拟讲解，掌握人文景观中佛教景观的导游讲解方法。

（2）教师点评，突出导游讲解服务中的一些细节问题。

任务 3　沿途导游讲解

【本任务工作目标】

1. 了解沿途导游讲解的内容和步骤。
2. 掌握沿途导游讲解的要领和技巧。

【训练目标】

在带团过程中，导游讲解不仅体现在景区（点）定点导游讲解场合，也体现在沿途导游讲解场合。通过本任务的训练，使学生了解沿途导游讲解的技巧、要求等，从而完成导游讲解的服务工作。

【任务引入】

导游员小和马上要赶赴丽江机场迎接到站旅游团，从丽江机场到下榻酒店大概有 45 分钟的车程，导游员小和应该如何利用这段时间，给大家介绍一下沿途的风光和丽江的概况？

沿途导游讲解时车子在行进中，外部景观变化很快，所以在讲解时间、讲解内容、步骤和沿途方位方面要掌握一定的技巧。小和此次沿途讲解属于抵站沿途讲解，应该致欢迎词，接下来进行首次沿途导游讲解，介绍行进途中的风光、当地风情及目的地概况。

一、沿途讲解技巧

在交通集散地、景区（点）与下榻饭店的往返途中，导游员（主要是地陪）要在旅游车上向游客开展沿途导游讲解服务。沿途的导游讲解要面对特定的环境。游客身处交通工具（飞机、火车、轮船、旅游车等，以旅游车为主）内，空间有限，加之交通工具的颠簸，游客极容易疲劳；同时由于车子处于行进状态，外部景观变化很快，因而和定点导游讲解相比，沿途讲解在讲解技巧、内容和方法上都有较大的差异。

导游员在沿途讲解过程中要根据游客的旅程时间和精神状态、车辆的行进速度、车外景物的变化情况、旅程的长短等因素灵活调整讲解内容、改变讲解的方法，注意调整游客的情绪，讲解应以趣味幽默为主。在开展沿途导游讲解时，导游员必须掌握相关技巧。

（一）把握讲解的时间

讲解内容的多少与行车时间的长短和道路状况等有关，如果行车时间超过 1 小时，导游员的讲解时间占整个旅途时间的 60% 左右，尤以刚抵达目的地的前 20 分钟为最佳。导游员不必在整个旅途中不断地讲解，其他时间可安排游客休息、观赏、品味或与个别游客展开交流。超过这一时间，游客有厌烦情绪。少于 60% 的时间，导游员将不被游客关注，游客开始依赖于同伴的评论，而不是导游员的讲解。

（二）注重讲解的艺术效果

沿途导游讲解的效果由导游员的表现和游客的反应共同决定。导游员在开展沿途导游讲解时必须密切注意游客的反应，一旦发现游客对所讲内容不感兴趣或找到新的注意点时，导游员就应该马上调整自己原定的讲解计划。

（三）明确沿途的方位指示

导游员必须有清晰的方位感，在引导游客欣赏旅游车外的风景时，必须根据自己与游客的方位关系明确说明是在游客的左侧还是右侧、前方还是后方。如“在你们的左边”“在你们的右边”“你们左边的棕黄色建筑物是……”要做到当游客把视线投向导游员所讲的景物时，景物正好在游客的视线之内。这就要求导游员要把握好讲解的时机，让游客心里有所准备，产生期待感。如果导游员在沿途导游时站在车厢前部，则可以借助手势来指示方位。一般来说，导游员尽量不要在沿途导游讲解中使用“请看这里”“大家注意那边”之类方位模糊的语句。

二、抵离沿途讲解

旅游团抵离旅游线路各站途中，导游员特别是地陪需要做好沿途讲解服务，一方面给游客留下良好的第一印象，另一方面给游客留下难忘的记忆。

抵站沿途讲解，指游客从机场（车站、码头）到达下榻饭店（或是旅游景点）的行车途中，地陪沿途要做的讲解任务。这是导游员首次亮相，是给游客留下良好的第一印象的重要环节。抵站沿途讲解主要由以下几部分内容组成。

（一）致欢迎词

游客抵达一个地方后，导游员来接待游客时首先要致欢迎词。一般的开场白也叫欢迎词。欢迎词内容应视旅游团的性质及其成员的文化水平、职业、年龄及居住地区等情况而定，用词恰当，给客人以亲切、热情、可信之感。致欢迎词时，如果旅游车的车型允许，地陪应该采取面向游客的站立姿势（两腿稍稍分开，上身自然挺拔），位置应选在车厢前部靠近司机的地方，以方便全体游客都能看到自己，自己也能随时留意游客的反应。一般应在游客放好物品、各自归位、静等片刻后再开始讲。因为游客新到一地，对周围环境有新奇感，左顾右盼，精神不易集中，讲解效果不好。因此地陪要掌握时机，等大家情绪稳定下来后再讲解。欢迎词要求有激情、有特点、有新意、有吸引力，给游客留下深刻印象。欢迎词一般应包括如下内容。

（1）问候语：各位来宾、各位朋友，大家好。

（2）欢迎语：代表所在旅行社、本人及司机欢迎游客光临本地。

（3）介绍语：介绍自己的姓名及所属单位；简要介绍司机，突出司机的驾驶技术。

（4）希望语：表示提供服务及寻求合作的诚挚愿望。

（5）祝愿语：预祝旅游愉快顺利。

欢迎词体现导游员的知识水平、风度气质和服务态度等，是赢得良好印象的关键所在。

一段完整的欢迎词除了必需的要素之外，往往与首次沿途导游相结合，应根据不同服务对象的身份、职业、心情以及不同的时间、地点来确定内容，从而达到消除陌生感、融洽关系、调节情绪的目的。在致欢迎词时要把握语言的运用技巧，注意游客心理分析。

致欢迎词的目的之一是让游客对旅游活动有安全感，对导游员产生信任，减轻紧张情绪。闲谈式的欢迎词大都情感真挚，语气平和，不急不缓，娓娓道来，像拉家常似的，能给人以亲切自然的感受，拉近导游员和游客之间的距离。

在欢迎词中，向游客介绍目的地的大致情况，让游客产生向往之情。

在致欢迎词时，幽默风趣是导游员与游客建立友好关系的最有效的手段之一。导游员言语风趣、亦庄亦谐、妙趣横生，不仅能缩短导游员与游客之间的感情距离，而且能调节游客情绪，制造活跃的气氛，激发游客的兴趣，给人以热情、开朗的良好印象。

欢迎词范例如下。

各位来宾朋友，大家好！

首先我代表我所在旅行社，衷心地欢迎诸位来到丽江观光旅游。我姓和，和气的和，大家叫我小和就可以了；驾车的司机姓木，树木的木。在云南姓和、姓木的，绝大部分是丽江纳西族。今天，我非常高兴能为各位导游，我将尽我所能把丽江最美好的景观介绍给各位。

作为东道主，现在我想用丽江纳西族独有的方式为大家接风。我们的方式很简单，就是为大家唱纳西迎宾曲。

“远方来的朋友啊，纳西家里来到了，坐一坐。山也欢，水也笑，纳西人家多欢喜。祝愿大家心情舒畅……”

我和木师傅衷心祝愿大家在丽江度过一段舒心、愉快的美好时光。我们这个旅行团在丽江的逗留时间是四天三晚，第一、第三晚住 ×× 宾馆，第二晚下榻泸沽湖摩梭山庄。在此期间，我要带大家去参观丽江古城、玉龙雪山、长江第一湾、虎跳峡、泸沽湖等几个主要的景区。在丽江，各位来宾有什么事情要办，有需要我和木师傅帮忙的地方，请不要客气，尽管提出来，我们一定尽力去办。

（二）首次沿途导游讲解

导游员在完成开场白之后，就要开始首次沿途导游了。导游员必须做好首次沿途导游，以满足游客的好奇心和求知欲。首次沿途导游是地陪展示知识、技能的好机会。精彩的首次沿途导游会使游客对导游员产生信任感，有助于导游员给游客留下良好的第一印象。

首次沿途导游主要介绍当地的风光、风情以及目的地的情况。

1. 沿途风光讲解要领

向游客介绍沿途风光时，导游员须施展眼疾嘴快的本领，反应要敏捷，时机要恰当。在语言上应简洁明快、节奏感强、不宜过于复杂和烦琐；在内容上要紧密结合车外景观，适当发挥，详略得当；在讲解对象上要与游客同步，尽量保证所讲对象不离开游客的视线范围，所讲的内容与游客所见、所思、所感相吻合。

2. 当地风情介绍要领

风情介绍指的是导游员向游客介绍当地的概况，包括历史沿革、行政区划、人口、气候、社会生活、文化传统、土特产、市容市貌，使游客一踏上这片土地，就对当地有个初步的了解。风情介绍是对风光导游的必要补充，是在风光导游基础之上的进一步发挥和延伸，具体讲解要讲究方法，掌握要点。借“题”发挥：借助风光导游的话题引入风情介绍的内容。地陪对风情的介绍应当尽量结合沿途风光，借题发挥、有感而发，内容自然地衔接过渡，不宜将风光与风情完全割裂开来单独进行介绍。例如，从路边的花卉引出本地的气候特点，从宽阔的街道引出城市改造的总体规划，从一尊历史人物的雕像联系本地历史沿革，从特殊的事物引发当地的市井风俗等话题。从重庆路上自行车稀少的话题，就可以引出重庆的“五多”（桥多、洞多、台阶多、缆车多、过江索道多）“一少”（自行车少），进而发挥，介绍重庆的地理概况。收放自如：要根据游客的反应和所讲解的内容灵活掌握，多讲轻松的话题，少讲沉重的内容，更不能抓住某个话题一直讲到底，做到放得开，收得住。不要一讲历史沿革就三皇五帝到如今，一讲经济就是工业农业三产一大套，只要抓住一点进行介绍，能够引起客人的兴趣就可以。其他更多的内容可以放到后面的行程中陆续介绍。做好铺垫：首次导游内容，导游员应有缜密的计划性，在游览行程中需要讲解的内容就不要放在风情导游中介绍。要考虑到前后的照应，既避免重复，也需要对后面的内容做必要的铺垫。由于有了先前的铺垫，以后再提及，游客就不会感到突然，可以顺理成章地进行导游讲解；同时这种铺垫也能有效地激发游客对即将游览的内容的兴趣。例如，旅游车行驶到天安门广场时，导游员就可以介绍：“这就是天安门广场，是世界上最大的城市广场，左手边就是天安门，里面是故宫，前面的桥叫金水桥，共有七座，在古代不同级别的官员在不同的桥上行走。为什么？明天我们就要到这里来游览，到那时，大家就知道了。”计划安排的游览项目此时只简单提及，并不做过多介绍，令游客对明天的日程充满期待，可以起到更好的作用。

3. 目的地概况介绍要领

在即将抵达目的地时，导游员要向游客简要介绍所抵达目的地大致情况。如果目的地是下榻饭店，导游员必须向游客介绍饭店的名称（接待外宾团时要同时介绍饭店的中文名称和英文名称）、位置（距交通集散地、商业区的距离）、星级（如饭店无星级或星级较低则不必介绍）、规模、交通状况、饭店周围的商业及娱乐设施。如果时间允许的话，导游员还可以告知游客下榻饭店的电话号码、主要服务设施和服务项目等。在介绍饭店时，重点要突出下榻饭店的特色。如果目的地是游览景区（点），导游员应该向游客说明该景区（点）的名称、地理位置、范围（面积）和特色等基本信息。

首次沿途导游讲解范例如下。

我们降落的丽江机场，坐落在与大理白族自治州鹤庆县交界的丽江市七河乡境内，海拔2 200米，1995年建成通航。丽江机场可起降波音737大型客机，现已开通丽江至昆明、北京、广州、上海、成都、香港、西双版纳等多条航线，每年客流量超过了50万人次。丽江机场现已经成为云南省仅次于昆明的第二大航空港。

从机场到丽江城距离有26千米，乘车时间大约需要30分钟，我将利用这段时间给大家介绍一下沿途的风光和丽江的概况。

现在我们的车正行驶在大（理）丽（江）公路上，前面这座缓坡叫关坡，在古代这里是出入丽江城的重要关隘，如今也是丽江的南大门。这里距昆明550千米，坐上空调大巴南下大理需要3小时，到昆明需要6～8小时，早上还在四方街吃丽江粑粑，下午就可以到昆明去吃过桥米线了！

首先需要说明一点，丽江既是一个县又是一个地区的名称。丽江地区现在下辖4个县，其中华坪县是煤炭基地，永胜县是鱼米之乡，宁蒗彝族自治县和丽江纳西族自治县是重点旅游开发区。全区面积20 600平方千米，总人口112万，除汉族外，人口较多的还有纳西族、彝族、傈僳族、白族、普米族等10个少数民族，人口64万，约占全区总人口的57%。丽江少数民族的语言、习俗、民居、服饰、节日、歌舞丰富多彩，独具特色。

现在，我们的车过了关坡丫口，地势一下子变得平坦起来了，一个宽宽的山间盆地展现在眼前，这就是云南特有民族纳西族的主要聚居地。我们称为丽江坝子，它是滇西北最大的高原盆地，面积近200平方千米，海拔2 400米左右。丽江县城大研镇就坐落在坝子的中央。人们通常说的丽江古城，就是这个大研镇的中心，在1997年12月被联合国列入世界文化遗产名录，成为一座世界文化名城。

说到这里，大家可能会问："为什么这里叫"丽江"呢？"

"丽江"一名，始于元十三年（1276年）设置行政区丽江路。《元史·地理志》记载："路因江名。"就是说，"丽江"地名最早起源于金沙江的别称"丽水"。大家知道，金沙江就是长江上游，因产金沙得名。但为什么金沙江又称"丽水""丽江"呢？史书上的主要说法是金沙江源于青藏高原犁牛石，而称犁水，即犁田的犁，山水的水。昆明大观楼长联作者孙髯翁就在《金沙江》诗中写道："劈开蕃域斧无痕，流出犁牛向丽奔。"蕃域即今藏族先民吐蕃居住区，后因犁、丽声音相近而异写为丽水、丽江。

从地图上看，丽江的西、北、东三面都有金沙江环绕，就像拉丁字母W，形成三大转折奇观。由此看来，元世祖忽必烈用此突出的自然实体取名"丽江"，是很恰当的。丽江就是美丽的金沙江，当地纳西语又叫"依古堆"，意为大江转弯的地方。说到这里就引出了丽江古城的大环境——玉壁金川。玉壁指的就是玉龙雪山，它位于这个坝子的北端，像是古城的一堵银色照壁，把古城映衬得光彩夺目。金川指的就是金沙江，它三面环绕丽江地区，堪称全球最美丽的江段。

丽江县城虽然地处云南西北高原，终年可以看见雪山，然而没有严寒，没有酷暑，不要暖气，不要空调。这里年均气温12.6摄氏度，最冷的1月平均气温约为6摄氏度，最热月份的平均气温约为18摄氏度，年温差仅12摄氏度左右。同时，丽江出现绝对低温和绝对高温的次数比较少，持续时间也不会太长，所以四季的界限不明显。究其原因，主要是低纬度的地理位置，丽江位于北纬27度左右，冬夏两季日射角度变化小，地面温度比较均匀；而每年夏秋又受海洋季风暖湿气流影响，阴雨天多，地面气温不易升高；加之纵横交错的高山成为阻挡北方寒流的天然屏障，所以这里形成了干暖温和的独特气候。

同时，丽江工业不多，自然很少受到污染，空气清新洁净，到处都是青山碧水，四季庄稼生长，尤其冬春季节，天空分外湛蓝，阳光充足明媚，令人赏心悦目。当然，正是由于丽江的四季区别不太明显，遇雨成冬，而且昼夜之间的温差比较大，所以外地客人到丽江后应注意适当增减衣服，以免感冒。

各位朋友，丽江虽然地处偏僻，却有着悠久的历史和灿烂的文化。五万年前，已有旧石器时代晚期智人“丽江人”在此生息。新石器、青铜器的发现进一步证实了丽江是云南古人类的摇篮之一。丽江地区开发较早，西汉时期即设遂久县管辖，元初设置云南37路之一的丽江路，“丽江”一名从此开始。元代至清初的470年间，丽江是纳西族木氏土司统治区域中心。

如今的丽江市面积7 648平方公里，人口约36万，其中纳西族占55%。纳西族源于中国古代南迁的氐羌族群，居住在以丽江为中心的滇川藏交界处，总人口约有30万，而丽江市有20万，占全国纳西族总人口的67%。纳西族人口不多，分布不广，然而却以古老而丰富的民族文化著称，有人说它是小民族创造大文化。

纳西族最为著名的文化特色是“三个活化石”。所谓“三个活化石”，即文字活化石——纳西象形文字、音乐活化石——纳西古乐、人类社会活化石——摩梭人母系大家庭。创造于唐代的纳西东巴文，被称为世界上唯一活着的象形文字；至今仍在丽江流行的两套大型古典乐曲《白沙细乐》，被中国音乐界称为“国宝”；泸沽湖畔摩梭人，至今仍保持着母系大家庭和不娶不嫁的阿夏走婚形态，为世所罕见。

（沿途风光导游讲解）说话间我们已经来到丽江古城南郊的环城路上。大家请看，右前方有一座苍翠的山冈，因形似狮子滚绣球而得名狮子山。秀丽的狮子山天然地把丽江古城和新城分隔开来，但又将它们连成一个整体。山顶高楼名叫“万古楼”，登楼北望雪山，南观古城，景色尽收眼底。

路的左边，这座高大的建筑叫黑白水大酒店，主楼高17层，客房128间，是由云南黑白水电力集团投资控股的四星级酒店。前面是一个丁字路口，我们右转进入民主路，路口左右各有一座酒店：右边的森龙大酒店，是由丽江森龙集团投资兴建的三星级酒店；左边是云杉饭店，也是丽江地区规模最大、设施最为完备的酒店。

我们乘坐的汽车正在沿狮子山西北侧行驶，途中我们还经过了丽江体育场、神农大酒店、邮电大楼、百信商场、百货大楼等。这里是一个三岔路口，右转不远就可以进入丽江古城，我们左转进入新大街，这是丽江新城的第一条街道，也是目前商场最集中、最热闹的街道之一。前面一个丁字路口，左转可以进入福慧路，丽江地区和自治县两级政府就在这条路上。

我们继续北行，不远就是丽江新城最早修建的市政广场——红太阳广场。广场左边是新建的国际文化交流中心，右边矗立着毛泽东塑像，像后衬托着一堵语录墙。这座建于1969年的毛泽东塑像，设计极富时代色彩，就连每一处数字的组合都是精心安排。正方形的台基高1.949米，寓意中华人民共和国于1949年成立，拉开了一个崭新时代的序幕。塑像基座高5.16米，南面有韶山、井冈山浮雕，北面是延安、西柏坡浮雕，西面（正面）是天安门和红旗浮雕，它们简明地勾勒了毛泽东有代表性的重要革命历程。塑像全身高7.1米，寓意中国共产党于7月1日成立。整座塑像包括基座和塑身高12.26米，寓意毛泽东生于12月26日。

请看：毛泽东身穿军装，左手自然贴裤，右手上扬，正向人们致意。1996年2月3日，丽江发生了七级大地震，广场四周建筑顷刻间大量坍塌，让人惊讶的是这座毛泽东塑像却丝毫无损、岿然不动，一时间成为奇闻。这一时代的产物，既能引起人们对革命先辈的缅怀之情，也可引起人们对历史的反思。

各位来宾，我们下榻的宾馆到了。请大家带好随身物品准备下车。请大家到大堂后稍事休息，我和领队立刻给大家办理入住手续，进房间后首先请检查一下房间的物品是否齐备，大家可以洗洗脸，喝点水，休息一下。请记住，中午12点在一楼餐厅用餐。因为我们午饭后直接到丽江古城游览，请带好下午参观游览的必需品。

好的，现在我们可以下车了。谢谢大家的合作！

（三）送站途中讲解

旅游团结束本地参观游览活动后，导游员应做到使游客顺利、安全离站。送站的讲解是导游员的最后一次“表演”。同演戏一样，这最后一次的“表演”应是一场压轴戏。通过这最后的讲解，导游员要让游客对自己所在的地区或城市产生一种留恋之情，加深游客不虚此行的感受。送站途中的讲解主要由以下几部分内容组成。

1. 行程回顾

在去机场（车站、码头）的途中，导游员应对旅游团在本地的行程包括食、住、行、游、购、娱等各方面做一个概要的回顾，目的是加深游客对这次旅游经历的体验。讲解方式可用归纳式、提问式两种，讲解内容则可视距离远近而定。

2. 致欢送词

旅游活动结束时，致欢送词是不容忽视的工作环节，好的欢送词能给游客留下不尽的余味，难忘的印象。致欢送词时语气应真挚、富有感情，地点可选在赴机场（车站、码头）的途中，也可在抵达后的候机（车、船）大厅。

欢送词就要素而言，基本包括以下五个方面。

（1）感谢语：对领队、全陪、游客及司机的合作分别表示谢意。

（2）惜别语：表达友谊和惜别之情。

（3）征求意见语：向游客诚恳地征询意见和建议。

（4）致歉语：行程中有不尽如人意之处，请求原谅，并向游客赔礼道歉。

（5）祝愿语：期望再次相逢，表达美好的祝愿。

但实际工作中也不拘于此，应因人、因时、因地而变，不可千篇一律。对于一些文化层次较高或主客关系特别融洽的团队，致辞时注意提高语言的文化品位，增加抒情意味是必要的。如果导游员接待的是一些较为重要的团体，在离别时往往要举行仪式或宴会，在这样的场合致欢送词要求内容全面，语言规范。

三、长短途沿途导游讲解

旅行有长途、短途之分。沿途导游讲解根据旅游线路长短不同还可分为长途沿途讲解和短途沿途讲解。

（一）长途沿途导游讲解

1. 长途沿途讲解技巧

长途陆路旅行易疲劳，较枯燥，从而更容易使人产生乏味的感觉。因此，导游员需要进行沿途讲解，回答游客提出的问题，使游客增长见识和阅历，加深对旅游目的地的了解。

讲解内容一般取决于两个要素：游客和沿途景物。导游员要做到有的放矢，即游客对什么感兴趣、喜欢什么、沿途能看到什么、和什么有关系。长途陆路旅行常要经过几个重要城市、城区，如陕西甘肃的“丝绸之路”，内蒙古的“塞外风光”，云南的“民族采风”都需要长途陆路旅行。各城区都可能有值得讲解的风景名胜、文化古迹和民族风情，导游员应该熟悉沿途特色景观和风情，每经过一地，虽然不能下车游览，也应顺便介绍讲解。

弄清楚对象，明确了讲解内容，就要考虑用比较恰当的方法和技巧来进行讲解。长途导游中使用的导游方法和技巧是多种多样的，有触景生情法、解释说明法、排列对比法、数字说明法、特点概括法、课堂讲解法等，还可以现身说法、虚实结合、同类比拟、引人入胜、引而不发、制造悬念、画龙点睛、平铺直叙、细致描述、倒叙等。导游员应该灵活应用讲解中常用的方法和技巧。

2. 沿途娱乐活动设计

长途旅行不仅需要沿途讲解，还需要组织一些参与性的娱乐活动，尽量消除游客旅途的疲惫与枯燥。导游员在旅途中可以组织游客开展打牌、下棋、讲故事、做游戏、唱歌、猜谜语、抢答问题、学方言等娱乐活动，突出娱乐性和趣味性，提高游客的参与意识。

要调剂、丰富旅途生活，娱乐当然是必不可少的。这要求导游员不仅要有组织能力，而且要能歌善舞，多才多艺，最好“插科打诨”“南腔北调”“十八般武艺”，样样都能来两下。

总之，长途旅行既要长知识，又要览风光，还要娱乐身心，这就是长途沿途导游所要达到的目的。无论用什么方法活跃气氛，都要注意选择时机、对象和方式，还要注意劳逸结合，适当休息。

（二）短途沿途旅行讲解

短途旅行时间虽然短暂，但导游员不能在车上一言不发。即便是几十分钟的短途旅行，如从机场到市区，从下榻饭店到风景游览点，导游员都应熟知沿途情况，以便做简短介绍，使新来乍到的游客增加对旅游的兴趣。

1. 重申当日活动安排

开车后，导游员要向游客重申当日活动安排，介绍午、晚餐的时间地点，向游客报告到达游览点途中所需时间，视情况介绍当日国内外重要新闻。

2. 风光导游

在前往景点的途中，导游员应伺机向游客介绍沿途的风土人情、自然景观等，回答游客提出的问题。

3. 介绍游览景点

抵达景点前，导游员应向游客介绍该景点的概况，尤其是景点的历史价值和特色。讲解要简明扼要，目的是满足游客事先想了解有关知识的心理，激起其游览景点的欲望，也可节省到目的地后的讲解时间。

外国游客就怕中国导游员旅途中一言不发。对于外国游客来说，哪怕是一件小事，他们也想知道。导游员不要认为自己司空见惯的事不值一谈，中国人习以为常的事，对外国游客来说却是很新鲜的，他们往往很想知道。因为游客和导游员生活在不同国度里，生活环境和生活习惯都不同，所以才需要开展国际交往，加强互相了解。这就给导游讲解赋予了深层的含义。

实训

沿途导游

1. 实训目的

（1）掌握沿途导游的基本内容。

（2）熟练掌握沿途导游的规程。

（3）了解沿途导游的各种注意事项。

2. 材料与工具

外景影像资料。

3. 实训地点

开放教室。

4. 实训准备

将开放教室布置成旅游车内场景，学生分两组扮演游客和导游员。

5. 作业

根据模拟实训材料写出实验报告。

案例

一天，某导游员带领一海外旅游团参观某茶场，向游客介绍了茶的种植、采摘、不同品种茶的加工和泡茶方法。其中一位游客问道："为什么中国人待客总要给客人沏一杯茶？"该导游员想不到游客会有这样的问题，忙答道："我们中国人喜欢喝茶，所以就给客人也沏一杯茶呗！"游客笑了，说："你这不是把因果等同起来了吗？你们中国人也喜欢喝酒呀，干吗不给客人斟一杯茅台酒呢？"该导游员语塞了，一时不知如何作答。

此时正好团队的全陪在场，接过话说，先生，您知道，中国是茶叶大国。中国人喝茶，可以追溯到3000年以前。中国人以茶待客是很有讲究的。茶树是靠茶籽繁殖的，据说茶籽一经种下，落地就生根，是不能够移栽的。一旦移栽，就不再发芽。因此，在中国古代，茶树又称“不迁”“不移”。根据这个特性，自唐代以来，男方聘妇，必在聘礼中附上茶叶，以示从一而终和白头偕老之意。女方接受聘礼，也称“受茶”。唐贞观十五年（641年），文成公主嫁给西藏松赞干布时，便带去了茶叶，由此开创了西藏的饮茶之风，也都含有这个意思。在中国古典小说《红楼梦》中，凤姐跟林黛玉开玩笑说：“你既吃了我们家的茶，怎么还不给我们家做媳妇？”这也是把“受茶”的含义加以引申，至今在中国江南水乡和一些少数民族地区都还保存着这一风俗。茶树对生它养它那块土地，有一种深沉的、执着的爱，这和中华民族的爱国情感极其相似。因此，茶叶作为中国的国饮，就是理所当然的事情了，这样，为什么给您沏一杯茶，第一层含义就出来了：这是在用含蓄的“外交语言”告诉您，中国人是爱国的，中国人“富贵不能淫，威武不能屈，贫贱不能移”！中国的茶叶种类繁多：绿茶、红茶、花茶、白茶、乌龙茶、铁观音、沱茶、砖茶……无论什么茶，一入口都多少有点苦涩，但回味却又是清醇的，既沁人心脾，又唇齿留香。岂止喝茶如此，学习、生活、工作、事业，乃至人生，又何尝不是如此。将欲取之，必先予之；不经一番冰霜苦，哪来梅花放清香？世事如一嘛。因此，给您沏一杯茶的第二层含义就是品味生活、品味事业、品味人生了！除此之外，茶有祛病延年之功，除烦静心之效。一杯香茗表达了主人祝愿客人心神舒爽、健康长寿的浓情厚谊。中国人说，君子之交淡如水，其实讲的就是君子之交应如茶：纯洁、清正、中和、表里如一、始终如一。有这三层含义当然就要给客人沏一杯茶了……

可想而知，游客对谁的回答更满意了。

案例分析

在旅游过程中，游客经常会提出一些难度较高或导游员还没掌握的问题，例如，楹联上的某些字，景点中的小建筑以及游客听导游员讲解后所引发的深层次的问题等。游客的提问反映出他们求知欲和好奇心强，思想活跃。游客提问越多，越能说明导游员与游客之间关系的融洽。所以，当游客所提出的问题导游员一时回答不出来，那也不必难为情，但必须采取一些导游方法和技巧来妥善解决。这个案例中，第一位导游员的回答显然不能令游客满意，游客的反问更让这位导游员处于一种尴尬境地，而全陪的回答却很机敏，说的话既有道理，又有丰富的文化内涵，听后令人佩服不已。

由于游客来自不同的国家和地区、不同的社会阶层，他们对旅游目的地的某些风土民情比较感兴趣，还常把本国、本地区的风俗文化同目的地的风俗文化进行比较。因此，在旅游过程中，游客会针对随时可能见到或听到的目的地的某些社会现象，要求导游员给予相应的解释。案例中游客的提问就是出自对中国人喝茶习俗的一种好奇和不解，若是像第一位导游员那样，没有灵敏的反应和广博的知识，是不能令游客满意的。再加上语言逻辑性不强是很容易让游客钻语言的空子的。而案例中全陪的有理、有据、有深度的回答让游客非常信服。他从茶“不移”的特性谈到中国“受茶”的风俗，从茶的种类和特色谈到品茶如同品味人生的道理，从茶的功用谈到中国人的好客情怀等。把中国人为什么会用茶待客这一风俗习惯讲得如此清晰、准确，既有深度又通俗易懂。如果导游员胸无点墨是不可能在与游客的交流中做到这样对答如流，侃侃而谈的。

因此，要成为一名优秀的导游员，了解和熟悉本国、本地区、本民族的历史、地理、文化、风土民情、宗教信仰、礼俗禁忌、思维方式等是更好地为游客提供服务的基础，不仅有利于导游员有的放矢地提供导游服务，避免尴尬之举，而且还能加强与游客的沟通，使他们充分了解和认识异国或他乡的风土民情。

思考与训练

1. 沿途导游讲解的技巧有哪些？
2. 当地风情介绍要领表现在哪些方面？
3. 长途旅行沿途讲解的目的是什么？
4. 如何做好长途导游讲解？
5. 首次沿途导游实训。

（1）重点进行导游员在旅行车上站立位置、体态、语速等细节的训练，以当地文化广场为例实景模拟讲解，重点介绍其沿途风光。

（2）教师点评，突出强调其中的一些细节问题。

任务4　娱乐活动设计讲解

【本任务工作目标】

1. 了解旅游娱乐活动的种类。
2. 掌握娱乐活动的设计和讲解技巧。

【训练目标】

文娱活动的安排、讲解是导游员讲解服务的内容之一。要顺利完成这项任务，首先要掌握文娱活动的设计要领，其次要了解组织安排文娱活动的注意事项，最后要掌握文娱活动项目的讲解介绍技巧。通过本任务的训练，学生应了解娱乐活动设计的技巧、要求等，从而完成导游讲解的服务工作。

【任务引入】

小秦是北京当地的一名导游员，正值元宵佳节，她接到一个来自江苏的旅游团。此团在北京三天的旅游行程安排中有观赏国粹京剧和舞狮表演的娱乐项目，请问导游员小秦应该如何组织安排这些娱乐项目，并顺利完成讲解任务？

在旅游过程中，娱乐活动的安排是旅游团常有的活动内容。娱乐活动不仅能够丰富旅游行程的内容，而且可以增加和调动游客在旅游过程中的情趣。通过观赏性、参与性娱乐活动及趣味游戏活动的设计讲解，游客能获得新的体验、了解更多的异域文化，更重要的是通过娱乐和休闲真正放松自己。对一些地方传统剧目、工艺展示，以及一些刺激、休闲的活动，很多游客也很有兴趣了解和参与，所以导游员应对设计和讲解娱乐活动予以高度的重视，要做好这方面的设计讲解，使客人在娱乐中有所收获。

娱乐活动通常分为两种，即文化娱乐活动和趣味游戏活动。不论安排哪一种娱乐活动，导游员都应尽职尽责。

一、文娱活动设计讲解

文化娱乐活动通常分为两种，即欣赏性娱乐活动和参与性娱乐活动。每种活动的设计讲解都有其特殊性。

（一）文娱活动设计要领

1. 娱乐活动要与游览相结合，晚间活动要有“度”

“娱”实际是指整个旅游过程中的消遣，所以要在“娱”中休息好，保证第二天游客更有精神和体力，“游”得更好。游客外出旅游，“游”是活动的核心。

游客外出旅游的时间有限，白天会有一些参与性的娱乐项目，通常情况下，娱乐活动往往安排在游览活动结束之后。在为游客安排相关娱乐项目时（无论是计划内还是计划外），都要注意游客的体力。安排娱乐项目以轻松愉快为主，可安排游客欣赏当地特有的戏曲、民歌等。时间不应太晚，提醒游客避免通宵玩扑克、打麻将。

2. 活动内容应突出地方文化特色

根据不同层次游客的要求，开展如参加讲座、观看文艺演出等活动。导游员根据不同游客的特点和文化水准、游览动机，合理安排娱乐项目。针对外国游客导游员可以为其安排“晚间讲座”，这样既丰富了游客的晚间活动，又可提高导游员的知识水平。导游员可以自己讲，也可根据游客的要求，通过旅行社聘请相关专家做专题讲授。

导游员要对不同地区的娱乐项目有全方位的了解，特别是全陪，要避免重复安排娱乐项目。一定要突出地方特色、民族特色，使娱乐项目真正起到“娱”的作用，同时可把娱乐项目作为游览活动的延伸和补充。例如，在云南旅游参观景点的过程中，景点导游介绍了民族歌舞和婚庆娱乐的知识，游客并没有感性认识。晚间通过观看民族歌舞表演，最典型的为著名舞蹈家杨丽萍编导并主演的《云南印象》。通过对大型原生态民族歌舞的观赏，游客能具体感受到云南民族文化的博大精深，真正认识到云南作为歌舞之乡的地位。

（二）欣赏性娱乐活动设计讲解

欣赏性娱乐活动主要有观赏传统地方剧目（如京剧、晋剧、黄梅戏）、历史性歌乐舞（如唐宫乐舞）、民间娱乐表演（如武术、摔跤）等。如果属于团队计划内安排，导游员应坚守岗位，自始至终陪同，并和司机商定好出发时间和停车位置，做好以下工作。

1. 组织安排

导游员要根据旅行社的安排计划，在约定时间组织游客前往，同时要熟悉剧场设施，准确引导游客在指定座位就座，保证游客安全。导游员应和司机约好出发时间、停车位置和返程时间，提醒游客集合的时间地点，告诉游客如何避免走失。最好找一个鲜明的标志作为演出结束后大家集合的地点，以免散场人多，发生一些不必要的麻烦。

2. 讲解知识准备

导游员是“杂家”，这是旅游界公认的，因此导游员，尤其是地陪应对有本地特色的表演、剧目、内容都有详尽的了解，以便事先在恰当的时机向大家做简单介绍，让游客在观看表演之前先有一个基本认识。

对于戏剧艺术要全面了解演出的剧目、剧种特点、历史背景、人物刻画、场景布局、服装道具、角色内涵、舞台文化、民俗风情、表演技巧、观看细节、故事情节等。

对于歌舞表演要了解表演的历史进程、歌舞内涵、服装变化、动作要领、文化展示、歌舞来源、表达含义、表演程序、观赏途径、细节要点、舞台道具、肢体语言等。

对于传统工艺的讲解要包括工艺名称、用料要求、历史发展、现实意义、文化价值、实用价值、艺术价值、操作工艺、制作程序、特色与地位、优点与不足、保存价值等。

3. 讲解介绍技巧

由于在观看节目过程中不便临场过多地讲解，而游客特别是外国游客对相关内容了解不多，为了让游客尽兴，从观看节目中了解中国历史文化和地方、民族文化的精髓，导游员特别是地陪要事先对有本地特色的表演和剧目的内容有详尽的了解，同时还应把握观看节目的技巧，在恰当的时机向游客讲解介绍。通常是在前往观看节目的途中先做一个概述性的介绍。娱乐活动讲解要求简明扼要，通俗易懂；突出要点，语言规范、形象；声情并茂，必要时加入模拟“表演”情景，让游客获得一些感性认识。游客看完节目后，做总结性讲解，同时回答游客的相关问题。

（三）参与性娱乐活动设计讲解

有相当一部分游客出行的目的是彻底放松消遣，或者寻求刺激探险的经历，他们希望用这种方式来丰富自己的人生，所以导游员应合理设计参与性的娱乐活动，并进行一定的讲解介绍。

1. 休闲娱乐活动设计讲解

这类活动的形式与内容较多，主要形式有骑马、民族节庆活动、民族体育项目、垂钓等。这类休闲活动会比较轻松愉快，一般没有什么大的危险，游客在参与这类活动时多数会非常尽兴，但导游员绝对不可以掉以轻心，和游客一起狂欢时应注意提高警惕，防止乐极生悲。

这类活动较为休闲，通常在游客时间较为充裕时安排，在安排过程中导游员首先要向游客讲清注意事项，包括安全的保障、活动技巧、注意尊重民族习俗等。

休闲娱乐活动讲解内容主要包括强调游客所参与项目的注意事项; 强调活动安全事项; 娱乐项目的发展历史和特点；娱乐项目进程安排；娱乐活动的技巧；娱乐项目与当地民族、民俗的关系等。

2. 自娱活动设计讲解

游客外出时，往往会和一些相对熟知的朋友组合成团队，其中有同学、朋友、同事、亲友等，或由于旅游的缘分，来自各地的人们在目的地相会成为“旅友”，进而成为好朋友。在旅游期间，他们会通过自娱自乐的方式加深情感、增进友谊，使旅途更愉快。常见的游客自娱方式主要有聚餐和舞会。导游员要见机行事，不可强行陪同或不理不睬。

在不影响正常旅游行程、不违背法律和相关规定的前提下，导游员应尽可能地协助游客安排相关事宜，在实际工作和导游讲解中，注意自己的身份，做到为大家服务不卑不亢、有礼有节、把握分寸。

（1）游客自费聚餐。通常情况下，导游员不陪同前往，但如需联络、安排和推荐时，应尽力帮忙。若游客执意邀请，不可反客为主，适当地与客人进行交谈即可。

（2）游客自发组织的娱乐性舞会。游客自发组织的娱乐性舞会，导游员可代为联络、购票，是否参加自便，但无陪舞的义务。

3. 特种娱乐项目

随着旅游活动的深入开展，各种特色专项旅游项目逐步引起了游客们的重视，特别是一些以求奇和寻求特殊刺激为目的的游客，开始寻找一些能挑战自我的特色项目，探险旅游就是这群特殊游客所寻求的"娱乐"。

许多游客热衷探险娱乐活动，如蹦极、漂流、山坡滑翔等。越来越多的游客开始接受并尝试这些探险项目，在其中寻找乐趣，挑战自我，寻求生命之光。导游员在协助游客参与的前提下，一定不能忘记安全保障，多提醒，多检查，细心做到自己应该做的一切。

二、趣味游戏活动设计讲解

为了让旅途轻松愉快，充满欢声笑语，要适当开展一些趣味游戏活动。在旅途中可以组织游客开展讲故事、做游戏、唱歌、猜谜语、抢答问题、学方言等趣味游戏活动，突出娱乐性和趣味性，激发游客的参与意识和表现欲望。

（一）唱歌

唱歌时可以唱本地民歌或游客家乡的歌曲，请游客教唱，以此调动游客情绪，形成互动。形式可以是清唱，卡拉 OK 伴唱或与游客对唱。

（二）讲故事

导游员可以讲一些轻松幽默的小故事或笑话，活跃气氛，但不要迎合游客的低级趣味。导游员也可以调动游客积极性，适当引导游客讲故事、讲笑话。

（三）学绕口令或方言

让游客学绕口令，如果游客有口误，可请其表演节目，气氛会更加活跃。可教一些本地方言，游客会很感兴趣。也可请游客讲讲家乡的方言俚语，让大家增长见识。绕口令也是导游员组织游客一起参与的活跃气氛的互动形式。念绕口令的时候应注意以下几点。

（1）不要请口吃的游客参与，避免伤害游客的自尊心。

（2）导游员要提前做好准备，必须非常熟练。

（3）由简入难，难度逐渐加大。

绕口令示例如下。

（1）"大花碗里扣个大花活蛤蟆。"

（2）"黑化肥发黑，灰化肥发灰。黑化肥发黑不发灰，灰化肥发灰不发黑。"

（3）"扁担长，板凳宽，板凳没有扁担长，扁担没有板凳宽。扁担要绑在板凳上，板凳偏不让扁担绑在板凳上。"

（4）“天上一颗星，地下一块冰，屋上一只鹰，墙上一排钉。抬头不见天上的星，乒乒乓乓踏碎地下的冰，啊嘘啊嘘赶走了屋上的鹰，稀里稀里拔掉了墙上的钉。”

（四）播放影碟

适当的时候可以播放风光片、民俗介绍片、相声小品、轻松愉快的电视剧等。

（五）脑筋急转弯

脑筋急转弯是指思维遇到特殊的阻碍时，要很快地转换习惯的思路，从别的角度来思考问题。现在泛指一些不能用通常的思路来回答的智力问答题。

脑筋急转弯示例如下。

（1）一只凶猛的饿猫，看到老鼠，为何拔腿就跑？答案：跑去追老鼠。

（2）动物园中，大象鼻子最长，鼻子第二长的是什么？答案：小象。

（3）小明拿了100元去买一个75元的东西，但老板却只找了5元给他，为什么？答案：他给了80元。

（六）小游戏

导游员带领全体游客在车上做一些小游戏，调动游客的情绪，活跃车上的气氛，使旅途充满了欢乐，让游客暂时忘却旅途的疲劳，效果非常好。

小游戏一般由导游员或一名游客主持，发动全部成员参与，通过接龙、张冠李戴等方式进行，具备规则简单、操作方便、老少皆宜的特点。

（1）歌曲接龙的比赛。按顺序让前一个游客唱一句歌，后面的一个游客紧跟着也要唱一句歌，要求歌词中一定要包含前一个人唱的那句歌词中的一个字，谐音也可以。唱不出来或者考虑时间过长者表演节目。

（2）让游客轮流讲一种水果，然后导游员让大家在刚才所说的水果前面加上“我的脸蛋像”这几个字，然后大声完整地读一遍。

（七）其他

让游客讲自己家乡的情况，开展热点话题讨论等。

三、娱乐活动讲解范例

（一）观看京剧表演讲解范例

各位游客，晚上好！

今天白天的行程已经圆满结束了，而晚间的行程才刚刚开始。今晚给大家安排的娱乐活动是欣赏有“国粹”之称的京剧，名字叫《打渔杀家》。利用途中的30分钟，我先简单给大家介绍一点京剧的常识。

中国戏曲有数百种之多，而京剧却独树一帜，被称为国粹。究其原因，主要有四大方面：第一，京剧有社会基础和群众性。京剧本身形成的历史并不算长，但它却是多种戏曲融会而成的，而这些戏曲如徽剧、汉剧都有着悠久的发展史。第二，京剧的发展虽坎坷，却符合艺术发展的内在规律。第三，京剧具有完美的艺术形式，今晚大家将会有所体会，如人物分工、舞台装置、唱念身段，以及伴奏场面都有固定而规范的程式。第四，京剧人人皆懂，具有世界影响。从大处分，京剧分南北两大派，即京派和海派，两派中心分别在北京和上海。京剧的行当分生、旦、净、丑四个，虽然行当不多，但分工极细。如生行有老生、小生、武生、红生等，而老生中又分唱功老生、靠把老生、做功老生、文武老生、王帽老生等，武生中又分长靠武生、短打武生等，各种角色都由不同特色的演员应工。一个生行几乎囊括了各个年龄段及各行各业的男性。其他旦、净、丑行当亦是如此，不同身份有不同分工。今晚的《打渔杀家》，戏虽不大，但行当俱全，大家可以注意欣赏。京剧在世界上的影响是极大的，与古希腊戏剧、印度梵剧并列为世界古老的戏剧文化。

京剧是一个非常专业的话题，我也只是略知皮毛，至于其内在境界，还是请各位细细品味吧。

（二）观看狮舞表演讲解范例

各位朋友，此次旅游活动时间安排再巧不过了。今天正好是我国传统的元宵佳节，为了让各位尽兴，今晚特地为大家安排了一项娱乐活动——“舞狮子”。

狮舞是我国优秀的民间艺术，每逢元宵节或集会庆典，民间都以狮舞来助兴。这一习俗源于三国时期，南北朝时开始流行，至今已有一千多年的历史了。为了让各位待会儿看出门道，在此我先向各位说一点“引子”，在观看过程中或看完后，各位有问题或体会我们再交流。

狮舞有南北两派表演风格。北派狮舞的表演以“武狮”为主，即魏武帝钦定的北魏“瑞狮”。小狮一人舞，大狮双人舞，一人站立舞狮头，一人弯腰舞狮身和狮尾。人们无法辨认舞狮人的形体。引狮人为古代武士装扮，手握旋转绣球，配以京锣、鼓钹，逗引瑞狮。“狮子”则表演腾翻、扑跌、跳跃、登高、朝拜等技巧，还有梅花桩、窜桌子、踩滚球等高难度动作。而南派狮舞的表演以“文狮”为主，表演时讲究表情，有搔痒、抖毛、舔毛等动作，惟妙惟肖，让人喜爱，也有难度较大的吐球等技巧。

今天我们观看的是北派狮舞，希望大家能够喜欢。

实训

模拟娱乐活动讲解

准备一种娱乐活动，并运用基本的导游技巧进行导游服务工作的模拟，由教师进行点评。

案例

西安某旅游团前往桂林旅游。在阳朔大榕树旁（相传这是刘三姐抛绣球定亲的地方），几位游客被所谓的“少数民族姑娘”强行戴上荷包绣球，进行“拜堂成亲”的游戏，末了不仅要付寓意吉利的49元钱，而且还要付给“新娘”小费。虽然导游员进行多方调节，但几位游客最后还是被迫拿出了七八十元。游客感觉非常不愉快，进行了投诉。

案例分析

1. 导游员是旅行社接待工作最前沿的代表，旅游过程中，旅行社对游客担负怎么的责任，导游员就应担负怎样的责任。因此导游员除必须具备业务技能外，还必须具有很强的专业素养。本例中的导游员，从其处理问题的方式上，我们就可以看出他不具备超前的服务意识，也没有为游客的切身利益着想，因此是失职的。

2. 本例中导游员应该对阳朔的情况有所了解，对一些景点周围的欺诈行为，应在旅游团到来前让游客有所了解，做好心理准备，不要轻易上当受骗。既然这样的事情已经发生，就要及时进行解决，将游客的损失降到最低，并做好安抚工作。

思考与训练

1. 如何组织安排欣赏性娱乐项目？

2. 欣赏性娱乐项目讲解要求是什么？

3. 休闲娱乐活动讲解内容有哪些？

4. 车上趣味游戏环节设计实训。

（1）分别设计短途与长途旅行两种环境，让学生准备相应时间长短的游戏或娱乐活动。

（2）学生评议，教师点评。

5. 问答法、设置悬念法等各种导游讲解方法训练。

（1）设计场景进行不同讲解方法的角色演练。

（2）学生评议，教师点评。

6. 日本观光旅游团的山田先生多次来过上海，此次参团再次来中国旅游。按照旅游合同，该团于 3 月 16 日晚安排看沪剧。山田先生因看过沪剧，便向地陪小万提出晚上不去看沪剧，而想去看芭蕾舞。请问，小万该如何处理？

项目三　应变技能训练

【本项目工作目标】

1. 能够事先采取预防措施，防止事故出现。
2. 能够按程序正确处理导游服务中出现的问题和事故。
3. 能够自如运用导游服务常见事故的处理与预防方法。

任务 1　旅游路线变更的应变技能训练

【本任务工作目标】

1. 能够根据情况灵活做出变更旅游路线的决定。
2. 能够调整好旅游路线变更后餐饮、交通和住宿等各方面的相应变动。
3. 能够协调好游客之间的意见分歧，遵循少数服从多数的原则。

【训练目标】

旅游计划是旅游工作中各方的依据。旅游活动计划和日程一经商定，各方都应遵守执行，切不可轻易更改。作为导游员首先应严格按旅游计划规定执行接待任务，严格遵守商定的日程安排。但在旅游过程中，常常由于一些不可预料的客观因素而需要变更计划和日程，游客也有可能提出变更旅游计划或活动日程的要求。通过本任务训练，学生应学会认真分析和冷静处理这些问题。

【任务引入】

2011 年 9 月 28 日至 10 月 7 日，浙江省某市组织一批高层次人才共 17 人赴西藏旅游。按照旅游行程的安排，到西藏的第二天，即 10 月 1 日游布达拉宫（在西藏旅游的团队几乎都是这么安排的，原因是第一天在市区活动有助于适应高原环境）。第三天去纳木错。旅游行程上有明确提示：布达拉宫因为采取限时政策，到西藏的旅游团队都要预约。那么有可能 10 月 1 日约不到，这样的话，就要把 10 月 2 日的行程提前，前后两天的行程互换。到西藏后，果真出现了这种情况，因此，该团在西藏旅游的第一天就要先游纳木错。

当日游程如下：拉萨—纳木错—拉萨（约 250 千米，车程 5 小时左右）。

早上出发游览西藏三大圣湖之一的纳木错（150 千米，车程为 180 分钟，游览时间不少于30分钟）。之后游览世界上著名的“羊八井地热区”（拉萨至羊八井约100千米，车程约90分钟，游览时间不少于20分钟），羊八井自费洗温泉（98元/人起）。之后返回拉萨，至拉萨后参观奇圣土特产店（参观时间不超过40分钟）。

当日行程路途遥远。早上6点钟起床，6点半吃早饭，7点钟就出发上路了。车行驶一个半小时左右，交警把多数旅游车都已拦下，把司机的驾驶证暂时收走，告知纳木错区域由于下雪，路上有危险不能通行，只有车掉头，才能把驾驶证还给驾驶员。纳木错是来西藏的游客必选的景点，但这一次纳木错是去不成了。在这种情况下，游客们的游兴大受打击，都觉得遗憾万分。由于不可抗力，也只能作罢。团队游客只好与地陪商量，希望能更换一个相对好的行程，以减少遗憾。可是地陪支支吾吾，工作不积极，并且建议游客回拉萨看博物馆等。游客认为到西藏来不容易，还是希望地陪能安排一条类似的线路。地陪不作答，游客咨询了交警，交警给了一个建议，可以到羊卓雍措。该湖虽然比不上纳木错，但也是西藏的三大圣湖，并且路途还近，2个小时左右可到达。

当游客带着这个建议与地陪商量时，地陪的回答是可以去羊卓雍措，但必须把纳木错（门票价格高）与羊卓雍措（门票价格低）景点门票的差价给他。理由是弥补车费开支，并且说这是不可抗力，他们是没有办法的。司机的车是司机自己的，司机不同意的话他也是没有办法的……

这时团队游客发火了，羊卓雍措比纳木错近，单程近一半左右，光车费一项导游方就占便宜了，还要补门票的差价，实在太过分了。为此游客与地陪及司机一直争吵。半个多小时过去了，才最终达成一致意见：行程改到羊卓雍措，退还每位游客20元的门票差价，但要把这20元加到去藏民家参观的项目费用中。游客在没有办法的情况下，勉强接受了该条件。车子终于上路了……

面对此情此景，如果你是该地陪，你会像他这样做吗？你该如何处理？

一、旅游团（游客）要求变更路线或日程

在旅游活动中，旅游计划因主观或客观原因变更比较常见。其中，游客要求变更计划、某些客观原因（天气变化、自然灾害、交通问题等）导致旅游计划变更是常见的原因。

（一）个别游客要求变更路线或日程

（1）问明情况，知会全陪或领队。

（2）解释变更线路或日程存在的困难。

（3）请全陪或领队出面调解。

（4）向其说明如果执意变更路线或日程则所增加的费用由其自理。

（5）如确有特殊情况，可与全陪、全团游客和旅行社协商后，遵循少数服从多数的原则，同意更改路线或日程，并请游客和全陪或领队签字确认。

（6）做好其他游客的工作，整个过程要公平、公正、公开。

（二）整个旅游团要求变更路线或日程

（1）问明情况，知会全陪或领队。

（2）在不改变计划的前提下尽量满足旅游团的要求。

（3）与旅行社联系看是否有变更路线或日程的可能。

（4）如变更了计划，落实好车、房、餐的安排。

（5）如无把握做好变更安排，切勿答应旅游团的要求。

（6）向旅游团说明变更路线或日程所增加的一切费用由其自理，并请旅游团负责人和全陪或领队签字确认。

二、客观原因需要变更路线或日程

由于此类变更的发生一般很突然，导游员应对的基本方法：第一，制定变更路线或日程并报告旅行社；第二，地陪与全陪先就有关问题取得一致意见，及时找领队协商，最后找游客说明，解释清楚原因，态度要诚恳；第三，做好变更计划后的车、房、餐的安排；第四，适当给予游客物质补偿，但一定要事先征得旅行社同意。

（一）缩短或取消一地的游览时间

（1）抓紧时间，将计划景点游览完，如确有困难，应突出本地最具代表性的景点，并对其他景点做适当介绍。

（2）如要提前离开要及时通知下一站。

（3）与旅行社和有关部门联系，做好变更计划后的车、房、餐的安排（如退房、退餐等）。

（二）延长一地的游览时间

（1）与旅行社和有关部门联系，做好变更计划后的车、房、餐的安排。

（2）调整旅游日程，增加景点或延长在景点的停留时间，使旅游活动充实愉悦，若被迫取消某一景点或活动，可由另一景点或活动代替，导游员要以精彩的讲解和最佳的安排激起游客兴趣，使其愉快接受变更，让新的安排能够顺利进行。

实训

沿途导游

1. 实训目的

（1）掌握旅游线路变更应变技能的基本内容。

（2）熟练掌握客观原因造成的路线或日程变更的应对要求。

2. 材料与工具

外景影像资料。

3. 实训地点

开放教室。

4. 实训准备

将开放教室布置成旅游车内场景，学生分两组扮演游客和导游员，进行旅游线路变更处理的现场模拟训练。

5. 作业

根据模拟实训材料写出实验报告。

案例

客观因素导致变更路线

导游员小项带团到上海旅游，这天中饭后的原定行程是先参观豫园、后逛城隍庙。当时是下午一点多，天气比较热，豫园门口等待进园的游客排了长长的队伍。考虑到豫园和城隍庙位置较近，小项灵机一动，计上心来，他把游客召集起来，说："现在是下午一点多，以我过去来豫园的经验，此时豫园内游客最多，今天天气又比较热，大家刚吃过午饭，因此，我决定将行程调整一下，各位先逛城隍庙，然后再游豫园。"游客们一听，都觉得小项是为自己考虑，纷纷叫好。于是，小项和游客们约定了时间、地点。在离约定时间还有 20 分钟时，小项来到了约定的集合地点。这时游客们也陆陆续续、有说有笑、三五成群地拎着大包小包来到了约定的地点。此时豫园游客高峰已过，大家高兴地开始游览豫园。

小项遇到事情后，冷静处理，赢得了游客的夸赞。

思考与训练

1. 浙江某学校教师团一行 25 人，在暑假期间前往中国台湾环岛旅游，整个游程不走回头路。该团到了台湾之后，由于天气和交通的原因，原定于 8 月 8 日的花莲太鲁阁公园景区不能按照计划行程游览，出于安全考虑需要取消，而花莲太鲁阁景区是台湾游线上的代表性景点。面对此种情形，全陪和地陪应该如何处理？

2. 新加坡某旅游团一行 27 人，按原计划于 9 月 11 日 19:50 乘 MU3788 航班由 B 市飞往 C 市，10 日下午 B 市导游员接到地方接待社的通知，该团改乘 11 日 13:20 航班。对此，B 市导游员应采取哪些应变措施？

任务 2　漏接、空接、错接的应变技能训练

【本任务工作目标】

1. 能够对旅游团的活动安排了如指掌，避免漏接、空接、错接。
2. 能够在漏接、空接、错接后做好补救措施。
3. 能够采取预防措施防止发生误机（车、船）事故。
4. 能够在误机（车、船）事故发生后做好补救措施。

漏接、空接、错接处理

【训练目标】

空接、漏接、错接属于业务事故，发生这些事故会引起游客的抱怨和不满，甚至投诉，降低游客对导游员的信任度，并给导游员后续的工作蒙上阴影，不利于与游客形成融洽的合作关系，从而使服务质量下降。通过本任务的训练，学生要学会在工作中避免事故的发生，如果事故发生，努力把事故造成的不良影响降到最小，提高自身对此类事故预防与处理的能力。

【任务引入】

全陪带领浙江金华某教师旅游团一行 22 人暑期乘火车赴桂林旅游，按照计划火车 21：05 到达桂林，但火车在路上有多次临时停车，致使火车晚点。据估计要到凌晨 1：25 左右才能到达。由于地陪和司机住地离火车站都比较近，火车晚点时间长，所以地陪与司机商量后就先回去休息了。火车 1：25 左右到达桂林，但地陪没有过来接站。该团抵达桂林之后没有地陪来接，全陪反复打电话给地陪，但没人接听。时值深夜游客站立在火车站前等待良久，在这种情况下许多游客都纷纷抱怨，并指责全陪。面对此种状况全陪应该如何处理？当地陪醒来时，已经是凌晨 3：20 了。此时的地陪又该怎么办？

一、漏接的处理及预防

漏接是指旅游团（者）抵达一站后，无导游员迎接的现象。这会造成旅游团原地滞留、游客心情烦乱、影响行程等一系列问题。

（一）漏接的处理

1. 诚恳道歉

无论什么原因，一旦出现漏接现象，导游员都应设身处地为游客考虑，理解游客的心情。面对游客首先诚恳地表示歉意，争取游客的理解，同时尽快组织游客登车。

2. 提供高质量的服务

导游员在以后的参观、游览过程中要以更加优质的服务、更高超的讲解技巧来弥补前面服务中出现的缺陷。

3. 给予一定的物质补偿

在出现漏接的情况下，导游员可以酌情给予游客一定的物质补偿，如赠送纪念品、当地特色菜肴、酒水等。

（二）漏接的预防

1. 认真阅读接待计划

导游员拿到接待计划后，应仔细阅读，了解旅游团抵达的日期、时间、地点。

2. 随时关注接待计划有无变更

在旅游团抵达本站当天，导游员应与接待社的有关部门联系，了解班次或车次有无变更，并及时与机场（车站、码头）联系，核实抵达的确切时间。

3. 提前半小时到达接站地点

导游员应与司机商定好出发时间，保证按规定提前半小时到达接站地点，对散客或者人数较少的团队要特别注意。

4. 举牌站在醒目位置

导游员应举牌站在醒目位置，并及时与全陪或领队取得联系，迎接旅游团。

【任务引入】

北京长城旅行社组织了一个来自哈尔滨的30人的旅游团，游程是北京—曲阜—苏州—杭州。该团按计划乘苏杭运河游轮于7月15日17:10抵达杭州市。按照导游员接团的规范程序要求。地陪提前30分钟抵达码头迎接，但该游轮准时到达时，地陪未接到游客，此时地陪应该怎么办?

二、空接的处理及预防

空接是指由于某种原因，旅游团推迟抵达某站，导游员仍按原计划的班次或车次接站而没有接到旅游团。空接虽然不经常出现，但一旦发生，往往是一个棘手的问题，一步没处理好，就会环环出问题。

（一）空接的处理

1. 排除漏接

飞机（车、船）准时抵达，导游员接不到旅游团（者），首先应排除漏接的可能，即与全陪、领队或组团社联系了解相关情况。

2. 旅游团（者）推迟到来

经核实，旅游团（者）因故推迟抵达，导游员要听从旅行社的安排，或在原地等待、准备迎接，或离开重新安排接团事宜。

3. 旅游团（者）取消行程

经核实，旅游团（者）因故取消行程，导游员应听从旅行社的安排，协助办理相关事宜。

4. 非法导游员接走旅游团（者）

若由于非法导游员接走了旅游团（者），地陪应报告有关部门，设法及时找到所接团队。

（二）空接的预防

为了尽可能防止空接事故的发生，导游员应做好以下工作。

（1）导游员在接团前再次和旅行社落实团队接待计划，确认有关情况。

（2）导游员尽量提前和组团社全陪或领队取得联系，了解相关情况。

（3）警惕非法导游员接走旅游团（者）。

【任务引入】

春节放假，正值海南旅游旺季，正月初二17：55，海口民间旅行社的导游员前往美兰机场迎接来自沈阳铁岭旅行社组织的几个家庭组合的亲情度假旅游团。导游员手举写有"接沈阳铁岭旅行社旅游团"字样的接站牌，看着游客鱼贯出站，许多手执接站牌和导游旗的导游员认领着属于自己的团队并在热闹声中接走团队。终于看到举着沈阳铁岭旅行社小旗的团队出现在出口处了，导游员急忙迎上去，介绍了自己是海口民间旅行社导游员，负责迎接来自沈阳铁岭旅行社的旅游团，在忙乱中导游员带着团队上了自己的中巴车并向宾馆驶去。但来到宾馆后，导游员发现接错了团。此时导游员应该怎么办?

三、错接的处理及预防

错接是指导游员接了不应该由他接的旅游团（者）的现象。错接是责任事故，是由于导游员责任心不强、粗心大意造成的。

发生错接旅游团（者），导游员应分清情况，做好以下工作。

（一）错接的处理

（1）若错接发生在本旅行社应接的两个旅游团之间，导游员应立即向领导汇报。地陪可不交换旅游团，全陪应交换旅游团并向游客做必要的解释。一是因为全陪的名字、联络电话早已与行程表一道传真给客源国（地）组团社了；二是因为全陪需全程跟随旅游团到好几个站，个人的机票和边防证来不及更换；三是因为全陪的服务准备不同，所以必须换回原来的全陪。

（2）若错接的是另外一家旅行社的旅游团，因为不是同一家旅行社，导游员应立即向旅行社领导汇报，设法尽快交换旅游团，并向游客实事求是地说明情况并诚恳地道歉。

（二）错接的预防

（1）认真阅读接待计划，核对好航班（车次、轮船）的时间、地点等。

（2）接到旅游团后，导游员要认真核实领队姓名、组团社名称、团号、人数等。

（3）接待散客时，更应格外注意，要问清楚游客的国籍、全名及旅游行程计划书等相关情况。

实训

模拟实训

1. 实训目的

（1）掌握漏接、空接、错接应变技能的基本内容。

（2）熟练掌握处理及预防漏接、空接、错接的方法。

2. 材料与工具

外景影像资料。

3. 实训地点

开放教室。

4. 实训准备

将开放教室布置成旅游车内场景，学生分两组扮演游客和导游员，进行漏接、空接、错接的现场模拟训练。

5. 作业

根据模拟实训材料写出实验报告。

案例 1

漏接事故

某日上午 8: 00，某旅行社门市接待人员接北京组团社电话，原定于第二日下午 19: 50 到达的旅游团，因出发地订票的原因改为第二日上午 11: 40 提前到达，须提前接站。门市接待人员在计调的办公桌上留下便条告知此事。计调回社后，没有注意到办公桌上的便条，直到第二日上午 12: 00，组团社全陪从火车站打来电话才得知此事。

这是一次典型的由于信息传递不畅而导致的漏接事故。

案例 2

空接事故

某旅游团计划于 2 月 5 日乘某航班由 A 市飞抵 B 市，地陪小孟按接待计划上的时间前往机场，但未能接到该团。小孟跟自己所在的 B 市地接社联系，地接社计调表示没有接到组团社的变更通知，小孟又与 A 市的组团社联系，才知道因为冰雪灾害导致机场无法起降飞机，该团滞留 A 市的机场。组团社因无法确定机场何时能正常起降，故无法告知地接社具体变更后的到达时间。

案例分析

由于多方面的原因导致空接事故的发生，导游员应该提前到达接站地点，迎接旅游团；接团时认真核实，提高警惕，严防其他人员非法接走旅游团。

思考与训练

1. 青岛一个旅游团一行 30 人计划于 10 月 1 日乘 MU052766 航班飞抵厦门市，导游员按接待计划上的时间前往机场，但未能接到该团，试分析导游员未接到该团的可能原因。如果该团推迟到第二天上午抵达，导游员该怎么办？

2. 无锡一个旅游团一行 15 人按计划乘 CA3856 航班于 5 月 10 日 10: 20 飞抵西宁市。西宁市的地陪提前 20 分钟到机场迎接。航班准时到达，但导游员未接到游客。如果你是导游员，应该如何处理这一事故？

3. 小杨是旅游英语专业的学生，刚取得导游证，他想利用暑期进行实践到旅行社带团。旅行社派小杨去迎接从西安来广东旅游的旅游团。当他把游客接到广州白云宾馆时才发现接错了团，面对这种情况，小杨应该怎么办？

任务 3　游客物品丢失问题的应变技能训练

【本任务工作目标】

1. 能够做好事先提醒工作，避免游客物品丢失问题的发生。

2. 能够熟练掌握游客物品丢失问题发生后的处理程序，并且不耽误其他游客的行程。

3. 能够对丢失物品的游客进行有效的安慰，并协助办好相关手续。

【训练目标】

游客证件、财物遗失以及游客走失属于个人事故，旅游途中行李丢失属于业务事故。在旅游过程中，有多种原因导致游客证件、物品、行李丢失和游客走失事故，一旦事故形成，会给旅游各方带来麻烦。导游员应该重视预防、学会预防，事故发生时，导游员必须有能力进行处理。通过本任务的训练，学生应掌握预防和处理游客证件、财物、行李遗失等事故的处理步骤和方法，提高处理事故的能力。

【任务引入】

导游员小王接待的某旅行团原计划于 12 月 23 日 16：00 由 H 市飞抵 S 市。22 日晚餐后，小王突然接到内勤通知，该团因故必须乘 23 日 8：00 的航班提前离开。第二天早上，当该团即将抵达机场时，团员怀特夫人神色慌张地告诉小王，她将一条钻石项链放在枕头下面，因离店时匆忙，忘记取出，要求立即返回饭店。

（1）小王接到内勤通知后，应该做哪些工作？

（2）得知怀特夫人遗忘物品后，小王应如何妥善处理？

一、丢失证件的处理

游客外出旅游必须携带有效身份证件：身份证、护照、往来港澳通行证、大陆居民往来台湾通行证等。游客一般随身携带证件，多数人又习惯于将证件放在腰包内、手提包里，易于遗失。当游客丢失证件时，导游员应先请游客冷静地回忆，详细了解丢失情况，尽量协助寻找。如确已丢失，应马上报告组团社或接待社，根据组团社或接待社的安排，协助游客向有关部门报失，补办必要的手续，所需费用由游客自理。

游客丢失证件处理

（一）丢失外国护照的处理

1. 稳定游客情绪，帮助寻找

外国游客丢失护照，导游员首先要安慰失主，设法稳定其情绪，帮助在可能的范围内寻找。

2. 接待旅行社开具遗失证明并请失主准备补办证件照片

确认证件遗失后，由接待旅行社开具证件遗失证明并请失主准备照片补办证件。

3. 到当地公安机关报失

失主持证明去当地公安局（外国人出入境管理处）报失，申请护照报失证明。

4. 申请补办新护照或临时证件

失主持护照报失证明和照片去所在国驻华使、领馆申请补办新护照或临时证件。

5. 重新办理签证

失主持新护照或临时证件去当地公安局出入境管理处申请办理入境签证。

（二）丢失团体签证的处理

1. 接待旅行社开具遗失证明

耐心寻找，确认丢失后由接待社开具团体签证遗失证明。

2. 备齐相关材料

（1）原团体签证的复印件。

（2）团队成员的护照。

（3）按原团体签证格式重新打印旅游团的名单。

（三）丢失中国护照、签证的处理

1. 华侨在中国境内丢失护照、签证的处理

（1）帮助寻找，确认丢失后由接待社开具遗失证明。

（2）失主持遗失证明和照片到公安局出入境管理处挂失并申请新护照。

（3）失主持新护照去其侨居国驻华使、领馆办理入境签证手续。

2. 中国公民出境旅游时丢失护照、签证的处理

（1）请当地陪同协助在接待社开具遗失证明。

（2）失主持遗失证明到当地警察机构挂失，取得警察机构开具的挂失证明。

（3）失主持当地警察机构开具的挂失证明和照片及有关护照资料到我国驻该国使、领馆办理新护照。

（4）新护照领到后，携带必备的材料和证明到所在国移民局办理新签证。

（四）丢失往来港澳通行证的处理

（1）由接待社开具遗失证明或向遗失地的公安部门挂失，取得报失证明。

（2）失主持当地接待旅行社的遗失证明或公安部门的报失证明到当地公安局出入境管理处申请赴港澳证件。

（3）经当地公安局出入境管理处核实后，签发一次性有效的通行证。

（五）丢失大陆居民往来台湾通行证的处理

（1）接待社开具遗失证明，到当地公安机关挂失并取得报失证明。

（2）失主携旅游团接待计划和以上证明到当地公安局出入境管理处申请一次性有效的通行证明。

（3）经当地公安局出入境管理处核实后，签发一次性有效的通行证。

（六）丢失中华人民共和国居民身份证的处理

（1）由当地旅行社核实后开具证明，失主持证明及本人照片到当地公安局报失。

（2）经核实后开具身份证明，机场安检人员核准放行。

（3）回居住地后，持公安局的报失证明及相关材料到户籍派出所申请办理新身份证。

二、丢失财物的处理

游客的财物丢失或被盗，导游员应急游客之所急，耐心积极地做好以下处理。

（一）稳定游客情绪、积极帮助寻找

游客丢失财物，一般情况下情绪波动很大，导游员要理解游客的感受，对其耐心劝解，同时要详细了解失物的形状、特征、价值，分析物品丢失的可能时间和地点并积极帮助寻找。必要时拨打 110 求助，如图 3-1 所示。

图 3-1　拨打 110 求助

（二）迅速报案

（1）一经确定财物丢失或被盗，立即向公安部门报案，必要时通知保险公司。

（2）及时报告旅行社，听取指示并协助失主开具相关证明。

（三）开具必要的证明

（1）丢失的如果是贵重物品，失主应持报失证明、本人护照或其他有效身份证件到当地公安局填写失物经过证明，列出失物清单。

（2）丢失的如果是入境时向海关申报的物品，失主持接待旅行社出具的证明到当地公安局开具遗失证明，以备出海关时查验或向保险公司索赔。

（3）丢失的如果是在国外办理了财产保险的物品，要在当地公安局出入境管理处办理财物报失证明。

三、丢失行李的处理

游客丢失行李处理

（一）机场托运行李丢失的处理

托运行李遗失，责任一般在航空公司，导游员应积极联系航空公司有关部门按下列程序认真处理。

（1）与失主一起去机场行李查询登记处办理行李丢失认领手续。

（2）留下失主姓名、住址、联系电话等有关资料，便于航空公司及时告知有关情况。

（3）导游员应多次打电话询问行李查找情况。

（4）行李确认丢失，导游员应协助失主按规定索赔。根据中国民航的规定进行相应的赔偿。

（二）在下榻饭店行李丢失的处理

1. 积极帮助寻找

导游员应联系领队、全陪和失主一起找饭店有关人员查找行李的去向；导游员应和失主到自己所带游客的房间询问查找有无多余行李。

2. 协助失主办理有关事宜

在游客行李确认丢失后，导游员应追查相关人员的责任，由责任方向失主赔礼道歉；导游员协助失主购置生活必需品，照顾好失主生活并按规定帮助索赔。

3. 写出事故报告

导游员事后要写出书面报告，报告行李丢失的经过、原因、查找过程及失主和其他游客的反应等情况。针对事故发生的原因提出建议并总结教训。

四、丢失证件、财物、行李的预防

旅游期间，游客难免丢三落四，丢失证件、财物、行李等物品是比较常见的现象。物品的丢失，不仅给游客造成许多不便，也给导游员和接待社带来诸多困难。因此，导游员要不厌其烦地提醒游客保管好自己的证件、财物及行李等物品，这是预防物品遗失或失窃的最有效方法。

（一）多做提醒，严格按照规定保管和交接行李

（1）入住饭店时，要提醒游客保管好贵重物品，不要随身携带，更不要放在房间内，要寄放在饭店前台或保险柜内。

（2）离开饭店时，要提醒游客将寄存的贵重物品取出并妥善保管。

（3）下车参观游览景点时，要提醒游客随身带好贵重物品，并且提高警惕以免遗失和被窃；叮嘱司机关好旅游车的门窗，禁止外人进入旅游车。

（4）游客用餐、购物时，要格外提醒游客妥善保管好自己的物品，以免丢失。

（二）不代为保管游客的证件及贵重物品

（1）导游员不保管游客的证件和贵重物品，用毕立即归还并当面点清。

（2）导游员在送团时，要最后检查自己是否有游客的物品，若有应立即归还。

（三）严格按规定交接行李

每次交接行李时，要严格按规定检查、清点、签字、交接，认真做好行李的交接工作。

实训

模拟实训

1. 实训目的

（1）掌握游客丢失证件、财物、行李时的应变技能。

（2）熟练掌握处理及预防游客物品丢失问题的方法。

2. 材料与工具

外景影像资料。

3. 实训地点

开放教室。

4. 实训准备

将开放教室布置成旅游车内场景，学生分两组扮演游客和导游员，进行游客物品丢失问题处理的现场模拟训练。

5. 作业

根据模拟实训材料写出实验报告。

案例

客人丢失证件

某奥地利旅游团在北京游览的第四天，上午参观天坛，下午逛王府井。一位老先生在外文书店前突然焦急地叫起来，说放在上衣口袋里的护照不见了，全陪得知后一边安慰老人，一边迅速用手机与地陪联系。地陪到后，请老人认真回忆，在身上与腰包中寻找，确认护照丢失后，地陪将此事通报接待社，写好奥地利大使馆的地址，让全陪带失主去北京市公安局和奥地利大使馆办理相关手续，自己则带领旅游团其他游客继续在王府井逛街、购物。

案例分析

（1）导游员要熟练掌握重要证件补办手续，才能有条不紊地处理游客证件丢失事故。

（2）导游员之间要密切合作，才能既办好了事情，又不影响旅游团的游览活动。

（3）把知情范围尽量控制在相关几个人之内，以免影响其他游客的游兴；事后要一再提醒游客照管好自己的证件、财物，避免发生类似事故。

思考与训练

1. 泰国一个旅游团一行 16 人来华 8 日游，游完云南昆明之后，即将赴桂林游览。当在昆明办理登机手续时，一名游客发现自己的证件找不到了，并带着恐慌的神情告诉导游员。如果你就是该团的导游员，你该做些什么？

2. 浙江有一个旅游团结束了越南 7 日游，回到了广东湛江并即日回杭州。到湛江的时间是 14:00，要到 20:00 才能去机场。由于时间还早，团队游客建议找一个茶楼休息一下。到茶楼后，一名游客就拿出充电器放在自己休息的包间充电，充电工作还是茶楼老板帮忙服务的。到了 17:00 左右旅游团离开茶楼去另外一家酒店用晚餐。用晚餐时这名游客才发现自己的手机忘在茶楼了，游客和地陪旋即跑回茶楼，可手机不见了。他们找了老板，找了服务员，都说没有看见。正值用餐时段，此时的茶楼还没有新的客人进来，不可能是客人拿走的，所以这名游客一直在茶楼交涉，但没有结果，最后报了警。这名游客的手机价格不菲并且是刚买的，比此次越南游的花费还高，这名游客很是心痛懊恼。在整个过程中，如果你是该团的导游员，你该做些什么？

3. 某旅游公司地陪带领游客在某影视城景区游玩。一名游客告诉地陪其丈夫不知去向。由于景区较大，且有几个出口，地陪当即和全陪商量，从游客中挑选了两位干练的游客与他们分头去找。剩下的游客焦急地等待着，可一直不见他们的踪影。离景区关门时间不多时，四个人才匆匆忙忙从不同的方向赶回来。地陪抱歉地对大家说："我们找遍了景区，也没有发现她的丈夫。由于时间关系，司机将带各位先回饭店。我去景区派出所报案……"游客顿时怨声一片，地陪觉得非常委屈。

试分析：根据导游服务规范，地陪应如何正确处理这一事故？

4. 一个英国旅游团从西安市飞往广州市，在咸阳机场办理登机手续时，要检查护照，全陪匆匆地向游客收取护照。办理完登机手续后，全陪随手将护照递给了领队，自己则把登机牌分发给游客。领队也当即将护照分别发还给游客。到广州市后，一游客告诉全陪他的护照不见了，还说在咸阳机场收了护照后好像没有还给他，但领队说肯定将护照还给他了。

请问：

（1）在西安机场，全陪的做法有什么不妥？

（2）全陪应如何处理丢失护照的个人事故？

（3）全陪对游客的护照等证件的正确做法是怎样的？

任务4　游客患病、死亡问题处理技能训练

【本任务工作目标】

1. 能够全面了解游客年龄和身体状况，并根据情况灵活安排行程。
2. 能够知道如何妥善安置患病游客，并且不影响其他游客的行程。
3. 能够处理好游客死亡问题，协助办理相关手续等。

【训练目标】

人在旅途，由于游客自身、环境、天气等的变化，游客在旅途中患病也在所难免，导游员要学会排忧解难。通过本任务的训练，学生应掌握游客患病的预防措施，以及游客患一般疾病和患急病的处理方法，提高应急服务能力。

【任务引入】

一个来广州的上海旅游团在丹霞山旅游。最后一天的旅游计划是上午攀登丹霞山，下午15:45乘飞机返回上海。在登山时，谷小姐因之前晕车和过于劳累引发了梅尼埃病（表现症状主要为眩晕、呕吐）。地陪小陈询问谷小姐是否随身携带了药物，得到肯定回答后要求谷小姐的家人拿给她服用。然后向旅行社报告了情况，接着陪同谷小姐及其家人到附近医院治疗，留下全陪照顾好在场的其他游客。在医院治疗过程中，小陈除了安慰谷小姐，还请她的家人在有关文件上签了字。与此同时，全陪按期带领旅游团其他游客回到上海。因为谷小姐眩晕症状严重，已不能随团返回上海，她的家人在当地照料，小陈不时去医院探望，旅行社有关领导也看望了谷小姐，并表示旅行社将协助她办理出院、交通票证等善后事宜。小陈告诉谷小姐，虽然她的治疗费和家人留在当地产生的费用需自理，但她和她家人未享受的服务费由旅行社之间结算后将按规定退还。

一、游客患病问题的处理

（一）游客患病的预防

游客从居住地到旅游目的地，经过长途旅行的劳累，加上气候变化、水土不服、起居习惯改变等原因，使得体力消耗较大。年纪大、有慢性病、体质弱的游客很难适应，会引

发一些在旅途中旧病复发、生病甚至死亡的情况。导游员应从多方面了解游客的身体状况，照顾好他们的生活，经常关心、提醒，避免人为原因致使游客生病。

1. 了解旅游团成员的健康状况

导游员可以多方面了解本团游客的健康状况，做到心中有数。接团前通过研究接待计划了解本团成员的年龄构成；从接到旅游团起，地陪可从领队处了解团内有无需要特殊照顾的患病游客；在游客之间进行了解；对身体肥胖或瘦弱，走路缓慢、费力，面部表情和举止异常的游客多关心，预防游客突发疾病。

2. 周密安排游览活动

如旅游团中老弱病残者占的比重较大，导游员制订计划、安排活动日程时要留有充分的余地，活动节奏不要太快，做到劳逸结合；体力消耗大的项目不要集中安排；晚间活动安排时间不宜过长。

3. 做好提醒、预报工作

地陪应做好天气预报工作，要根据每天的天气预报提醒游客增减衣服、携带雨具、穿戴适宜的鞋帽等；提醒游客注意饮食卫生，不吃不洁食物，不要喝生水；气候干燥或在盛夏时，提醒游客多喝水；适当调整游览时间，保证游客有充分的休息时间。

（二）游客患一般疾病的处理

1. 劝其及早就医并多休息

游客患一般疾病时，导游员要劝其尽早去医院看病，并留在饭店内休息；如需要，导游员应陪同患者前往医院就医。

2. 关心游客的病情

如果游客留在饭店休息，导游员要前去询问身体状况并安排好用餐，必要时通知餐厅为其提供送餐服务。

3. 向游客讲清看病费用自理

在协助游客就医前，导游员应告知游客费用自理，以免发生不必要的纠纷。

4. 严禁导游员擅自给患者用药

若游客选择留在饭店内休息，导游员需不时地送上关心和问候，但严禁导游员擅自给患者用药或在未经医生诊断的情况下，随意介绍游客去药店买药，如图 3-2 所示。

图 3-2　禁止给游客私人药品

（三）游客突患重病的处理

旅行途中游客突然患重病，导游员应采取措施就地抢救，请求机组人员、列车员或船员在飞机、火车、轮船上寻找医生，并通知下一站急救中心和旅行社准备抢救。若乘旅游车前往景点途中游客患重病，必须立即将其送往就近的医院，或拦车将其送往医院，必要时暂时中止旅行，让旅游车先开到医院；还应及早通知旅行社，请求指示和派人协助。游客在饭店患重病时，可根据情况先由饭店医务人员抢救，然后送医院。必要时拨打 120 求助，如图 3-3 所示。

图 3-3　拨打 120 求助

游客病危时，导游员应立即协同领队和患者亲属送病人去急救中心或医院抢救，或请医生前来抢救。患者如是国际急救组织的投保者，导游员还应提醒领队及时与该组织的代理机构联系。

在抢救过程中，导游员应要求领队或患者亲属在场，并详细记录患者患病前后的症状及治疗情况。需要签字的，导游员应请患病游客的亲属或领队签字。导游员还应随时向当地接待社反映情况。

若游客病危但亲属不在身边时，导游员应提醒领队及时通知患者亲属。患者家属到来后，导游员应协助其解决生活方面的问题；若找不到亲属，一切按使、领馆的书面意见处理。导游员这时应安排好旅游团其他游客的活动，全陪应继续随团旅游。

患病游客转危为安，但仍需住院治疗不能随团离境时，接待社领导和导游员（主要是地陪）要不时去医院探望，帮助患病游客办理分离签证、延期签证及出院、回国手续和交通票证等善后事宜。

患病游客住院及医疗费用自理，离团住院时未享受的综合服务费由旅行社之间结算，按规定退还本人；患病游客的亲属在陪床期间的一切费用自理。

案例

心脏病突发

上海某社区一批退休的老人在春天组织到广州、深圳、珠海旅游，在从化景区游玩时，团队中一位老先生突然心脏病发作，晕倒在地，此时导游员应该如何处理？

案例分析

老年游客在旅游过程中突发心脏病的情况经常发生，防不胜防，如果不及时求助，游客生命可能会有危险。导游员一方面需要了解心脏病现场急救的一些知识。另一方面要清楚进一步处理的步骤和后续服务的内容。

二、游客死亡问题的处理

旅途中因疾病、交通等安全事故出现游客死亡的情况时，导游员应沉着、冷静、缜密地进行处理。

（1）立即向当地接待社报告，按当地接待社领导的指示做好善后工作。

（2）导游员应稳定其他游客的情绪，并继续做好旅游团的接待工作。

（3）死亡前经过抢救的，导游员应请参加抢救的医师向死者的亲属、领队及死者的好友详细报告抢救经过，并写出抢救经过报告、死亡诊断证明书，由主治医师签字后盖章并复印，分别交给死者的亲属、领队和旅行社。

（4）对死者尸体一般不做尸体解剖，如要求解剖尸体，应由死者的亲属或领队提出书面申请，经医院同意后方可进行。

（5）死者的遗物由其亲属或死者生前好友代表、领队、全陪、接待社代表共同清点，列出清单，一式两份，上述人员签字后分别保存。遗物由死者的亲属或领队带回（或交使、领馆）。

（6）遗体的处理一般应以在当地火化为宜。遗体火化前，应由死者的亲属或领队（或代表）写出火化申请书，交旅行社方保留。

若死者的亲属要求将遗体运送回国，除需办理上述手续外，还应由医院对尸体进行防腐处理，由殡仪馆成殓，并发给装殓证明书（灵柩要用铁皮密封，外廓要包装结实）。

如游客死亡地点不是出境口岸，应由地方检疫机关发给死亡地点至出境口岸的检疫证明，然后由出境口岸检疫机关发给中华人民共和国××检疫站尸体/灵柩/进/出境许可证，再在死者所持护照国驻华使、领馆办理一张遗体灵柩经由国家的通行护照，此证随灵柩一起同行。

实训

模拟实训

1. 实训目的

（1）掌握游客患病、死亡问题应变处理技能的基本内容。

（2）熟练掌握游客患病、死亡问题的处理方法。

2. 材料与工具

外景影像资料。

3. 实训地点

开放教室。

4. 实训准备

将开放教室布置成旅游车内场景，学生分两组扮演游客和导游员，进行游客患病的现场模拟训练。

5. 作业

根据模拟实训材料写出实验报告。

案例

游客死亡事故

一天，全陪发现一位每天准时用早餐的住单人房间的游客没有来吃早饭，他有点纳闷，但以为游客已起身外出散步，没有在意。但集合登车时还没有见此游客，他就找领队询问，领队也不知道；于是打电话，没人接，他们俩就上楼找。敲门，无人答应；推门，门锁着；问楼层服务员，回答说没见人外出。于是请服务员打开门，发现游客已死在床上。两人吓得跑到前厅，惊恐地告诉大家该游客死亡的消息。地陪当即决定取消当天的游览活动，并赶紧打电话向地方接待旅行社报告消息，请领导前来处理问题。然后就在前厅走来走去，紧张地等待领导。

案例分析

（1）导游员的行动不妥之处。

①发现游客死在床上，两人不应该都跑下来。

②不应该惊恐地当众宣布死讯。

③地陪不应该立即宣布取消当天的游览活动。

④地陪不应该只打电话向旅行社报告游客死亡的消息。

⑤不应该在大厅焦急地等待旅行社领导而不管其他旅客。

（2）导游员的正确做法。

①应有一人留在原地与楼层服务员一起保护现场。

②安抚游客情绪。

③地陪或由旅行社另派地陪带旅游团到预定游览点或组织与当时气氛相适应的活动。

④在通知旅行社的同时要通知饭店保卫部门。

⑤向旅行社领导做翔实报告。

⑥有关部门来调查时，导游员要积极配合。

（3）游客死亡后，导游员要在旅行社的领导下，做如下工作。

①提醒领队通知所在国驻华使、领馆。

②提醒领队设法通知死者家属，让其来处理死者后事，家属到来后要表示安慰，并安排好他们的生活。

③按家属或使、领馆的意见处理遗体。

④与领队等人一起清理死者遗物并登记造册，办理公证手续；遗物清点装箱后交死者亲属或领队带回。接受遗物者要签字。

⑤向其他游客通报死者的死亡原因。

⑥协助领队办理有关证件。

⑦必要时参加悼念活动。

思考与训练

温州国旅组织一个教师团在7月份去黄山旅游，晚上住在山上的旅馆。旅馆比较潮湿。黄山夜里的气温又比较低，爬了一天的山，身体也比较劳累。第二天就有一位游客感冒发烧了，不能正常参加旅游活动了。导游员面对这样的情况应该怎么处理？

任务5　安全事故处理技能训练

【本任务工作目标】

1. 掌握必要的基本急救常识。
2. 能够事先做好提醒工作，过程中做好组织工作，事后做好安抚工作。
3. 能够熟练掌握安全事故处理的程序。

【训练目标】

安全是所有工作的前提，没有安全就没有旅游。导游员应该具有很强的安全意识和预防安全事故发生及处理安全事故的能力。在旅游生活中，会由于种种因素而导致安全事故的发生，如不可抗力因素、某些客观原因、游客自身的原因、导游工作的原因而导致一系列安全事故的发生。通过本任务的训练，学生应学会有效预防和正确处理各种安全事故，提高处理问题的能力。

【任务引入】

2021年，大理州漾濞县发生地震，牵动着全国人民的心。天灾面前，人们不禁感慨，明天和意外永远不知道哪一个会先来。但在灾难中，也时常会发生一些令人感动的故事，最温暖的是人心。

有这样两位丽江导游员，她们像往常一样带团去大理，地震发生时，旅行团的游客正在酒店休息。地震发生后，她们没有慌乱，而是始终把游客安危放在首位，第一时间安抚游客情绪，妥善安置游客。

“我带了21人的团在大理，晚上团队用餐结束后把客人送回酒店，就和另外两名导游员去附近给客人准备第二天徒步登山用的能量包。发生地震时正在赶回酒店的路上，我当时第一反应就是立即打电话给游客确认安全问题，告知逃生通道与疏散方向。”丽江导游员杨瑞光说。遇到地震，杨瑞光也会担心害怕，但是心中一直坚守的导游职责，让她根本没有时间畏惧和犹豫。

“大家都不要慌，有我陪在你们身边，听我指挥跟我走，我们不会有太大的安全问题。”在杨瑞光的用心安抚下，游客们的情绪渐渐稳定了下来，安全度过了当晚。据杨瑞光介绍，除震区漾濞县外，大理州其他县市文旅场所正常开放，所以游客们在第二天愉快地完成了行程。

同样在大理带团的严钰，是来自丽江白鹿旅行社的一名导游员。地震发生时，她的客人也在酒店休息。“感觉到地震，我立马打电话给客人询问情况，并让客人下楼在酒店大厅集中。当时游客的情绪恐惧中带着焦虑，甚至提出让我送她们回丽江。后来在我的安抚下，他们的情绪渐渐稳定下来，紧接着就把他们带到安全空旷的地方住了一夜。第二天也正常完成了行程。”严钰说丽江导游员，只是众多云南导游员的一个缩影。据介绍，还有大理、保山等地的导游员，也像她们一样，在地震发生时第一时间陪伴在游客身边，有的陪着游客在酒店大堂度过一夜，有的带着游客在空旷的草地上睡了一夜……

据悉，丽江导游员杨瑞光、严钰所带的两个团，在结束了大理行程后，继续踏上了丽江行程，开启愉快的旅程。

一、天灾事故

在遭遇突发状况的时候，一般人会惊恐失态、不知所措，或者在慌乱中胡乱应对，以致造成不可挽回的后果，社会上不乏这样的事例。

但此时最重要的是保持头脑冷静，只有保持冷静，才能正确适当地处理和应对突发状况。在这个时候，首先应该想到的是，既然事情已经发生，是否有办法改变从而扭转不利的结局？如果不能，就应该镇静下来，想一想接下来该如何有效应对。

（一）地震灾害

因地球内部缓慢积累的能量突然释放而引起的地球表层的震动叫作地震。地震是地壳压力的释放方式，是地球自然运动的结果。地震具有范围广、突发性、破坏性强等特征。

地震发生时的求生方法如下。

（1）如果地震引起轻微晃动，导游员应提醒游客保持冷静，最好能够尽快逃离建筑物或可能有重物压下来的地方。

（2）如果旅游团被困在建筑物中，一时无法逃离，导游员要提醒游客选择角落或者有较好支持物处躲避，如洗手间、结实家具下面等。

（3）如果旅游团正处在行驶的车里，导游员应马上要求司机把车开到远离道路的地方，千万不要在桥上、电线杆下等危险场所停留。

（二）海啸

一次大的海啸可以在瞬间吞噬数十万人的生命。海啸突袭的地域常常包括许多著名的海滨旅游胜地，给带滨海线旅游团的导游员们敲响了警钟。若遇到海啸，导游员应该注意以下事项。

（1）地震是海啸最明显的前兆。如果感觉到较强的震动，应该带领游客迅速离开海边、江河的入海口。

（2）听到有关附近地震的报告，要做好防海啸的准备，注意电视和广播新闻。强烈地震导致的海啸有时会波及上千公里远的地方。

（3）听到海啸预警后应该避免返回港湾，海啸在海港中造成的落差和湍流非常危险。如果有足够时间，乘船旅游时，导游员要指示船主在海啸到来前将船开到开阔海面。

如果没有时间开出海港，所有人都要撤离停泊在海港里的船只。

（4）海啸登陆时海水往往明显升高或降低，如果看到海面后退速度异常快，应该立刻撤离到内陆地势较高的地方。

（5）灾害发生后，应该为每位游客配备一个急救包，有足够 72 小时用的药物、饮用水和其他必需品。这一点适用于海啸、地震和一切突发灾害。

（三）泥石流

泥石流经常发生在峡谷地区，是山区最严重的自然灾害。泥石流的流速很快，有很大的冲击力，可对游客的生命和财产造成重大的损害。

1. 泥石流的预防

（1）在雨季或下雨时，导游员不要带领游客在山谷水流汇集处活动。

（2）在山地活动或游览时，如果遇到大雨，导游员必须让大家选择山脊或者有许多树木的山坡上通过，千万不能走两山之间的低谷。

2. 逃生方法

（1）泥石流发生时，导游员应迅速引导游客抛掉重物向山坡高地撤离。

（2）逃离方向要与泥石流流向垂直。

（3）到了安全地带，游客应集中在一起，等待救援。

（四）火灾

在旅游活动中，为了防止火灾事故的发生，导游员应提醒游客不携带易燃、易爆物品，不乱扔烟头和火种。向游客讲明交通运输部门的有关规定，不得将不准作为行李运输的物品夹带在行李中。

为了保证游客在火灾发生时能够尽快疏散，导游员应做到以下两点。

（1）熟悉饭店楼层的太平门、安全出口、安全楼梯的位置及安全转移的路线，并向游客介绍。

（2）导游员应牢记火警电话（119），掌握领队和游客所住房间的号码。

如果发生了火灾，导游员应做到以下几点。

（1）立即报警。

（2）迅速通知领队及全团游客。

（3）配合工作人员，听从统一指挥，迅速通过安全出口疏散游客。

（4）引导大家自救。

如果情况紧急，千万不要搭乘电梯或随意跳楼，导游员要镇定地判断火情，引导大家自救。

（1）若身上着火，可就地打滚，或用厚重衣物压灭火苗。

（2）必须穿过浓烟时，用浸湿的衣物披裹身体，捂着口鼻，贴近地面顺墙爬行。

（3）大火封门无法逃出时，可用浸湿的衣物、被褥堵塞门缝或泼水降温，等待救援。

（4）摇动色彩鲜艳的衣物呼唤救援人员。

（5）协助处理善后事宜。

游客得救后，导游员应立即组织抢救受伤者；若有重伤者应迅速送往医院，有人死亡，按有关规定处理；采取各种措施安抚游客的情绪，解决因火灾造成的生活方面的困难，设法使旅游活动继续进行；协助领导处理好善后事宜；写出翔实的书面报告。

（五）灾难发生后如何求救及自救

在旅途中，当灾难发生以后，导游员首先要减少慌张情绪，冷静地考虑如何带领旅游团进行及时的求救及自救。

自然灾害的求救与自救

1. 天灾发生时的求救信号

求救信号是遇到灾难需要救助的求助者向可能对其提供救助的有关方面发出的信号。求救信号应该让他人了解求救者的位置。由于救援力量可能来自各国的各种渠道，所以求救信号往往具有普遍性和国际性。被国际社会普遍认可的信号主要有以下几种，导游员要熟悉并学会使用。

（1）火光信号。以等腰三角形形状点燃的三堆火焰是国际通用的求救信号。火光信号一般在晚上或者光线比较暗时使用。导游员在引导游客使用火光信号时，要注意不能在山谷和树林里点火，保证尽量让外界看到并不引起火灾。

（2）图形信号。图形信号包括文字和图形，其中国际通用且家喻户晓的求救信号是用各种方法组成的三个英文字母 SOS。当旅游团队需要求救时，导游员要想办法组成这样的图形，并使之醒目，放在容易被发现的地方，如在雪地和沙滩上。SOS 求助信号如图 3-4 所示。

图 3-4　SOS 求助信号

（3）灯光信号。通过灯光也可以发出求救信号。导游员要了解基本的灯光信号表达方法。

①信号镜利用太阳光向远处传播信息，是最佳的吸引注意力的工具，特别能引起前来救助飞机的注意。这种镜子可以在军用商品或者旅游用品商店购买到，这是一种中间有孔、两面反光的金属镜。如果迷路而又未带信号镜，完全可以自己就地取材用易拉罐或者其他金属片来制造它。在阳光下，可以这样使用信号镜：慢慢地摇动信号镜，发出断续的光，最好按照国际爬山求救信号要求来摇动信号镜，即每分钟闪动 6 次，停顿 1 分钟，然后重复地发出信号。一旦求救信号被发现，就不要再对着飞机发信号了。天气晴朗时，这种信号可以传递 16 千米远。在茫茫的大沙漠，特别是晴天时，信号镜的联络效果相当好，它不需要电源，而且使用也不复杂。

②红色圆圈。把灯光用红布或红纸包上，使光源发出红光，手拿光源抡动手臂对着可能有人的地方画圆圈。

③汽车紧急信号。汽车两侧转向灯同时闪烁叫作“双闪”。“双闪”是交通部门和驾驶员通识的紧急信号，在汽车发生故障和交通意外时，打开“双闪”是警示，也是救援。

2. 地震和火灾的逃生知识

中国灾害防御协会指出，在震中及其附近地区，从地震发生到房屋倒塌，一般有12秒左右的时间，作为个人，应当保持冷静，并在12秒内做出正确躲藏的抉择。遇到强烈破坏性的地震，一定不能跳楼，不能夺窗而逃。因为地震强烈震动时间只有十几秒至一分钟，而从打开门窗到跳楼往往需要一段时间，特别是人在地震过程中站立行走困难，如果门窗被震歪变形开不了，那耗费时间就更多，有的人慌了手脚，急不可待，用手砸破玻璃，结果把手也砸伤了。另外，楼房如果很高，跳楼可能会摔死或摔伤，即使安全着地，也有可能被楼顶倒塌下来的东西砸死或砸伤。

地震时，暂时躲避在坚实的家具下或墙角处是较为安全的，也可转移到承重墙较多、开间较小的厨房、卫生间等处暂时躲避，因为这些地方房体跨度小而刚度大，加之有管道支撑，抗震性能较好。室内避震不管躲在哪里一定要注意避开墙体的薄弱部位，如门窗附近等。经验表明：就近躲避可以把伤亡人数减少到最低限度。远震常以左右摇摆为主，而且震动小，一般有地震感和远震不必外逃，因为这种情况震害都比较轻，对人身安全不会造成威胁。

震时被压埋的人员绝大多数是靠自救和互救而存活的。大地震中被倒塌建筑物压埋的人，只要神志清醒，身体没有重大创伤，都应该坚定获救的信心，妥善保护好自己，积极实施自救。实施自救包括以下原则。

（1）要尽量用湿毛巾、衣物或其他布料捂住口、鼻和头部，防止灰尘呛闷发生窒息，也可以避免建筑物进一步倒塌造成的伤害，如图3-5所示。

图3-5　捂住口鼻

（2）尽量活动手、脚，清除脸上的灰土和压在身上的物件。

（3）用周围可以挪动的物品支撑身体上方的重物，避免进一步塌落；扩大活动空间，呼吸足够的空气。

（4）几个人同时被压埋时，要互相鼓励，共同计划，团结配合，必要时采取脱险行动。

（5）寻找通道，设法逃离险境，朝着有光亮、更安全宽敞的地方移动。

（6）一时无法脱险，要尽量节省气力。如能找到食品和水，要节约使用，尽量延长生存时间，等待获救。

（7）保存体力，不要盲目大声呼救。在周围十分安静，或听到上面（外面）有人活动时，用砖、铁管等物敲打墙壁，向外界传递消息。当确定不远处有人时，再呼救。

火灾紧急疏散及自救逃生知识如下。

熟悉环境，记清方位，明确路线，迅速撤离。

通道不堵，出口不封，门不上锁，确保畅通。

听从指挥，不拥不挤，相互照应，有序撤离。

发生意外，呼唤他人，不拖时间，不贪财物。

自我防护，低姿匍匐，湿巾捂鼻，防止毒气。

直奔通道，顺序疏散，不入电梯，以防被关。

保持镇静，就地取材，自制绳索，安全逃生。

烟火封道，关紧门窗，湿布塞缝，防烟侵入。

火已烧身，切勿惊跑，就地打滚，压灭火苗。

无法自逃，向外招呼，让人救援，脱离困境。

二、交通事故

（一）旅游车在途中发生机械故障的处理

旅游车在途中发生机械故障是指车辆机械系统、油路系统、电路系统、刹车系统、汽路系统等出现了毛病，需要修理才能继续上路。以上任何一个系统发生故障，都是十分危险的，所以导游员要配合司机妥善处理此类问题。

旅途中旅游车出现故障，导游员必须端正态度，不要因为出了问题就手足无措，迁怒于人，应该采取积极主动、热情灵活的工作态度，争取一切可以争取的力量，及时有效地解决此类问题。

（1）导游员要了解机械故障的程度，如果属于一般性质的，导游员要做好游客的安抚工作，并告知游客旅游车修好的大概时间；如果需要一些时间修理，导游员则要想办法消磨游客感到无聊的时间，如组织节目等。

（2）如果旅游车故障严重一时无法修好，导游员就要设法联系旅行社就地调车，尽量减少由此带来的损失。

（二）塞车的处理

旅途中特别是市内行程中，路遇塞车是常事。对此导游员要分清情况妥善处理，减少塞车带来的不良后果。

（三）撞车事故的处理

一旦发生旅游车撞车事故，只要导游员没有受重伤，神志还清醒，就应立即采取措施，了解情况后冷静、果断地按照规定程序进行处理并做好善后工作。

如果是旅游车在停车或行车中与其他车辆发生轻微擦碰，导游员要与司机沟通，尽量别耽搁时间，争取与对方协商解决。

出现撞车等重大安全事故时，导游员如果状态良好，就应该做好以下工作。

1. 组织紧急救援

导游员应立即组织抢救，呼叫救护车或拦车护送重伤员去附近医院。

2. 保护事故现场

在重大交通事故发生后，公安部门工作人员尚未进入事故现场前，如因抢救工作需要移动物证时，应做好标记，并尽量保护事故现场的完整。

3. 立即报告

导游员应立即向所在旅行社和消防、公安、交通部门报告，旅行社应当及时报告当地旅游行政管理部门，同时报告组团旅行社。当地旅游行政管理部门在接到一般、重大、特大旅游安全事故报告后，要尽快向当地人民政府报告。对重大、特大旅游安全事故，要同时向国家旅游行政管理部门报告。

4. 妥善处理好善后工作

撞车等重大交通事故发生后，导游员要做好善后处理工作，例如，确认伤亡人员；慰问伤者及接待伤亡者家属；向伤残者或伤亡家属提供必要的证明文件；尸体及遗物的处理；协助事故调查；写出书面报告；等等。

5. 理赔

根据《旅游安全管理暂行办法》第十一条规定："对于外国游客的赔偿按照国家有关保险规定妥善处理。"

旅行社办理的旅游意外保险的赔偿范围应包括游客在旅游期间发生意外事故而引起的下列赔偿。

（1）人身伤亡、急性病死亡引起的赔偿。

（2）受伤和急性病治疗支出的医药费。

（3）死亡处理或遗体遣返所需的费用。

（4）游客所携带的行李物品丢失、损坏或被盗所需的赔偿。

（5）第三者责任引起的赔偿。

入境旅游、国内旅游、出境旅游的旅游意外保险中上述各项赔偿的比例，由旅行社与承保保险公司商定。

（四）交通事故的预防

交通事故的范围很广，常见的有旅游车出现故障、塞车、撞车等，导游员要配合好司机，做好交通事故的预防工作。

1. 出发前

（1）提醒司机做好车辆安全检查工作，发现隐患及时处理或要求更换车辆。

（2）需长途行驶或穿越山区道路时，应指定经验丰富的司机。

（3）行驶在高原地带的车辆须常备氧气袋，并在出团前检查是否保存完好。

（4）车辆座位最好比乘坐游客人数多出 20%，车辆的最后一排及司机座位后的第一排都不宜引导游客乘坐。

2. 行驶途中

（1）在市区行车时导游员不要与司机聊天，以免分散其注意力；但在长途行车中，导游员要不时与司机聊两句，以免司机打瞌睡。

（2）安排行程中在时间上要留有余地，以免司机疲劳驾驶、超速行驶、违章驾车。

（3）提醒司机在工作期间不能喝酒，若遇司机饮酒，导游员要加以劝阻，司机不听劝告，要立即报告旅行社，要求改派车辆或更换司机。

（4）导游员若和司机有争执，待下团后解决，不要在接待过程中争执，以免司机赌气驾车。

三、其他常见的旅途意外事故

（一）游客晕机（车、船）的处理与预防

一个人之所以能够站直坐稳、行走自如，甚至闭着双眼也不会跌倒，全靠头部两侧叫作内耳前庭神经的平衡器官。当人体的位置发生变化时，它不仅可以马上觉察，而且会立刻通过神经运动系统，调整人体的姿势，使之恢复平衡，不致跌倒。可是，当乘坐汽车、火车、飞机、轮船时，由于显著的颠簸或剧烈升降、旋转，人体位置也随着频繁变化，其变化程度甚至超过某些人平衡器官的适应能力，使其内耳前庭神经功能出现暂时的紊乱，再加上旅途中视觉、嗅觉受到不良刺激，以及内脏颠动等因素，于是出现头晕、头痛、恶心和呕吐。这便是晕车、晕船、晕机的表现，医学上称之为晕动病。过度疲劳、饥饿、过饱、身体衰弱、精神紧张、周围环境湿闷污浊、身边有人呕吐等，都可以加重或诱发该病。晕动病严重时还会导致虚脱、休克。

旅游途中如果出现晕车（船、机）的现象，导游员一般可采取下列措施。

（1）提醒游客用冷毛巾敷在面部和胸部，可使症状缓解。

（2）如果游客想吐，应提供必要物品或找个地方让其尽量吐，吐得越干净，感觉就越好些。

（3）将视线移向远方，凝视远处。

（4）如果晕船，要调整卧姿。若船左右摇晃，顺着船前进的方向平卧，然后闭目深呼吸。若船迎浪前后起伏颠簸，则改为横向平卧，然后闭目深呼吸。

（5）如果晕车，可将座位换到车的前部，这样可减轻颠簸；或将视线投向前进的方向，可减少外界景物快速移动带来的不良刺激；或打开车窗，让新鲜的凉风吹拂，可减轻胸闷、恶心程度。

（6）如果晕机，应张口用力呼吸，可减轻症状。乘飞机出现的晕动病一般要轻一些，服一片晕车药并吃些巧克力或牛奶糖就能缓解。

导游员在带团过程中，对容易发生晕车（船、机）的游客，一定要有选择地采取一些预防措施。

（1）提醒游客保持心情愉快，因为恐惧、悲伤、焦虑、忧愁等情绪都是晕动病的诱因。

（2）运用正确的心理疗法，即不断暗示、坚信自己不会晕，也能起到预防的效果。

（3）提醒游客不要过饥、过饱或过疲劳乘车。

（4）服用一些预防晕车的药物。

（5）建议游客在太阳穴上涂些风油精等。

（6）让游客尝试口含陈皮、话梅、咸橄榄等小食，因为这些食品有抑制恶心的作用。

（二）游客中暑的处理与预防

中暑是指由于热量在体内积蓄不散，导致人体发生一系列的变化。在旅游途中导游员如果发现有游客因高温而出现大汗淋漓、恶心、呕吐、头痛、头晕眼花、全身无力等症状，就必须立即采取如下措施。

（1）迅速把游客转移到阴凉、通风的地方静卧。

（2）松解衣裤纽扣和鞋带，最好把鞋、袜脱掉，敞开其衣服，以加快散热。

（3）马上给中暑的游客补充水分，有可能的话让他喝些盐水或清凉饮料。

（4）让游客自己服用一些药物，如藿香正气水、人丹等；还可在其太阳穴、人中穴擦些风油精。

（5）如果中暑者已经昏迷，导游员应首先使患者侧卧头后仰，以保证呼吸道畅通，避免窒息致死，还要用拇指掐其人中穴、十宣穴，或采用淋冷水、扇风等物理降温的方法，刺激其尽快苏醒。

（6）苏醒后立即送往医院治疗。

夏季的中暑往往是突发的，所以导游员要做好预防工作。

（1）夏季中午气温高时不宜带游客在太阳下游览，对老人和儿童尤其要多加注意。

（2）提醒游客随身携带防暑物品，如遮阳伞、帽子、扇子、茶水、清凉型饮料等，尽量穿白色衣服。

（3）提醒游客随身携带一些防暑药品，如祛风油（风油精）、人丹、白花油，稍感不适时即可擦些预防中暑。

（4）导游员也要注意旅游途中的住处和临时的休息场所，也要有通风和降温的措施，如不注意，在室内也有中暑的可能。

（三）游客高原反应的处理与预防

初入高原旅游，有一部分游客可能出现高原反应，症状包括头痛、头晕、胸闷、气短、心悸、恶心呕吐、口唇发绀、失眠、多梦、血压也可能升高。这些症状第一、第二天较明显，以后就会逐渐减轻或消失。但也有极少数人因劳累、受风寒和上呼吸道感染等，症状逐渐加重，发展成为高原肺水肿或高原脑水肿。那么导游员遇到游客有高原反应的情况应该如何处理呢？

（1）服用药物。头痛可用索米痛片；失眠、精神紧张、烦躁可选用镇静类药物；尿少可服用适量利尿剂（如氢氯噻嗪等）；呼吸急促可吸入联合激素的吸入药物；精神较差者可服用适量人参或地塞米松。

（2）吸氧。可间断吸氧，氧流量以每分钟 1 ～ 2 升为宜。

（3）转移治疗。游客高原反应情况非常严重，若具备转移条件，应及时转移治疗；

如不具备转移条件，也可以用充分给氧及综合疗法在高原上实施抢救，待病情稳定再谨慎转移患者。

对于带高原旅游团的导游员来说，预防高原反应是生命攸关的重要问题。因此导游员对预防要点要事先做到心中有数。

（1）提醒游客进入高原前做好身体准备，防止上呼吸道感染，防止过度劳累。

（2）提醒游客要有良好的心理准备，保持乐观情绪。否则过分担心、思想焦虑、睡眠欠佳，反而会加大脑组织耗氧量，导致高原反应或使高原反应加重。

（3）告知游客高原反应一般可自愈，症状较重的对症治疗即可，请自带一些必要的应急药品，如去痛片、安定片、红景天口服液，均可缓解高原反应。

（4）饮食最好禁烟、酒，应选择高热量易消化食物，不可暴饮暴食，晚餐时应注意不可过量，以免增加胃肠道负担，使心肺受压，造成胸闷心慌，睡眠可采用半卧位，以减轻心肺负担。

（四）游客溺水的处理与预防

游客发生溺水事故，导游员要及时采取恰当的处理方式。

（1）立即组织抢救上岸。如果有游客落水或在游泳、水上活动时发生危险，导游员应立即组织抢救，必要时请救生员协助救援。

（2）上岸后，采取必要救助措施帮游客缓解病情，如掏出口鼻杂物、倒出进入腹部的脏水。

（3）病情危急的，一边就地进行人工呼吸和心脏按压，一边拨打 110、120 求助。

（4）写出事故报告。

在带领游客在河、湖边游览时，要注意对游客溺水的预防。

（1）在河、湖边游览时，应提醒游客，尤其要提醒孩子、老人不要靠边行走，以免滑落水中。

（2）在乘船、坐竹筏或漂流时，要提醒游客格外注意安全，避免落水。

（3）在进行游泳、潜水等水上活动时，提醒游客按规定操作。如不要到非游泳区游泳；要穿好救生衣、戴好救生圈等。

（4）提醒游客随时注意天气变化，天气突变时，应及时上岸。

（五）游客食物中毒的处理与预防

食物中毒主要是指吃了腐烂、变质和不洁食物所引起的疾病，其症状除了腹痛、腹泻、头晕外，还伴有发烧、体力衰弱等。食物中毒潜伏期短、发病快，若抢救不及时，会有生命危险。在旅游过程中，一旦出现游客食物中毒，导游员应果断地进行处理，即设法催吐。

（1）让食物中毒的游客喝大量的水，然后呕吐出来，以加速排泄、缓解毒性。

（2）将患者就近送往医院进行治疗或抢救，并请医生开具诊断证明。

（3）立即报告旅行社，追究供餐单位的责任。

（4）协助旅行社帮助游客向有关部门索赔。

（六）游客冻伤的处理与预防

冻伤是寒冷的刺激在一定的条件下造成的人体组织损伤。冻伤会造成水肿、水泡等现象，严重时会出现组织坏死而导致肢体坏死。冻伤是寒冷损伤的总称，在医学上根据其损伤的程度分为冻疮、冻伤和冻僵。

冻伤多发生于登山运动员或者在严寒中滞留的人。导游员带团期间遇到游客出现冻伤情况，应及时正确地加以处理，常见的方法如下。

（1）游客出现冻疮时，可利用手掌的体温对冻疮部位加热，方法是轻轻按下手掌，渐渐地加压，千万不要按摩、揉搓。反复几次加温，促使冻疮部位恢复血液的正常循环，再涂上冻伤药。

（2）对于冻伤出现的水泡，不能弄破。水泡如破损，应及时进行消毒处理，服用抗菌药物，局部涂冻伤膏等。

（3）对于冻伤严重者，应在保暖的情况下及时送往医院救护。

随着冰雪观光团的增多，导游员要注意掌握防冻的常识，尽量避免游客出现冻伤的情况。

（1）了解目的地的寒冷程度，提醒游客准备一些防冻的药物。

（2）在野外观光游览时，要多走动，鞋袜不要太紧。

（3）要勤换鞋袜，用温水泡脚。

（4）切忌在饥饿和疲劳的状态下在寒冷的野外旅行。

（七）游客晒伤的处理与预防

炎炎夏日，无论是游泳还是游览风光，只要日晒时间过长，脸部、颈部、手臂和下肢暴露部位的皮肤都会出现烧灼感和痛感，这就是被晒伤了。24 小时内痛感达到高峰后便慢慢减轻，红斑和水泡开始消退，轻者两天可以痊愈，重者一周后才能痊愈。头部受晒的时间过长，也会出现头痛，恶心、呕吐、眼皮肿胀不适、眼结膜充血，甚至会由大汗淋漓到出汗减少，甚至虚脱中暑。精神上也会造成一定的痛苦。如果游客晒伤，导游员应视其晒伤程度及时帮助处理。

（1）症状轻需要随时留意，避免再次受晒而加重。

（2）症状较重的可以用西瓜皮擦患处，有消肿、消炎、止痛的功效。

（3）症状严重的要及时送往医院，在医生的指导下进行治疗。

为了预防晒伤的情况发生，导游员要提醒游客采取必要的防护措施。

（1）避免在太阳光强烈的时候安排户外参观游览活动。

（2）提醒游客佩戴好防晒物品，如太阳镜、遮阳帽、太阳伞等，能有效防止皮肤受日光的强烈照射。

（3）适当地涂些防晒膏霜。在现代的化妆品中有不少防晒霜，在夏日旅行途中，经常涂擦能抵御紫外线的伤害，大大减轻晒伤的程度。

（八）游客心脏病发作的处理与预防

旅途中，如果有游客心脏病突发，导游员切忌乱了方寸，要冷静正确地加以处理。

（1）要保持患者周边环境的安静，让其就地平躺，头部略高。

（2）由患者亲属、领队或其他游客从患者的口袋中寻找备用药物让其服用。

（3）地陪应主动迅速联系就近的医院让医生前来救治，病情稍微稳定后再送往医院。

在平时的旅途中导游员应该采取如下措施来预防游客心脏病突发的事故。

（1）提醒有心脏病史的游客，务必在出发前准备一个急救盒，供旅行中应急之用。

（2）旅途中提醒游客尽量保持平时的生活规律，按时起居饮食。无论是因为饥饿还是因为饭菜可口，都不要暴饮暴食。

（3）导游员在安排日程的时候要留有余地，以使游客感到活动轻松愉快、不疲劳为度。

（4）提醒游客不要勉强做剧烈的活动，如蹦极、高山滑草、空中跳伞、攀岩等活动。

（5）有心脏病史的游客，导游员应格外提醒其相关注意事项。

实训

模拟实训

1. 实训目的

（1）掌握遇到天灾后导游员应变技能的基本内容。

（2）熟练掌握处理天灾的方法。

2. 材料与工具

外景影像资料。

3. 实训地点

开放教室。

4. 实训准备

将开放教室布置成旅游车内场景，学生分两组扮演游客和导游员，进行旅途中突然出现地震的现场模拟训练。

5. 作业

根据模拟实训材料写出实验报告。

案例 1

导游员突遇游客受伤事件

一旅游团在某名山游览，其中一位游客在登山时不慎摔伤，左手臂骨折，疼痛不止。此时，地陪马上将随身携带的治疗跌打的内服药取出，让受伤游客服用。随后，地陪让全陪和另一位团员将受伤游客送往医院治疗，自己则带团继续活动。

案例分析

地陪这样的做法欠妥：首先，地陪没有及时对游客的骨折做相应处理；其次，地陪不是专业的医护人员，不应该把自己随身携带的药物给游客服用；最后，送游客去医院的应该是地陪，因为地陪更了解当地情况，并且不应耽误其他游客完成行程。

案例 2

火灾事故

北京某旅游团在成都旅游时，下榻在一个三星级的酒店，白天游玩了一天，晚上又有部分游客出去逛街，还有的到火锅城吃火锅，回到酒店后将近十点了，疲倦的游客很快入睡。夜里接近零点的时候，睡熟的人们在急促的火警声中惊醒，酒店娱乐楼层着火了。得知消息的导游员此时此刻应该怎么做?

案例分析

旅游团在旅游期间遭遇火灾是大事故，非常容易造成人员伤亡和财物的损失。导游员不仅要有冷静与清醒的头脑，还必须知道如何组织游客自救逃离，具备在紧急情形面前处理事故的能力。

案例 3

导游员突遇堵车事件

广州地陪小罗按规定时间带团前往机场送站，却遇到了交通堵塞，旅游车卡在堵车队伍中不得动弹。小罗下车查看，原来前方发生了严重交通事故造成堵车，看情况并不能很快得到疏通，而事故现场前方交通通畅。于是小罗回到车上，与全陪商量后，决定让游客带好随身物品下车，走过拥堵地段，分乘出租车前往机场，结果及时到达机场，没有出现误机事故。

案例分析

导游员遇到塞车事故，应与相关工作人员密切配合，主动了解情况，设法排除干扰。遇到可能误机（车、船）的情况，应请示旅行社果断行事，完成接待任务。

案例 4

参团发生交通事故

广州组织一个旅游团到云南旅游，走的是昆明—大理—丽江—香格里拉旅游线。从丽江到香格里拉的路上，导游员与司机正在攀谈着，在一个急转弯处，前面突然来了一辆大卡车。旅游车紧急避让，车子撞到了路边的山岩上，司机和靠窗的两位游客当场就受伤了。面对这种突如其来的交通事故，导游员应该怎么办?

案例分析

出现交通事故轻则伤，重则死亡，是要特别当心的事情。造成交通事故的原因有多方面：有的是导游员没有科学合理安排好游程，导致时间紧，在赶往机场、车站的路上出问题；有的是司机开“英雄车”；有的是司机与导游员谈话、不专心开车；当然也有因对面来车等非主观原因。

在本案例中，由于司机与导游员攀谈，没有专心开车，再加上急转弯与对面车辆会车引起交通事故。司机和游客都受了伤。面对这种突如其来的事故，导游员要能够冷静而正确地进行果断处理。

案例 5

理解导游的苦心

某旅游团安排早上 8 点去青海湖，旅游团一早就坐上旅行社的大巴车从西宁出发，游客小周由于前一天晚上和朋友们在西宁街头闲逛到很晚，就想在大巴上补眠。但是，导游员小陈却一直拿着大喇叭做讲解，后来还让整车的游客做游戏，小周被吵得无法入眠，感觉导游员在耳边不断念叨，就大声说：“你能不能轻点，我们很累，都准备休息会儿！”导游员小陈听罢有点尴尬，不过他还是很耐心地向游客解释了原因。他建议小周最好不要睡觉，因为青海海拔高，如果在车上睡觉的话很容易引起高原反应，他这样上蹿下跳地不断说话和做游戏就是想让游客不要睡觉。听了导游员的话小周羞愧不已，知道自己误会了导游员的好意。后来在到达青海湖吃饭的时候，小周以茶代酒敬了导游员一杯，对他的工作表示感谢，对他本人表示抱歉。

案例 6

旅途中的食物中毒事故

某单位 15 名员工利用假期参加某旅行社组织的旅游活动，旅行社安排旅游团住在 A 宾馆。旅游开始的第二天，用过晚餐后，有一位游客呕吐并伴有腹泻，腹部绞痛难忍，旅行社及时将其送往医院。随后，除一位在外用餐的游客外，另外 13 位游客均出现不同程度的呕吐和腹泻现象，经医院检查确诊为急性肠炎。卫生检疫部门对旅游团用餐的宾馆餐厅进行了检查，造成旅游团集体呕吐和腹泻的原因确定为餐厅提供的食物不符合卫生标准，细菌严重超标，为此旅游团的行程被迫延迟。事后 A 宾馆负责人承认游客食物中毒是其工作失误所致，同意并保证承担由此产生的治疗费用。但是游客返回后很长时间，该宾馆一直没有兑现承诺。为此，旅行社对游客应采取何种措施？

案例分析

此案例为旅游过程中用餐食物中毒事故。

（1）旅行社应承担直接责任，先行向游客赔付，再向宾馆追偿。因为宾馆是旅行社安排的，游客与旅行社签订了合法有效的旅游合同，合同明确规定了旅游团队的用餐标准和用餐质量要求，双方应严格遵守约定。游客是因旅行社所安排宾馆的饭菜造成的食物中毒，进而影响了旅游行程，故旅行社应承担直接责任。

（2）赔偿内容：承担因食物中毒而延迟行程所发生的费用，承担游客医疗费用，承担耽误了一天时间而对游客造成的损失，向游客道歉，说明情况。

思考与训练

1. 已经 17: 00 了，自由活动的游客才全部上车。"师傅，快开车！快！我们的飞机 18: 30 起飞！"随后我转过身来，"各位团友，现在我们就前往机场。本次的行程到此结束了，祝你们在杭州玩得愉快！"说完，我坐了下来，两眼紧张地盯着窗外。我心里明白，办理登机牌的窗口 18: 00 就会关闭，我只有在 17: 45 之前赶到，才能有时间办理登机手续，并送游客进入安全检查区。

师傅在我的不断催促下，以最快的速度向机场飞驰，可是下班的人流时时挡住我们前进的步伐。17: 30，我们终于驶上了钱江三桥。我稍稍松了一口气，还好，再有 20 分钟我们就可以到机场了，"师傅，再开快点！"

师傅正在全速超车时，右前方的一辆面包车突然变道，插到我们前面。师傅一个紧急刹车，车里一片混乱，前面的面包车在打了几个滚以后翻倒在路中间，我们的大客车车头也凹进去一大块。我赶紧拦了一辆中巴车，把几个受伤的游客转移到中巴车上，让司机继续开车前往机场赶飞机，并吩咐全陪和领队照顾好其余游客，自己则送伤员前往附近医院进行抢救。

试分析：在以上案例中，"我"犯了哪些错误？

2. 湖南一个旅游团在江西三清山游览时，其中一位游客在登山时不慎摔伤，左手臂骨折流血，疼痛不止。此时，地陪马上将随身携带的治疗跌打损伤的内服药取出，让受伤游客服用。随后，地陪让全陪和另一位团员将受伤者送往医院治疗，自己则带团继续活动。请指出地陪这样做的不妥之处，并写出正确的处理措施。

项目四　带团技能训练

【本项目工作目标】

1. 能够掌握导游员的形象定位。
2. 学会导游员语言技能。
3. 能够自如地处理各种合作关系。
4. 熟练运用导游员促销技能。

任务1　导游员形象定位

【本任务工作目标】

1. 了解导游员形象的重要性。
2. 做好导游员形象定位。

【训练目标】

导游员的形象很重要，它能增强游客对导游员的信赖感，为了顺利地开展旅游活动，导游员应该给游客安全感、信赖感，让游客从心理上认可和接受导游员。拉近导游员与游客的心理距离。在旅游过程中，导游员应切实做到优质服务，用真诚满足游客的各种正当需求。

通过本任务的训练，学生应学会如何对导游员形象进行定位，提高个人魅力，以良好、健康的形象出现在游客面前。

【任务引入】

旅行社导游员苏小姐，青春妙龄，长得亭亭玉立，楚楚动人。其家境颇为殷实，此人爱好打扮，服饰总是跟随时代潮流。一次苏小姐接了一个境外的旅游团，旅游团成员多为三十岁左右的女士。当苏小姐以前卫的形象出现在游客面前时，这些女士黯然失色。加上游览期间，苏小姐名牌"行头"的不断变换，更使旅游团中的那些女士成了她的反衬者。在游览过程中，苏小姐虽然讲解生动形象，为人亲切，服务周到，但不知为什么，那些年轻的女性游客总不愿与她在一起，苏小姐自己也有一种被冷落的感觉。

作为服务行业的导游员，如果在带团时，装束与众不同，刻意地修饰外表，显得很刺眼，则不一定能被游客所接受，其服务效果也可能适得其反。

作为导游员，怎样的着装才是正确的呢？一般认为，导游员着装应做到“四要”：要和自己的身体、性别、年龄相符；要和季节、气候相适；要和职业相合；要和旅游团类型、旅游团所处场合一致。作为导游员既要反对穿着“太时髦”“太刺眼”“太引人注目”，又要反对穿着“太土气”“太懒散”“太不显眼”。总之，要着装得体。正如加拿大导游专家帕特里克·克伦（Patrick Klein）教授所说的：“穿着得体比浓妆艳抹更能表现出趣味的高雅和风度的含蓄。”

一、树立良好形象的作用

（一）有助于增强游客对导游员的信任感

导游员树立良好形象有助于从游客处获得更强的信任感，加强其与导游员的合作。一个旅游团队中的游客可能来自四面八方，虽然出发前他们可能对目的地的概况有一定了解，但身处异地，人地生疏，生活习惯有异，往往会产生一种茫然无助之感。这种心情在旅游过程中可能转变成对本次旅游是否顺利的疑虑。

他们既期望导游员能做到宾客至上，多提供针对性服务，同时又担心导游员不能胜任工作，影响游兴。此时，如果导游员在工作中有的放矢，较早树立起竭诚服务的形象，游客对导游员的信任度会大幅度提高，从而更主动地配合导游员的相关工作，合作关系则水到渠成。

（二）有助于缩短导游员与游客间的心理距离

树立良好形象有利于导游员深入了解游客需求，有针对性地做好导游服务工作。由于各方面的差异，游客的旅游动机、旅途需求、爱好兴趣、希望与要求往往各有不同。这种不同，有的游客会直截了当地表现出来，有的游客却不愿轻易发表自己的意见、看法，特别是一些性格内向的游客。所以，导游员若能尽快地树立良好形象，就有利于缩短与游客的心理距离，拉近彼此的关系。游客也就更愿意向导游员敞开心扉，讲述内心的希望和想法。这就为导游员提供有针对性的服务提供了良好的前提。

二、树立良好形象的途径

导游员在游客心目中树立良好形象的途径是多方面的，如容貌、着装、神态、工作方式、服务态度等。良好形象的树立从根本上来说要靠导游员的实际行动来实现。

导游员形象塑造

（一）重视第一印象

导游员给游客留下的第一印象关系到游客对导游员的心理评价，一定程度上决定着游客对导游员的信任度。第一印象不好，导游员会给游客留下“此人不可信”“此人很可笑”的印象，以后改变起来非常困难，要花很多精力、付出很大努力。所以，导游员必须重视第一印象。导游员在游客面前的首次亮相，是留给游客良好第一印象的关键。导游员的容貌、打扮、精神状态、语言声调、音色以及是否幽默风趣等，会激起游客欣喜、惊异、平淡、反感、厌恶等不同的心理感受，影响游客对导游员的心理评价。

第一次亮相，最重要的是导游员的仪容、仪态与语言表达。仪容强调导游员的容貌、着装及表现出的神态。导游员的衣着应整洁、得体，妆面和发型要适合个人的身体特征与身份，并与自身风格和谐统一。衣着打扮太过光鲜，则夺取了被服务者的风采；衣冠不整，游客则会产生不信任感。导游员的仪容打扮应尽量避免让人用“太”字来做评价。仪态强调导游员的动作、姿态与风度等方面。要求导游员待人接物自然大方，处理问题果断利索，站有站姿，坐有坐相，工作紧张而不失措，服务热情而不轻佻，这样的导游员比较容易获得游客的信任。语言表达即导游员讲话时的声调和音色。初次与游客见面时，导游员应谈吐亲切自然、幽默风趣、快慢相宜，最大限度上满足游客求知、求新、求奇的旅游需求，这样容易获得游客的好感。

导游工作的成功在于让游客获得精神上的享受，或我们常说的“取悦”游客。但同时我们必须明白：“取悦”游客靠的是诚恳的态度、周到的服务、高明的技巧、恰当的言语。如果使用俗气的噱头、低级的语言不仅会影响导游员自己的形象，对如今提倡的“文明导游”也有害无益。

（二）用人格魅力感染游客

导游员的人格魅力是其知识、教养、工作能力和应变能力的综合体现。优秀的导游员应该知识渊博、谈吐风趣、平易近人，其工作紧张有序，服务热情周到，处事沉着果断，被游客视为学识上的师长、生活中的朋友，并能将优秀的导游服务与美丽的山河风光融为一体，成为旅途中又一道亮丽的风景线。这样，游客不仅能从导游员身上获得安全感，更能真正感到游有所乐、游有所益、游有所获，从而把对导游员的崇敬转变为对导游员工作的支持和配合。

（三）言必信，行必果，多干实事

要达到“言必信，行必果，多干实事”的要求，导游员在其工作中就必须脚踏实地，对游客说过的话必须付诸实施，不随口许诺，乱开“空头支票”。那种信口开河、言之无物、模棱两可、华而不实的工作作风最容易引起游客反感。在游客心目中，这类导游员被认为是不可靠、不值得信赖的。言而有信，行而有果，这是取得游客信赖的主要途径之一。

（四）与游客的互相尊重

在旅游活动中，游客不仅是导游员的服务对象，也是合作伙伴。只有双方互相尊重、通力合作，旅游活动才能顺利进行并达到预期效果。所以，导游员应该正确把握游客的心理，尊重游客的人格尊严和合法权益，在合理而可能的情况下努力满足游客的个性需求，才能得到游客的尊重，保持自己在团队中良好的角色定位和职业形象。一个整天算计游客，过于看重个人私利的导游员，不可能得到游客的尊重，更不可能在游客面前树立起良好的形象。

（五）与游客进行多方位沟通

同游客进行沟通，包括意见沟通和情感沟通两方面。前者指导游员在导游服务过程中与游客产生意见分歧时，应及时排除干扰，以求与游客的意见趋于一致，达到相互认可的良好效果。后者要求导游员要重视与游客之间的情感共鸣：即一方面尽量满足游客正当的情感需求，如友情需要、自尊需要、自我实现需要等；另一方面要尽量使自己的情感频率与游客趋于一致，做到先游客之忧而忧，后游客之乐而乐。

实训

模拟实训

1. 实训目的

（1）掌握如何对导游员进行形象定位。

（2）熟练掌握树立良好形象的途径。

2. 材料与工具

外景影像资料。

3. 实训地点

开放教室。

4. 实训准备

将学生分两组扮演游客和导游员，进行形象定位的现场模拟训练。

5. 作业

根据模拟实训材料写出实验报告。

案例

作家蒋子龙等到香港参加一个笔会，会前先参加了由旅行社组织的一次香港观光活动。观光结束蒋作家感慨极多，写一大作发表于《中国旅游报》上，以下是文章中的一部分。

到香港新机场迎接我们的汉子，相貌粗莽，肌肉结实，说话却撮鼓着双唇，细声细气，尽力做文雅状——他是设想周到的主人提前为我们请好的导游员。

待大家都上了大轿车，他开始自报家门：鄙姓刘，大家可以叫我刘导，老刘、大刘、小刘，请不要叫我下刘（流）。他说话有个习惯，每到一个句号就把最后一个句子重复一遍或两遍：请不要叫我下流。

他自称20世纪60年代初从福建来到香港，曾投身演艺界，报酬比后来大红大紫的郑少秋还要高。当时两个人都在追求后来被称为“肥肥”的沈殿霞，沈是“旺夫相”，嫁给谁谁走运。大家可想而知，沈殿霞最后挑选了郑少秋，否则我今天就用不着当导游员了。

思考与训练

1. 适合导游员的服饰有哪些？
2. 导游员应该佩戴的配饰有哪些？
3. 你认为适合女导游的服饰有哪些？

任务2　导游员语言技能训练

【本任务工作目标】

1. 掌握导游员语言技能；
2. 能够在实际带团中运用语言技能。

【训练目标】

从广义上说，导游语言是导游员在导游服务过程中必须熟练掌握和运用的所有具有一定意义并能引起互动的符号。“所有”是指导游语言在形式上不仅包括口头语言，而且包括书面语言、体态语言和副语言；“具有一定意义”是指导游语言能传递某种信息或表达某种情感；所谓“符号”，是从语言学意义上说的，指含有一定意义的媒介物。语言学家常把语言分为“语言”“言语”两部分，“语言”是以语音为物质外壳，以词汇为建筑材料，以语法为结构规律而构成的体系；“言语”则是个人对语言的运用，指表达的过程和内容。从狭义上说，导游语言是导游员用于同游客进行交流、传播知识、介绍景点、实现沟通的一种生动形象的口头语言。

导游语言是每个导游员必须熟练掌握的工具，离开了导游语言，就谈不上导游工作。导游员的服务对象是游客，是性格各异、感情丰富的“人”，导游工作从这个意义上说也是做“人”的工作，其中最重要的就是交流和沟通，而交流和沟通主要依靠语言来进行。正确生动、优雅得体的讲解可以把景点的美，包括外在的美和内涵的美传递给游客，使他们得到美的享受；细致耐心的生活服务会得到游客的认可，他们会用点头、微笑、赞许的目光等传递对导游员的欣赏和感谢。导游服务工作的特点决定了导游语言具有“快、急、杂、难”的特点，导游员往往没有时间斟酌字句，这就需要导游员具备良好的语言表达能力，掌握运用语言、表情传递信息的技巧。

通过本任务的训练，学生应学会如何在带团中运用语言技能，提高游客好评度，以圆满完成带团任务。

【任务引入】

九寨沟导游词范例如下。

各位游客，大家好！

欢迎各位到九寨沟观光游览！九寨沟以原始的生态环境，一尘不染的清新空气和雪山、森林、湖泊组合成神妙、奇幻、幽美的自然风光，显现“自然的美，美的自然”，被誉为“童话世界”“人间仙境”。九寨沟的高峰、彩林、翠海、叠瀑和藏族风情被称为“五绝”。

九寨沟位于阿坝藏族羌族自治州南坪县中南部，纵深40多千米，总面积600多平方千米，三条主沟成Y形分布，总长达60余千米。由于交通不便，这里曾经几乎成了一个与世隔绝的地方。仅有九个藏族村寨坐落在这片崇山峻岭之中，九寨沟因此得名。这里保存着具有原始风貌的自然景色，有着自己的特殊景观。据说，在世界别的地方已经很难见到。九寨沟既是自然保护区，又是国家级风景名胜区，同时被列入世界人类自然遗产名录。

九寨沟以三沟一百一十八海为代表，水景为主景，与九寨十二峰共同组成高山河谷自然景观。景区面积62平方千米，现游览区面积50平方千米。九寨沟景观分布在树正、日则、则查洼三条主沟内，树正景区，有盆景滩、树正群海、树正瀑布、双龙海、火花海、卧龙海等景点；日则景区，有诺日朗、珍珠滩、高瀑布三大瀑布，有镜海、熊猫海、芳草海、天鹅海、剑岩、原始森林、悬泉、五花海等景点；则查洼景区，有长海和五彩池等景点；扎如景区，有魔鬼岩、扎如寺等景点。

九寨沟之美在水。这里湖泊很多，当地人叫海子，据说大大小小的海子共有108个，最小的面积不到半亩，最长的长海长7千米，长海的景色最为动人。近处绿水，清澈见底；远方蔚蓝，平静无波；两岸山树，映入海中。以绿为主调的色彩和周围宁静的环境，使游人恍如踏入仙境。这里湖水的透明度有的达30米，在别处不可想象。因该地森林多，地层是石灰岩，含大量碳酸，对水起净化作用。透过清亮的水，湖底的藻类、沉积物和山峰树影一起映入眼帘，显得五光十色，称为五花海。

九寨沟的瀑布也令人神往。这里河道纵横，水流顺着台阶形的河谷奔腾而下，构成数不清的瀑布。有的细水涓涓，有的急流直下，有的若玉带飘舞，有的似银河奔泻。宽度或长度超过贵州黄果树瀑布的就有六条之多，其中诺日朗瀑布，宽100米以上，高20多米，水流凌空而下，银花四溅，水声隆隆。树正瀑布不宽，但高30余米，湖水分两路猛泻谷底，震耳欲聋。有的瀑布呈多级下跌，崖壁上长满繁茂青翠的树，瀑水从林间川流下泻，形成罕见的“森林瀑布”。

九寨沟动植物资源丰富，种类繁多，原始森林遍布，栖息着大熊猫的大片箭竹林，是我国大熊猫的主要产地之一，被列为自然保护区。保护区里还生活着金丝猴、小熊猫等珍贵动物。

九寨沟四季景色都十分迷人。春时嫩芽点绿，瀑流轻快；夏来绿荫围湖，莺飞燕舞；秋至红叶铺山，彩林满目；冬来雪裹山峦，冰瀑如玉。

这一段导游词主题明确，层次清晰，特别突出了九寨沟生态环境美的特色。

一、导游语言基本要求

导游语言具有传播知识、沟通思想、交流感情的功能，是知识性、思想性、趣味性的结合体，导游员在运用导游语言时必须做到准确、清楚、生动、灵活，四者相辅相成，缺一不可，否则就达不到良好的效果。

（一）准确

导游语言的准确性是指导游员的语言必须以客观事实为依据，在讲解时使用规范化的语言，内容准确无误，逻辑性强。主要包括以下几个方面。

1. 内容准确无误，有据可查

所讲解景点的背景材料如历史沿革、数据、地质构造等必须准确，要有根据有出处，不能胡编乱造。即使是故事传说、民间传奇也要有据可查，不能道听途说，信口开河，若遇到说法不一的地方可忽略不讲，或选择有代表性的意见介绍给游客，与他们共同探讨，请他们根据自己的理解来做出判断。内容不准确是导游讲解中的“硬伤”，特别容易引起游客对导游员的轻视和不信任。

2. 用词要恰当，语法要准确

导游讲解以语言为工具向游客传递信息，在传递的过程中，假如信息语法有误，用词不当，就会使信息失真、沟通不畅，甚至因游客听不懂而达不到语言运用的目的。因此导游员要练好自己所使用的语言，不管是外语、地方方言还是普通话，都要地道纯正，不能南腔北调；遣词造句准确、词语组合恰当是语言运用的关键，要按语法规律和语言习惯进行组合搭配。

3. 观点正确

导游语言作为表达思想的工具，其所传递的内容具有一定的社会性，会产生一定的社会效应。导游员在运用语言表达思想时，首先要有鲜明正确的观点和立场，使游客对旅游地有一个全面、客观、公正的了解。要以国家的法律法规和行业纪律约束自己，不得迎合个别游客的低级趣味以及在讲解中掺杂格调低下的内容，不开政治性的玩笑。

（二）清楚

导游语言的清楚性是指在讲解时要条理分明、脉络清晰、符合逻辑，把所讲的内容一层一层地交代清楚。导游员应注意思维和语言表达符合逻辑规律，层次分明，对自己所要表达的内容仔细斟酌，到底想告诉游客什么，想让游客得到什么，首先要自己心中有数，不能“东一榔头西一棒槌”，想起什么说什么，看见什么说什么，层次不清，杂乱无章。应根据思维规律，将所讲内容理出先后顺序，确定先讲什么后讲什么，层层递进，主题明确，重点突出。

（三）生动

准确、清楚的导游语言能传递给游客正确的信息，但只有这两点显然是不够的。

旅游活动是一个寻找美、发现美、享受美的过程，在这个过程中，应该有一种轻松、愉快的气氛。同样的话，不同的表达，会产生不同的效果。俗话说：“看景不如听景”，要想产生良好的听觉效果，就要增加导游语言的趣味性和感染力，用充满活力的语言去打动游客，引起他们的共鸣，让游客通过联想或想象去感知和理解事物的内在审美价值，从中得到美的享受。在导游语言的生动性方面应注意以下几点。

1. 把握语音、语调

任何语言都是用一定的语音、语调来传达情感的，导游员如果在语言表达上平淡无味，必然会使游客兴趣索然，即使游览有价值的景点，也可能毫无印象，相反，生动形象、妙趣横生的导游语言不仅能吸引人，而且会起到情景交融的作用。

2. 使用形象化的语言

在使导游语言形象化方面，修辞是必不可少的。常用的修辞方法有比喻、比拟、夸张等，使用这些修辞方法的导游讲解给游客以真实感和亲切感，起到举一反三、言简意赅的作用。

3. 适当的幽默

幽默风趣的语言如果使用得当，可以活跃气氛、提高游兴，增加导游员和游客之间的感情交流，使游客回味无穷。

幽默既是一种技巧，又是一种艺术，更是一种智慧。它在很大程度上是对修辞方法的综合运用，但又不同于一般意义上的修辞，而是以营造幽默意境为目的的。幽默意境主要由语言的反常组合来实现，即语言组织与常识相违背，完全在人们的意料之外，如一语双关、正题歪解、借题发挥等，都是很好的幽默方式。幽默的运用要注意分寸，要杜绝“黄色幽默”（低级趣味）和“黑色幽默”（嘲笑他人）。

例如：

（1）一位导游员在讲解举世闻名的乐山大佛时，这样说道：“各位，这就是闻名遐迩的千年古佛——乐山大佛。它是世界上最大的一尊石刻弥勒佛，人们形容它‘山是一尊佛，佛是一座山’，我们在它跟前显得多么渺小啊！”

（2）另一位导游员则这样介绍：“各位，我们常说‘桂林山水甲天下’，到乐山，我们更应说‘乐山大佛甲天下’。伫立在大家眼前的这尊佛像就是举世闻名的乐山大佛。它是世界上最大的一尊石刻弥勒像，通高71米，肩宽24米，颈高3米，指长8米，脚宽近9米。大佛的一只脚上便可坐数十人，佛头上的发髻共有1051个，其雕刻之精巧，令人叹为观止。乐山大佛雄伟壮观，人们发自内心地感叹‘山是一尊佛，佛是一座山’。”

从上述两例可看出，（1）例的遣词造句较为简单抽象，仅仅向游客传递了一个“高”的信息，且缺乏说服力，无法引起游客的共鸣。（2）例的字句富于文学色彩，运用了比较、列举、感叹、议论等多种表达方法，具有较强的表现力，会给游客留下鲜明的印象。

（四）灵活

导游语言的灵活性是指导游讲解时要有针对性，要因人、因时、因地而异，不能千篇一律，应根据不同的对象决定讲解的内容、顺序、表达的方式、声音的大小等。要做到这一点，首先要了解游客的背景，做好准备工作，包括知识准备和心理准备。根据游客的年龄、性别、爱好、文化程度等，选择适当的讲解方法和内容，使特定景点的讲解适应不同游客的文化修养和审美情趣。景点是固定的，但人是活的、可变的，不同的人有不同的需求。同样是少林寺，向西方游客讲解和面对国内游客讲解，是不一样的，不同游客的需求也有所不同，因而应避免“千人一词”“千团一词”，毫无灵活性的呆板解说只会使游客产生厌烦情绪，同时减少了景点的文化内涵和魅力。

二、导游交际语言技巧

导游交际语言，是导游员在同游客和协作单位有关人员进行接触交往时的语言形式，主要包括见面时的语言、交谈时的语言以及道歉、提醒、回绝时的语言等。

导游交际语言使用得当，可以提高导游服务的质量，化解矛盾，解决难题。

（一）见面

导游员与游客大多互不相识，在初次见面时，游客会根据自己对导游员言行举止的判断，产生好或不好的第一印象。这个第一印象就成为接下来游客同导游员交往时的心理基础。

1. 招呼语

招呼语属于礼貌用语，导游员作为服务的提供者，应积极主动地使用。常用招呼语有以下几类。

（1）欢迎与问候语。在初次见面时，一定要使用欢迎语，表达对客人到来的诚挚欢迎。欢迎语一般与握手、微笑等体态语共同使用，如“欢迎光临”“欢迎各位来河南观光旅游”等。

在带团的过程中，导游员应根据不同的时间和场合，主动向客人表示问候，如早晨见到游客，可以说“早上好”“昨晚休息得好吗”；晚上游览回来，道一声“一路辛苦了”；对生病的游客，可以用“您感觉好点吗”来表示关心。

在同游客打招呼时，要避免使用亲热有余而庄重不足的语言，要注意口头语言和体态语言的配合，如果一面问候“早上好”，一面扭头看别人，那就很不礼貌了。在同外国游客打招呼时，应避免使用中国式的招呼语，像“您吃了吗”“您上哪儿去呀”，他会误以为想请他吃饭，或在打听他的私事。应注意不同民族、不同文化的差异。

（2）称呼。目前许多源于西方国家的称呼，已变为世界通用的称呼，如“先生”“女士”“小姐”等。导游员对游客的称呼一定要尊重对方的习俗。一般来说，对海外游客可以在“先生”“女士”前冠以姓名、职称、职务，如“司机先生”“秘书小姐”等；对医生、教授、律师以及拥有博士学位者可以在职务、学位前加上姓氏，如史密斯医生、杜邦律师，或在职务、学位后加“先生”，如“博士先生”“法官先生”；对神职人员可单独称其神职，如“神甫”“长老”等，但不能在神职后加“先生”。

（3）祝愿语。每逢节日或游客的生日，导游员应主动地表示祝愿，如“春节快乐”“生日快乐”等。祝愿语的运用一定要真诚，不能给人以应付之感。

（4）征询与委婉语。征询语的使用可以让游客倍感尊重与体贴，而委婉语可以避免尴尬，消除紧张和矛盾。得体的征询语和委婉语，既能传达导游员的善意和尊重，又能显示其良好的职业素养，如“我能为您做什么吗”“需要我帮助您吗”“您需要……吗”“您喜欢……吗”“我会打扰您吗”。

2. 自我介绍

导游员与游客见面时进行自我介绍，可以让游客迅速认识、了解导游员，消除双方的陌生感，建立信任。在自我介绍时，除了注意态度和方式之外，还应注意自我评价的适度。恰如其分的自我评价是缩短距离、赢得信任的有效途径，如果自我评价过低、过于自谦，会给人一种缺乏自信的感觉；如果自我评价过高，则让人觉得你夸夸其谈、自吹自擂。为使自我评价取得良好的效果，可以在语言中适当加入幽默的成分，让游客在会心的微笑中接纳你。例如：“我是 ×× 旅行社的导游员，名叫张力，是力量的力，不是美丽的丽。尽管我没有美丽的容貌奉献给大家，但我会尽心尽力，带领大家享受我们的美丽风光。”

（二）交谈

在导游员与游客的交谈中，应注意以下几方面的问题。

1. 话题的选择

一般来说，交谈应选择对方特别是游客感兴趣的话题，如和老人谈养生之道，与儿童交流科普传奇，与女性谈谈保健美容，与西方游客谈谈中国的风土民情、悠久历史等。在选择话题时应尊重对方的习俗，不能涉及对方的禁忌，西方游客私人生活的内容均属个人隐私，不能作为谈话的内容，如工资收入、婚姻状况、年龄、家庭财产、衣服价格等。另外，导游员与游客之间的谈话不要涉及不愉快、不吉利、荒诞离奇和有损人格、国格的内容。

2. 交谈的方式

交谈，最好能轻松自然地进行。在有了谈话的主题以后，应先试探性地接触，再巧妙地进入正题，如先称赞对方的衣服款式不错，谈谈天气或国际大事等，这些内容对方容易接受，避免了单刀直入的唐突和尴尬。交谈的方式应是轻松愉快的。在与多人交谈时，应注意不要厚此薄彼，多关注那些性格内向、不善言谈的游客，营造一种融洽愉快的气氛。

3. 交谈要善始善终

交谈是一种双向的行为，要求双方拥有共识。导游员要留意观察对方，如果谈兴正浓，就不要轻易打断对方或终止谈话；如确有要事非中断不可，要向对方表示歉意，约定下次再谈后才能离开；若发现对方不耐烦、心不在焉、不断看表、目光游移，应知趣地中止交谈。谈话结束，要给对方一个愉快的印象，最后表明“与您交谈我感到非常愉快”。如果是与长者交谈或涉及的内容知识性很强，应向对方表示尊敬和感谢，如“与您交谈我受益匪浅”“听君一席话，胜读十年书”。

（三）道歉

导游服务工作繁杂多变，导游员的主观失误或相关部门服务上的欠缺，以及不可抗拒的自然因素都会造成工作上的失误，引起游客的不满、抱怨甚至投诉。一旦出现不愉快，不管原因是主观的还是客观的，不论责任在不在导游员，导游员都应妥善处置，以消除误会、平息怨气、求得谅解，使自己由被动变为主动，缓解双方的紧张关系。导游员应当明白，不管什么原因造成的游客的不愉快，作为服务的提供方，都必须化解这种不快并有责任、有义务给游客一次美好的经历。

在道歉时导游员应注意以下几方面。

1. 真诚及时

对服务中的失误，游客往往容易把怨气撒在导游员身上，面对恼怒的客人，导游员即使委屈，也应真诚地道歉。俗话说，“要想公道，打个颠倒”，导游员应先摆正自己的位置，再设身处地地为游客想一想，这样就没有什么不平衡的了。

道歉应及时，越早越好。知错就改，勇于承认自己的过失，不仅不会被游客轻视，反而会让他们觉得你是一个坦诚又有责任心的人。相反，遮遮掩掩只会增加游客的不满，使自己越来越被动。导游服务关联度高，服务效果往往取决于相关的协作单位，导游员要有团队精神和协作意识，替人受过是工作中常有的事，也是导游员应有的风度。

2. 把握分寸

分寸是道歉时比较难把握而又不能忽视的一点。有错就改，勇于自责当然好，但勇于承担责任并不是把过错揽在自己身上，过于自责反而会带来被动，让游客认为你是一个什么都做不好的人。因此，在道歉语言的选择上，是“遗憾”还是“表示歉意”，是“道歉”

还是“过错”，必须把握表达时的分寸。例如，旅游团在上站改乘其他班次的火车提前到达车站，而上站没有及时通知下站，造成漏接。当地陪赶到车站时，游客已经等了一个多小时，怨气冲天。上车后，地陪诚恳地说：“对不起，我是刚刚得知诸位提前到达，虽然我们没有接到通知，但作为导游员，我向大家道歉，并恳求各位的谅解，希望各位能给我机会弥补这次过失，各位有什么要求，请尽管提出来，我一定尽力。”这是一段刚柔相济的致歉词，既表示了歉意，又说明了真相，相信能得到游客的谅解。

3. 方式灵活

一般情况下，用口头语表达歉意即可。“对不起”“请原谅”“给您添麻烦了”等道歉语在大多数情况下都能收到良好的效果。大多数游客是通情达理的，是来寻找快乐而不是找别扭的，如果是客观原因造成的不愉快，如天气原因造成的飞机、火车延误或行程改变，导游员一句道歉会使游客的不快和抱怨消失。

有时不便或不必口头道歉，可以用体态语来表达，例如，团队中的某位游客因感到自己被忽略而不快，导游员察觉后特意增加一些对他的关照，多和他说说话，帮忙拿拿行李等，问题自然就解决了。微笑作为人际关系中的润滑剂，可以很好地传递导游员的歉意。

在口头语言、体态语言不足以表示歉意，或计划更改较大致使游客损失较大的情况下，口头道歉力度不够，则应考虑给游客一定的补偿。这种补偿可以是物质补偿，如赠送礼品、按规定退费；也可以是精神补偿，如公开道歉、请领导出面道歉等，一般会使问题得到圆满解决。

（四）提醒

游客出行的目的可能各不相同，但大部分是为了放松、休闲和娱乐。一旦离开原来的生活环境，解放感油然而生，懒散心随之而来，在游览的过程中，丢三落四、不守时、走失、摔伤、不遵守公共秩序等现象时有发生，这就需要导游员不断地督促和提醒。《导游员管理条例》中也要求导游员在引导游客旅行、游览过程中，应当就可能发生危及游客人身、财物安全的情况，向游客做出真实说明和提醒，由于提醒本身就包含有命令的成分，所以导游员在提醒时应注意如下两点。

1. 委婉含蓄

导游员提醒的语言要尽量委婉，多用“请”，少用“不准”“不许”“必须”等命令性语言，以免游客反感；要把情感融入提醒中，体现对游客的关心，使提醒能在愉悦的气氛中被接受。例如，在爬山的过程中，导游员见一位老人很吃力，就亲切地说：“老人家，这儿的景致真美，咱们坐下来好好观赏观赏吧。”老人欣然同意。假如导游员说：“您这么大年纪了，腿脚不方便，别再往前走了，坐下休息休息吧。”这会引起老人的不快，伤害他的自尊心，让他以为自己成了团队的累赘。不同的表达方式会收到不同的效果，导游员在传达自己的意愿时应注意方式方法的选择。又如，某游客时间观念不强，经常迟到，引起其他游客的不满，导游员亲切地说：“您看，大家已在车上等您一会儿了，以后是不是可以提前做好出发的准备？”这样用协商的方式来提醒游客守时，是对对方的尊重，尽管错在对方。假如导游员说：“您看您又迟到了，明天请早一点。”这样带有抱怨的提醒会使游客下不来台，从而心生不满。

2. 适度幽默

幽默式提醒是指导游员用有趣而意味深长的话语对游客进行提醒。用幽默的语言进行提醒，可使游客在欢快的气氛中受到启示。例如，导游员在带领客人游览长城时，提醒客人注意安全、遵守时间："长城地势陡峭，大家注意防止摔倒。另外，也不要一股脑儿往前走，一直走下去就是丝绸之路了，有人走了两年才走到，特别辛苦。"这样提醒比简单地要求客人一定在某个时间返回要好得多。再如，一些游客在游览中往往不注意保护环境，乱扔垃圾，随手攀折树枝，导游员可以这样提醒："我已经听见小树在哭泣了。"这样比要求客人爱护树木要生动得多。

（五）回绝

在提供服务、解决问题的过程中，导游员应遵循"合理而可能"的原则。在游客提出的各种要求中，既有合理而可能的要求，又有合理但不可能实现的要求，以及不合理而可能的要求和不合理不可能实现的要求等。对于后三种要求，导游员要予以回绝。如何既回绝又不伤对方的脸面，并得到对方的理解，是需要导游员不断思考的问题。

（1）旅游业有一句口号"永远不说'不'"。就是说，在提供服务时不使用否定词，而采用委婉的方式表示拒绝，这种方式可以是口头的，也可以是行为上的，略带歉意地微笑一下，摇摇头，就是很好的拒绝方式。例如，男性游客请女导游员跳舞或喝酒，女导游员可以用微笑来拒绝。

在拒绝游客时，要注意给他们一个体面又合理的解释，不能伤害他们的自尊，特别是在他们的要求合理但满足不了时，最好先肯定他们的动机，然后婉言回绝。例如，游客要求增加计划之外的景点，但时间不允许，导游员可以这样回答："大家的意见很重要，如果时间来得及，我将尽量安排。"让游客感觉到导游员是礼貌而善解人意的，如果安排不了，也确实是时间上的原因。对于某些明显怀有恶意的要求，导游员应内刚外柔地拒绝，既不让对方下不来台，又准确无误地传达了自己的态度，并给对方一个暗示："我给你留面子了，下不为例。"

（2）对于一些不可能满足的要求，导游员虽已耐心地解释，说明了理由，但对方仍反复纠缠；或对方的要求是有关规定不允许的，如去不健康的娱乐场所、去未开放地区参观游览等，在耐心劝阻无效时，应明白无误地说"不"。

三、导游员讲解技巧

导游语言的艺术技巧很多，幽默是其中之一。导游语言的幽默艺术技巧，在很大程度上是语言修辞手法的综合运用，它不等同于一般意义上的修辞，而是以造成幽默意境为目的。幽默意境主要由语言的反常组合来体现，既语言组合与其有关知识相违，完全超出人们可以预料的范围。

（一）语义交叉

语义交叉就是用巧妙的比喻、比拟等手法使表面意义和其所暗示的带有一定双关性的内在意义构成交叉，使人在领悟真正含义后发出会心的微笑。

例如：

（1）"……明天你们就要回国了，在离别之前，我将带各位去上海外滩拍个纪念照，和上海亲吻一下，不知各位意下如何？”

（2）“我们的海南岛对客人历来就十分热情，即使现在是冬季，也可以热得大家汗流浃背，穿不了西装外套……”

（1）例用“亲吻”一词将上海人格化了，把这种人与人之间的亲密行为用在这里，也就有了几分幽默感。（2）例用人的“热”情和天气的炎“热”形成交叉，营造了幽默意境。

（二）正题歪解

正题歪解，就是以一种轻松、调侃的态度，故意对一个问题进行歪曲解释。例如：

一批游客在游览青岛小鱼山公园时，有人指着一个用4800个青岛啤酒空瓶制成的龙问：“这里叫小鱼山，可为什么只有‘龙’而不见‘鱼’呢？”导游员幽默地说：“为什么不见鱼，主要原因是鱼喝青岛啤酒过多而变成了龙。”

本例中这位导游员故意将“鱼”和“龙”两个没有联系的事物用“喝青岛啤酒太多”的原因联系在一起，在这种因果关系的错位和逻辑矛盾中就产生了幽默感。值得注意的是，在导游员讲解时，对游客的提问先用“歪解”调剂一下气氛是可以的，但不能将它作为回答客人的正式答案，不然容易显得敷衍塞责，使游客不悦。

（三）一语双关

一语双关，就是利用词语的谐音和多义性，有意使话语构成双重意义，使字面含义和实际含义不同。双关又分谐音双关和语义双关。谐音双关是指利用词语的同音或近音构成双重意义，使字面意义和实际意义不同。语义双关是指利用词语的多义性，使语句所表达的内容出现两种不同的解释，彼此双关。例如，一位导游员在介绍故宫的午门时说：“皇帝是了不起的‘爷们儿’，这中间的门也是了不起的‘爷门儿’。每当皇帝经过这个午门时，都要敲响大钟、大鼓伴奏才行……”

“爷们儿”和“爷门儿”的谐音双关，以语言为纽带，将两个不同的词义连在一起，使人通过联想产生幽默感。

（四）借题发挥

借题发挥，是指为了活跃气氛，增添情趣，故意把正经话说成俏皮话。例如，一位导游员在提醒即将离境的日本游客不要遗忘物品时说：“请大家不要忘记所携带的行李物品，如果忘了的话，我得拎着送到日本去，不需要感谢，只要你给我报销交通费就行了。交通费是够贵的啊！”游客大笑之余，想必会格外注意保管好自己的物品。

（五）自我解嘲

自我解嘲，是指在遇到无可奈何的情况时，以乐观的态度进行排解，使人获得精神上的满足。例如，旅行车在一段坑坑洼洼的道路上行使，游客中有人抱怨。这时，导游员说：“请大家稍微放松一下，我们的汽车正在给大家做身体按摩，按摩时间大约为10分钟，不另收费。”一番话引得游客大笑起来。

这位导游员以“苦”中求乐的口吻把一件本来不愉快的事说得轻松痛快，游客的抱怨情绪自然化解。

（六）仿拟套用

仿拟套用，是指将现有的词语改动个别字或词，制造一种新的词语，以形成反差。例如，一位导游员在接待一批港澳游客时说："前几天，我接待了一批日本客人，他们说我是'民间外交家'，今天我接待的你们都是中国人，看来我又成了'民间内交家'了。"

这位导游员仿"民间外交家"造出"民间内交家"，使正、反词互相映衬，给人们新鲜、风趣之感。

（七）颠倒语句

颠倒语句，是针对游客熟悉的某句格言、口号、定理或概念，用词序颠倒的反常手法，创造出耐人寻味的幽默意味。例如，一个旅行团要去参观长城，但因大雪封山，公路不通，为了使游客们能如愿以偿地游览长城，导游员决定乘火车到八达岭，说："'不到长城非好汉'，好汉非得到长城。今天，我一定要让大家当一回'好汉'！"话语不仅幽默风趣，而且还透着诚心为游客服务的热情。

（八）故意夸饰

故意夸饰，是指以事实为基础，故意言过其实，给人以鲜明的印象。例如，在一个旅行团即将结束在青岛的旅游时，导游员说："你们即将离开青岛，青岛给你们一样难忘的东西，它不在你的拎包里和口袋中，而在你们身上，请想一想，它是什么？"导游员停顿了一下，接着说："它就是你们被青岛的阳光晒黑了的皮肤，你们留下了友情，而把青岛的夏天带走了！"话音刚落，他就赢得了热烈的笑声和掌声。

照理说"夏天"是不可能带走的，但夏天的阳光把游客的皮肤晒黑了。所以这位导游员故意强调事物的特征，夸张地说游客"把夏天带走了"，凭借富有诗意的想象赢得了游客认同。

（九）讲笑话

在旅途中为了活跃气氛，导游员常常要给游客讲笑话。讲笑话既需要一定的天赋，也需要一定的训练和指导，这里介绍几种笑话的技巧。

（1）抓住时机。把握好节奏，引导听众产生强烈的心理期待，特别要注意抖包袱的时刻，在故事引人入胜时掌握速度和节奏，特别是制造悬念时的停顿时间。速度的控制可以从和风细雨到疾风骤雨，同时要注意引导游客。

（2）夸张模仿。对角色进行夸张模仿，刻画其生动有趣的形象以引起强烈的共鸣。夸张模仿主要通过声音和动作来实现。反映出来以掩盖人的常态，突出其荒诞可笑之处。

（3）优雅简练。讲笑话的简练程度更能体现一个人的幽默能力。如果讲笑话磕磕巴巴、语无伦次，或用陈腐、粗俗、油滑、尖刻的语言进行讲述，只能使人苦笑，如果妙语连珠、滔滔不绝，才能让人会心一笑。

实训

模拟景点讲解

1. 实训目的

（1）了解景点基本讲解方法的使用对象与环境。

（2）掌握景点基本讲解方法的使用技巧，能结合具体景点熟练使用。

2. 材料与工具

导游词，图片，多媒体教学设备。

3. 实训地点

多媒体教室。

4. 实训准备

布置模拟导游现场，利用图片、多媒体等形式训练讲解方法的使用。

5. 作业

根据模拟实训材料写出实验报告。

案例

××国际旅行社接待了一个100余人的日本曹洞宗大型旅游团去宁波参观旅游，由于是大型旅游团，到宁波后分成四个小团，分别乘坐A、B、C、D四辆旅游车。在宁波游览期间，A号车上的地陪为“讨好”游客，在讲解中对日本大加赞赏，而对宁波则百般诋毁，此车上的日本随员听后脸色凝重。晚上，日本随员召集四辆车上的地陪开会，对A号车上的地陪表示了不满与抗议，他气愤地说：“宁波是曹洞宗的发祥地，宁波也是美丽的地方，我多次带团来宁波，这几年宁波各方面的变化极大。正是因为这地方不错，所以我带来了这100多位渴望了解宁波的客人。然而，今天A号车上的地陪却在游客的面前诋毁宁波，这是对我的不尊重，也是对我工作的不支持。为此，我要求全陪立即打电话给宁波地接社，撤换地陪，同时要求该地陪向A号车上的游客道歉。”

应该如何评价案例中宁波地陪的行为?

思考与训练

1. 服务技能中的语言技能对于导游服务质量具有什么意义?
2. 举例说明美学知识对于导游服务的重要性。
3. 应该怎样理解“一名优秀的导游员应具有指挥家的水平，也要有演员的本领”?

任务3　各种合作关系处理技能训练

【本任务工作目标】

1. 掌握导游员处理合作关系的技能。
2. 能够在实际带团中运用处理各种合作关系的技能。

【训练目标】

与导游员打交道的是各方人士，有的好相处，有的难相处。要在短时间内与各种各样的人友好相处，是对导游员的一大考验。但是，为了向游客提供高质量的导游服务，导游员必须处理好人际关系。

通过本任务的训练，学生应学会在带团时处理各种合作关系的技能，提高成员之间的合作默契度，以圆满完成带团任务。

【任务引入】

导游员小颜是个从事导游工作时间不长的小伙子。旅游旺季的时候，他出任全陪带一个 26 人的旅游团去黄山。依照计划，该团在黄山住 ×× 饭店，客房由黄山地方接待社代订。下了车进了饭店，小颜把游客安顿在大厅，就随地陪、领队来到总台办理入住。地陪刚报完团号，总台小姐就不好意思地跟地陪、小颜及领队说："对不起，今晚饭店客房非常紧张，原定的 13 间客房只能给 11 间，有 4 个游客要睡加床，但明天就可以有 13 间客房。"山上饭店少，附近没有其他饭店，而此时天色已晚，索道已停，下山找饭店也不可能。小颜是个急性子，这种情况又是第一次碰到，当确认饭店已不可能提供客房后，他转过身对站在自己后面的地陪说道："你们社怎么搞的，订客房能力那么差！"地陪也不是好捏的软柿子，听了这话，起先还一愣，但马上针尖对麦芒地回了一句："有本事你们社可以自订！何必委托我们订房呢？"说完，就离开了总台，赌气地在大厅沙发上坐了下来。

领队看到小颜、地陪闹意见也没多说什么，拿了 11 间客房的钥匙，把游客召集到一起，先把情况和大家摊了牌，然后态度诚恳地说："各位，情况就是这样，希望大家能相互体谅，也能帮我的忙，愿意睡加床的客人请举手。"说完，领队自己先举起了手，接着好几位游客都举起了手。就这样，领队轻而易举地解决了一个让小颜恼火、为难，又让地陪赌气的问题。

导游工作集体三成员间的关系告诉我们：全陪、地陪、领队只有协作共事才能摆脱困难，才能完成共同的任务。本案例中，因为组团社委托地方接待社订房，但结果饭店少给了两间客房，责任似乎在地方接待社。但是，地方接待社作为组团社的合作伙伴是经过组团社认可的，地方接待社方面出了问题，难道作为"资格审定者"的组团社没有责任吗？小颜作为组团社方派出的全陪难道只能责怪、埋怨吗？

正确的做法：小颜应该和地陪、领队紧密配合，商量出问题的解决方法。应该说，领队的做法给小颜和地陪上了一课。埋怨、赌气不但无济于事，反而会加剧双方的矛盾，这种做法是绝对不可取的。

一、导游服务集体合作

（一）导游服务集体内部关系的处理

导游服务集体各成员之间建立良好的协作关系是导游活动成功的保证，而良好关系的建立有赖于各方的共同努力。

1. 主动争取各方的配合，形成合力

共同努力完成旅游接待任务，反对短期行为和本位主义。争取各方配合的主要途径是及时交流信息、沟通各方想法，在求得意见一致的基础上协同行动。

2. 尊重各方的权限和利益

导游服务集体成员虽然代表着各方的利益，工作也各有侧重，但他们之间是平等的，

各方的配合是互补、互利的；他们应互相尊重对方的工作权限，切忌干预对方的活动，不涉及工作上的保密内容，不侵害他方利益。

3. 建立友好关系

导游服务集体各成员都应正确运用公共关系中工作关系（即理性关系）和情感关系（即人情关系）相统一的方法，建立起和谐、友好的关系，同时要把握好这种友好关系，将其限制在法律和社会承认的范围之内，做到距离适当，尊重彼此的隐私权，如图 4-1 所示。

图 4-1　建立友好关系

4. 互相学习

导游员之间存在互补关系，也需要相互学习、取长补短。这是增长知识和才干的一条捷径，也是搞好协作关系的有效方法。

5. 勇于承担责任

工作中若出现问题或事故，导游服务集体各成员都应从大局出发，齐心协力处理好问题和事故，然后在分析原因的基础上划分清楚责任。

（二）与入境旅游团领队关系的处理

入境旅游团领队是导游服务集体的重要成员，然而领队的地位特殊：领队是境外组团社的代表，中方导游员与领队的关系实际上是中方旅行社与境外组团社共同执行旅游合同的关系，是中外旅行社之间的协作关系；领队是旅游团的代言人，负有维护游客合法利益的责任；中方导游员搞好与领队的关系，得到领队的理解、合作和支持至关重要；如果与领队的关系不好，就有可能处处受限制，就会遇到很多困难。

1. 尊重领队

尊重领队，要尊重领队的人格，尊重领队的工作，尊重领队的意见和建议；尊重领队，要发挥领队的特长，遇到一些权威的场合，要多让领队，尤其是职业领队出面，使其获得游客的好评。

尊重领队，要遇事多与领队磋商：在旅游日程、旅行生活的安排上多与领队商量，游览项目被迫变更、旅游计划发生变化、增加新的游览项目、与游客发生矛盾时更要与领队商量，实事求是地说明情况，争取领队的理解和协作。越过领队直接与游客商量活动内容的工作方式不可取。多与领队商量，以求更清楚地了解游客的兴趣爱好以及他们在生活、游览方面的具体要求，从而向他们提供具有针对性的服务，掌握工作主动权，提高导游服务质量。

2. 关心领队

领队背井离乡率领旅游团到中国旅游，履行自己的工作使命，工作十分辛苦，在生活上可能有很多困难。对中国导游员而言，境外旅游团的领队是一位特殊的游客，要在生活上为其提供方便、给予照顾、帮助其解决困难。

3. 支持领队

领队就旅游计划的实施、接待方的服务工作提出意见和建议，中方导游员要给予足够的重视；领队在工作上遇到困难和麻烦时，要给予必要的支持和帮助；旅游团内部出现矛盾时，领队与游客之间发生纠纷时，中方导游员一般不介入，更不得落井下石，相反，在可能时助其一臂之力，帮助领队解决困难。这样做有助于彼此产生信任感，有利于加强双方的合作。

4. 避免正面冲突

（1）合理化解矛盾。导游活动中，领队与接待方导游员对某些问题意见相左、出现矛盾是正常现象。一旦出现这种情况，中方导游员要主动与领队沟通，力争尽早消除误解，化解矛盾，避免分歧继续扩大。

（2）避免与不合作领队发生正面冲突。有些职业领队不易相处，为了讨好游客，他们一再提“新主意”，给接待方导游员出难题，以显示自己“知识渊博”“对中国的了解”以及“为游客着想”；有些领队一味顺应自己的游客，以换取他们的欢心，而不考虑实际情况；有些领队是境外组团社的老板或亲属，有时会提出过分要求（超出旅游合同确定的内容和标准），甚至在游客面前无理指责接待方服务不周、导游员工作失误等。

面对这样不合作的领队，导游员应有如下正确态度。

①不要表现得软弱可欺，不要让其牵着鼻子走，造成被动局面。

②采取相应措施。

对一般的领队，该解释时要耐心解释，该争辩时要据理力争。

对本身是老板的领队，他们在游客面前无理指责、提出苛刻要求时，中方导游员要在游客面前与之理论，要做到有理、有利、有节。有理，即指出要求已超出合同确定的标准和内容；有利，即选择适当的时机；有节，即适可而止，理明则让。与不合作的领队交涉、理论时，导游员应始终坚持以理服人，不卑不亢，不与之发生正面冲突，事后仍要尊重领队，遇事多与领队磋商，争取与领队以后的合作。

总之，为了提高导游服务质量，导游员应与领队处理好关系。为此，经验丰富的导游员要力戒娇气，打消与境外领队争高低的念头；而新导游员则要克服胆怯，树立与不合作领队协作共事的信心。

此外，导游员为游客提供服务要到位，质量要高，他们对导游服务满意了，当领队不合作时，大多数游客会同情、谅解甚至支持导游员。导游员若能做到这一点，有助于处理好与领队的关系。

（三）全陪与地陪的合作

全陪与地陪的配合，关键是要明确各自角色和位置，即有准确的“个人定位”。全陪的主要职责是“监督”与“配合”。全陪要认真监督接待社的接待质量，如发现有质量问题，应及时与地陪沟通，以期改正与弥补；同时，全陪在接待过程中要密切配合地陪的工作，以地陪为主。例如，参观游览时，地陪在前面讲，全陪要在后面随时清点人数，以免游客走失；如有游客走失，地陪应继续带团游览，全陪负责寻找等。总之，全陪应用自己的周到细致配合地陪把团带好，同时赢得游客的信任。

地陪的主要职责是认真执行接待计划，圆满完成接待任务。与全陪的合作首先要注意尊重，地陪应认真执行接待计划，严格按照接待日程安排活动，在带团过程中时时注意维护游客的利益，遇到问题不推诿责任，这些都是对全陪工作最大的尊重；其次，地陪在带团过程中要注意多与全陪协商，特别是在日程调整、发生交通事故、失窃等重大问题发生时。

全陪与地陪的配合还需要特别注意的一点是，任何情况下全陪、地陪都不可以当众争吵，更不能因争吵而影响了团队的正常活动。

二、导游员与相关接待单位协作

（一）与旅游接待单位关系的处理

旅游接待服务的六大内容是食、住、行、游、购、娱，需要旅行社、酒店、餐馆、交通部门、商场、景区景点及娱乐场所等各部门的密切合作、共同努力才能顺利完成。旅行社与其他旅游接待单位是平等的，通过协议联系在一起，各自有明确的职责。它们之间的关系应是相互配合、相互依存、长期协作。

导游员要记住旅行社与其他旅游接待单位之间的协作关系准则，努力维护这种协作关系。导游员要熟悉旅游接待单位之间的协作内容，了解各个环节可能出现的差错和失误，一旦发生，立即采取措施及时协调，做好衔接工作，使各单位的服务供给正常有序，保证旅游活动顺利进行。

此外，导游员往往在外独立带团，经常会有意外，甚至紧急事件发生，一个人很难处理好。因此，导游员要善于利用与各地旅游接待单位的协作关系，主动争取他们的帮助。

（二）与合作者关系的处理

旅游车司机、餐厅服务人员、商店售货员等是导游员的合作者。导游员与他们的工作不同，服务形式和服务内容也不同，而且受不同旅游接待单位的委派，但是大家都是旅游服务的提供者。导游员与他们之间的关系是平等的协作关系，把自己摆在高于或低于合作者的位置都是不对的，正确的做法如下。

1. 尊重合作者

导游员要尊重合作者，与他们友好相处。当有人工作不到位，损害游客的合法权益时，导游员要诚恳提出，与之交涉，必要时通报此人的所在单位和接待旅行社，但不能对他们的工作指手画脚，更不得命令、指责。

2. 虚心学习

导游员要虚心，要善于向合作者学习，有事多请教。古人云：“三人行，必有我师焉”，劝诫后人要谦虚请教，要虚心地向周围的人学习。高傲者、对他人的长处视而不见者很难学到活的知识。

3. 坚持原则、平等协商

当遇到困难、出现问题时，导游员要在“不违反协议”“为游客提供优质服务”的原则基础上，与合作者平等协商。若对方一意孤行，甚至刁难导游员，应采取必要措施并及时报告接待旅行社。

实训

模拟合作带团场景

1. 实训目的

（1）了解与带团有关的合作关系都有哪些。

（2）掌握合作关系处理技能。

2. 材料与工具

导游词，图片，多媒体教学设备。

3. 实训地点

多媒体教室。

4. 实训准备

布置模拟导游现场，利用图片、多媒体等形式学会合作关系处理。

5. 作业

根据模拟实训材料写出实验报告。

案例

导游员应如何正确受理游客投诉

游客的投诉可能会直接向导游员提出，也可能会向旅行社提出，严重时则可能会向旅游行政管理部门或消费者协会提出。钱炜教授在著作中曾提道：“不满意的顾客只有 4% 会提出投诉；凡有一名投诉者，必有 26 名顾客心怀不满离你而去——什么也不说。这些因不满离去的顾客中，65% 将再也不会回来使用你的服务。”“令人稍感欣慰的是，投诉若处理得当，67% 的游客将回来继续使用你的服务。”作为导游员应该对投诉无动于衷吗？难道正确地处理投诉不重要吗？那么，导游员应怎样受理投诉？

导游员在受理投诉时，应遵循以下四个原则。

（1）投诉不应影响导游员对提出投诉的游客及其他游客的态度。对待投诉，不管投诉的对象是谁，即使是自己，导游员也要抱积极的态度，要注意自己的言谈、姿势、表情等，并把成功处理投诉看作自己义不容辞的任务。作为导游员，能顺利工作固然好，但更应善于在逆境下工作。

（2）对任何投诉，导游员都应感谢游客。因为投诉本身表明，尽管出现了问题，但游客对导游员仍然是信任的。游客并没有因此灰心丧气，对导游员表示冷漠和不予理睬。

（3）成功处理投诉意味着在困难的情况下顺利地解决问题。导游员应在尽可能短的时间内处理好游客的投诉，让失望的游客能得到满意的答复。

（4）即使游客的投诉是不太合理的，导游员也应努力去争取这位游客，同时应该想办法使游客明白，他（她）的投诉为什么不合理。

思考与训练

1. 在一个团队中，你认为应该怎么做才能与他人友好相处？
2. 举例说明，如何与团队中其他成员相处？
3. 如何维护团队其他成员的利益？

任务 4　导游员促销技能训练

【本任务工作目标】

1. 掌握导游员促销技能。
2. 能够在实际带团中运用促销技能。

【训练目标】

导游员促销的内容很广，从销售当地旅游商品、地方美食到推荐新兴的旅游景点、文娱活动，都属于导游员的促销内容。由于导游员同游客朝夕相处，接触最多，他们的形象、言行及服务本身对游客有着极大的影响，这就给导游员促销提供了极好的机会和有利条件。导游员如果能在带好团的同时，充分利用工作中包含的许多促销机会，展开促销工作，既可以丰富游客的旅游活动，又可以促进当地旅游经济的发展。

通过本任务的训练，学生应学会在带团中使用促销技能，提高游客的满意度，以圆满完成带团任务。

【任务引入】

一天，××公民出国旅游公司的领队汪先生带着一个国内旅游团抵达A国。依照行程安排，旅游团第一个游览项目是乘大船去海上的珊瑚岛。导游员对游客们说：“依照规定，乘大船至珊瑚岛，中间须换乘快艇，因为大船无法靠上珊瑚岛，乘快艇费用需要自理。”并当即向每位游客收取现金400元。上了珊瑚岛之后，有游客了解到，乘快艇从码头至珊瑚岛来回仅需400元。游客们都有一种受骗的感觉，遂将情况告诉了小汪，并要求小汪与A国导游员交涉。

小汪立即与A国导游员进行交涉，但他坚决不肯承认这做法有错，他说乘快艇不管路途远近，价格都是400元。

领队是旅游团利益的忠实捍卫者，当游客利益遭到侵犯时，领队应勇敢地站出来保护游客正当的权益。唯有如此，才能树立和维护旅行社的形象。本案例中，领队应先证实A

国导游员存在欺骗行为；一旦证实，领队和全体团员不妨直接找当地地方接待社交涉，讨个公道。另外不管成功与否，领队都应在当时或回国后向组团社反映。

一、导游员促销的原则

导游员在开展促销工作时，应注意以下两项原则。

第一，导游员在开展促销工作时，必须遵守职业道德，端正态度，以满足游客需要为目的，不能为了个人利益强行促销，更不能与当地不法商贩勾结，欺骗游客以牟取暴利。

第二，导游员平时要多留心，学习并积累有关促销的各种知识，以便促销时能调动游客的积极性，达到促销目的。例如，成都导游员经常向游客介绍锦里古街，起到了一定的促销作用。

锦里古街介绍词范例如下。

“百年木板门，千载石板路。漫游锦官故里，争仰蜀相遗徽。”

锦里是最古老、最具商业气息的街道之一，早在秦汉、三国时期便闻名全国。锦里古街西依成都武侯祠，北邻锦江，东望彩虹桥，浓缩了成都生活的精华，充分展现了三国文化和四川民风民俗的独特魅力。锦里古街洋溢着成都市井的喧嚣和随性。集中了近百家各色店铺，有传统的饮食、小吃和客栈，也有时尚的商店和酒吧，更有成都的创意产品：皮制的包包、图案古典的衣服、布灯笼等。饿了吃一碗肥肠粉，渴了到街边的酒吧坐坐，无聊了喂喂池塘里的“锦鲤”，可谓优哉。

二、旅游购物促销技巧

在“吃、住、行、游、购、娱”旅游六要素中，购物是非常重要的一环。它不仅是游客参观游览活动的必要补充，而且是国家或地区旅游收入的重要来源。因此，努力促销商品，做好游客购物服务是导游员的重要工作之一。导游员不仅要考虑如何满足游客的购物需要，还应考虑如何使本来没有购物欲望的游客提起购物的兴趣，尽量使所有游客在购物活动中感受到愉快和乐趣。

（一）优质服务，赢得信任

旅游购物促销的基础是优质服务。导游员只有为游客提供了一流的服务，以自己的学识、人格魅力和敬业精神赢得游客的信任，游客才会对导游员促销的商品感兴趣。反之，如果导游员在带团过程中马马虎虎，只热衷于促销商品，最后的促销效果一定很差，客人甚至可能拒绝进店购物。

（二）充分准备，把握时机

游客对购物是否有兴趣，很大程度上取决于导游员对商品的讲解水平。一个对当地特产如数家珍、讲解颇具专业水准的导游员，其促销效果肯定要比一个只会空口说好的导游员好得多。因此导游员平时应多留心，学习并掌握相关的商品知识，包括其属性、鉴别方法、文化内涵、优缺点等。为了带动游客，一些导游员还会在带团时特意带上所促销的商品，以便在讲解时增加游客对所促销商品的直观认识。例如，云南有的导游员会特意戴上一只玉镯，以促销玉石翡翠；四川和藏区的导游员会带些牦牛肉干在路上和游客一起吃，以促销牦牛肉。

购物时机是否合适也会影响购物的效果。大多数游客旅游的首要目的是游览观光，因此导游员绝不能把每天的第一项活动安排为进店购物，也不能安排游客连续进店。同时导游员应该学会察言观色，选择游客精神饱满、心情愉快的时机进行促销。如果当天的游览项目很劳累，人人都疲惫不堪，游客是不会有心情购物的；又或者当天的接待服务出现了差错，游客心中有气，再安排购物，只会使情况更糟。一般来说，安排购物的时间最好选择在整个行程快结束的阶段。这个阶段的游客开始考虑购买一些土特产馈赠亲友或是留为己用，购物的兴趣最大，因此，导游员选择在这个时候促销效果是最好的。导游员安排游客进店购物的时间还要考虑其他的因素，例如，不能因为安排购物而擅自更改旅游团的行程，特别是在赶乘交通工具时不要安排购物，以免造成误机（车、船）等重大事故。

（三）了解游客，当好购物参谋

不同的游客对旅游商品的需求在种类、数量、档次等方面也存在着很大的差异，因此导游员应了解游客的购物需求，在游客愿意购物的前提下当好购物参谋。一般来说，导游员拿到接待计划时可以对团内游客的情况有一个初步了解；接团后，可以通过团内领队、全陪了解客人的需求、兴趣及购买能力等，然后通过与游客的交往继续了解游客的购买需求，进行针对性促销。

（四）讲求诚信，做好售后服务

导游员应遵守职业道德，带领游客到旅游定点商店进行购物，同时提醒游客一定要保存好购物发票。如果有游客买到不满意商品，如发现了瑕疵，导游员应尽量为游客联系更换商品，做好售后服务。

在游客自由购物时，导游员还要注意事先教游客一些防止上当受骗的方法，以免游客在购物时被骗。例如，在一些景区的流动摊贩前，提醒游客不要随便拿商贩的东西，不打算买的东西也不要轻易去还价等。

三、旅游美食促销技巧

中国美食世界闻名，是中国文化的一个重要组成部分。品尝独具特色的各地美食已成为海内外游客在中国旅游的一项重要内容，有时甚至会成为游客主要的旅游目的，如现在兴起的美食旅游团。导游员在促销各地美食的时候应注意不仅让游客获得味觉享受，还应让游客对其所蕴涵的饮食文化有所了解。

（一）运用讲解技巧，介绍特色美食

促销美食，导游语言是非常重要的。导游员在讲解美食时，要能充分运用讲解技巧，包括恰到好处的语气、表情、动作，通过富有感染力的描述引起游客的食欲。同时，导游员向游客介绍当地的特色名吃时，要注意突出其特点，讲出其文化内涵。如果是品尝少数民族特色的餐食，导游员还要注意提前做好沟通工作，一方面要将少数民族的饮食风俗告知游客；另一方面要将本团游客的饮食习惯及早告知接待方，以免发生误会。

（二）了解游客饮食习惯，细心安排

“一方水土养一方人”，人们所生活的地域不同，饮食习惯也不同，并且很难改变。一些当地人认为好吃的东西，可能由于烹饪方法、材料等方面的差异，游客却感觉难以下

咽。因此，导游员在促销当地美食的时候，应提前了解游客的饮食习惯，在介绍时讲一讲口味的差距，让客人有个心理准备。有些可以改变的部分，如烹饪方法，应事先与餐厅联系好，有些当地特色风味不能改变，要事先给游客打好预防针，告诉他们不一定好吃，但品尝一下异地风味也是一种收获。如果口味差异确实很大或是游客禁忌的食物，导游员最好不要向游客推荐。

（三）讲明自费问题，提前订餐

如果向游客介绍的是需要自费品尝的风味餐，导游员在讲解时一定要讲清楚，否则容易使游客产生误会，而误会一旦形成就很难解释，甚至还会引来投诉。

一旦游客确定要去品尝风味餐，导游员就要尽早预定。因为一些制作正宗风味餐的名店往往生意火爆，订晚了游客可能需要排队。

（四）注意饮食卫生，做好提醒工作

旅游团中要非常重视饮食卫生这个问题。导游员订风味餐时，一定要选择卫生和质量有保障的饭店，并要尽到职责，监督饭菜的卫生情况。同时，导游员还应提醒游客品尝美食一定要适量，注意自己的消化能力，防止游客因吃得太多而生病。

旅游美食促销范例如下。

二姐兔丁

二姐兔丁是成都有名的凉菜，曾获“成都名小吃”称号。20 世纪 80 年代初，在成都市鼓楼街开设了一家私营饭店，女老板姓陈排行第二，人称二姐。该店经营的凉拌麻辣兔丁由于掌握了独有佐料秘方，加上用料精细，因此，拌出的兔丁色泽红亮，形态饱满，麻辣适口，香嫩细腻，深受人们的喜爱，逐渐发展成为成都名吃。店名后改为“陈记二姐兔丁店”。

龙抄手

龙抄手，名字迷惑性十足，其实是一种类似于馄饨的汉族小吃，“抄手”是四川人对馄饨的特殊叫法。龙抄手皮薄馅嫩，爽滑鲜香，汤浓色白，为蓉城小吃的佼佼者。成都的“龙抄手”1941 年开设于成都的悦来场，迄今已有 80 余年历史。

担担面

担担面是四川非常著名的一道小吃，已经有上百年的历史，相传为一个绰号叫作陈包包的自贡小贩于 1841 年创制，因为早期用扁担挑在肩上沿街叫卖，所以叫作担担面。此面色泽红亮，麻酱浓香，麻辣酸味突出，鲜而不腻，辣而不燥，堪称川味面食中的佼佼者。2013 年，担担面入选了商务部、中国饭店协会首次评选的“中国十大名面条”。

三大炮

三大炮，其实就是糯米团，是四川著名汉族特色小吃。因为它主要由糯米制成，在抛扔糯米团时，如“弹丸”一样，发出“当、当、当”的响声，故名“三大炮”。三大炮香

甜可口，不腻不粘不化渣，且价廉物美。三大炮的发源地虽在成都，但由于成都的高速发展，这门传统的手艺日渐没落，现在成都只有为数不多的几个地方可以吃到正宗的三大炮。

川北凉粉

川北凉粉发源于清末民初的四川省南充市，原为农舍小食，现已成为川菜代表性小吃之一。川北凉粉以优质豌豆粉为原料，再混合多重调料制成，自问世以来，以其独具红辣味醇、鲜香爽口、调味多变以及浓重的川味风格饮誉巴蜀，流传至今，被当地人称为“酷暑里的救星”。爽滑的川北凉粉是川北上百种名小吃中的佼佼者。

四、附加旅游项目促销技巧

很多旅行社会给游客提供一些自费的附加旅游项目，作为游客旅游经历的补充与调剂，这些附加旅游项目可以是新兴的景点，也可以是精彩的文娱节目。好的附加旅游项目能成为一次有趣的经历，为旅游活动锦上添花，而失败的附加旅游项目安排则会招致游客的不满甚至投诉。因此，导游员在促销附加旅游项目时，应注意以下几点。

（一）保证计划，合理安排

导游员向游客推荐附加旅游项目，必须以保证计划内旅游项目按质按量完成为前提，并要照顾大多数游客的意愿，绝对不能勉强甚至逼迫游客接受。

在安排附加旅游项目时，导游员应注意合理安排时间，不要因为附加旅游项目而影响团队计划，如耽误了吃饭时间、使游客非常疲惫等。一般安排的附加旅游项目距离不要太远，特别是送站当天，不要安排范围很大、环境复杂的景点。

（二）针对游客特点，介绍项目特色

在保证与旅游计划不冲突的前提下，导游员应该针对游客求新求奇的心理，尽量为游客安排一些富有地方特色和民族风情的附加旅游项目，并突出介绍该项目的特色，使游客理解这是导游员为丰富游客的旅游经历而做出的真诚努力。例如，西方游客多属于享受型的游客，喜欢夜生活或参与性强的活动，针对他们的这一特点，导游员为游客安排了介绍中国文化及风土民情的晚间“讲座”，允许游客自由提问，导游员予以回答，很受游客欢迎。

（三）安排项目不违背道德法律

导游员向游客推荐的附加项目应做到物有所值、货真价实。不能违背职业道德向游客推荐一些无聊的附加旅游项目，或是随意加价。更不能向游客推荐一些违法的附加旅游项目，这样不仅会损害游客的利益，也会损害导游员的形象并间接影响到旅行社的生意与信誉。

（四）强调安全，说明注意事项

随着旅游业的发展，附加旅游项目也越来越多，有一些项目非常惊险刺激，如漂流、

潜水、跳伞等。对此导游员在促销前一定要了解这些项目的安全情况，向游客反复说明注意事项，防止发生安全事故。

实训

购物导游服务

1. 实训目的及要求

掌握游客购物时的心理需求，既能满足游客购物需求，又能做好地方特色商品的宣传促销工作。

2. 实训内容

（1）介绍特色旅游商品。

（2）科学鉴别旅游商品。

（3）适度推销训练。

3. 作业

根据模拟实训材料写出模拟报告。

案例

一名男性老年游客与家人参加旅行社组织的香港旅游，途中导游员将旅游团带到珠宝店购物，该游客和约 20 名团友入店。20 分钟后，该游客独自走到店外看报纸。半小时后导游员令其返回店内，该游客进店后打算再次离开时，被导游员出言辱骂并企图阻止其离开，该游客因气愤异常心脏病发作，送医院后不治身亡。事后查明，该旅游团为典型的低团费购物团，该导游员没有导游员资格证书。

案例分析

参加旅游活动，要与旅行社签订尽量详细的旅游合同，除对旅游行程等进行约定外，对购物活动安排也要明确约定，要明确购物次数、地点、主要商品和每次购物的最长时间。

参加赴港旅游，对旅行社及导游员安排的购物活动须谨慎对待，购物时最好选择带有香港旅游发展局推荐的“优”和香港知识产权署推荐的“正”字标志的商家。如发生被旅行社或导游员强迫购物、限制离店和因拒绝参加购物活动旅行社或导游员拒绝继续履行合同、提供服务，或者以拒绝继续履行合同、提供服务相威胁等情形，应向香港旅游当局举报，要求予以制止，也可在结束旅游活动后，向组团社所在地的旅游行政管理部门提出投诉。

游客参加旅游活动时，应当对旅游产品的品质、旅游服务质量和价格进行综合考虑，不要单纯追求廉价，避免落入低价旅游陷阱。

思考与训练

1. 在你带团的过程中，如果游客不愿意进旅游纪念品商店，你该怎么做？

2. 一美国游客要求地陪陪他购买中国的“景泰蓝”“唐三彩”古玩，回国送给亲朋好友。假设你是这位地陪，请问你应如何应对？

3. 法国旅游团的希特朗先生来景德镇旅游的第二天早上告诉地陪，昨晚他在瓷器一条街花 500 元买了一件薄胎花瓶，发现不是人工做的，而是灌浆压膜的，是赝品，希望地陪小邵能帮忙退货。请问，作为地陪的小邵，遇见此情况该如何处理？

4. 本着“当好购物顾问，不当推销员”的原则，让学生扮演导游员和游客进行浙江绿茶的介绍讲解演练，也可结合浙江地区的风物特产进行演练，教师进行点评。

项目五　专题旅游服务

【本项目工作目标】

1. 能够掌握工业旅游的旅游服务技能。
2. 学会红色旅游、研学旅行的旅游服务技能。
3. 能够熟练运用乡村旅游的旅游服务技能。
4. 能够熟练运用城市旅游的旅游服务技能。

任务 1　工业旅游的旅游服务

【本任务工作目标】

1. 学习工业旅游的源起及基本类型知识。
2. 了解如何开展工业旅游导游。

【训练目标】

工业旅游是伴随着人们对旅游资源理解的拓展而产生的一种旅游新概念和产品新形式。工业旅游在发达国家由来已久，特别是一些大企业，利用自己的品牌效益吸引游客，同时也使自己的产品家喻户晓。在我国，有越来越多的现代化企业开始注重工业旅游。近年来，我国著名工业企业如青岛海尔、上海宝钢、广东美的、佛山海天等相继向游人开放，许多项目获得了政府的高度重视。随着全域旅游的兴起和发展，新兴的旅游产品中包含了工业旅游，导游员应适应游客的消费趋势，掌握与之相关的导游服务与讲解技能。

通过本任务的训练，学生应掌握工业旅游的旅游服务知识，提高游客的满意度，以圆满完成工业旅游的旅游服务任务。

【任务引入】

唐山市是一座具有百年历史的工业名城，素有“中国近代工业摇篮”“北方瓷都”的美誉，唐山市将工业旅游作为推动资源型城市向创新型城市转型的重要抓手，以工业旅游“小切口”做活城市转型大文章，打造“中国工业文化旅游城市”，已经建成国家级工业旅游示范点 7 个，其中包括曹妃甸工业区、省级工业旅游示范点 3 个。

唐山市滨海新城，尤其是首钢的入驻为曹妃甸工业区开启了新篇章，成为以首钢为引领的百家企业产业新聚地，是发展工业旅游的强有力支撑。曹妃甸工业区深挖工业旅游内涵，以现代大港、钢铁文化为特色，打造工业旅游主题产品，打造工业文化品牌，实现旅游与工业的深度融合。立足于承接京津产业转移，打造京津冀协同发展示范区，大型工业企业实力雄厚，发展潜力大。

发展思路：在习近平新时代中国特色社会主义思想指导下，依据国办发〔2019〕41号《国务院办公厅关于进一步激发文化和旅游消费潜力的意见》，依托曹妃甸“一带一路”重要交汇点、京津冀协同发展的先行者、临海临港等区位优势，围绕曹妃甸现代港口、钢铁电力、装备制造、化学工业等工业文明基础，结合曹妃甸盐母文化、妈祖文化、曹妃文化、湿地文化、美食文化等多元文化，实行工业旅游大融合，带动相关产业的发展，积极创建国家文化和旅游消费试点城市。利用曹妃甸“钢铁＋盐业＋港口＋大学城”等特色工业旅游资源，设计绿色工厂观光游、工业博物馆游、工业文创游、工业研学游、港口码头游等业态，谋划“一核一带一路四组团”空间布局，规划六大重点项目，打造五条工业旅游线路，构建以首钢龙头带动、多点发力的工业旅游体系，突出渤海盐历史文化积淀、大国工匠科教、港口商务休闲、河豚特色海洋美食等支撑产品，创建国家工业旅游创新单位，推动旅游陆海联动、海城联动的立体化海洋工业景观发展，促进城市建设塑造“凤舞海天工业大观”曹妃甸工业旅游品牌形象，打造唐山工业旅游新引擎及曹妃甸城市新名片，建设国内首个“大海＋工厂＋新城”巧妙融合于一体的渤海湾工业旅游目的地。

发展定位：渤海湾工业旅游目的地。

空间结构或功能分区总体布局：一核、一带、一路、四组团。

一核：“凤凰涅槃”海上钢城工业旅游吸引核。

一带：滨海绿色工业文化旅游发展带。

一路：“工·服”产业融合旅游发展路。

四组团：绿色工业观光组团、工业科技研学组团、海洋工业体验组团、口岸经济休闲组团。

一、工业旅游的起源及基本类型

（一）工业旅游的起源

工业旅游源自欧洲，最初是欧洲一些大企业为使自己的消费者转变成品牌共享者而探索出的一种营销方式或渠道，目的是提升品牌价值，培养忠诚的客户。20世纪50年代，法国的雷诺、雪铁龙等汽车公司开始接待游客，此后，德国的西门子和美国福特、波音飞机制造公司相继对游客敞开大门。

（二）我国工业旅游的基本类型

我国的工业旅游活动始于20世纪90年代，1997年开始，贵州茅台酒厂、上海宝钢集团、南京钢铁公司相继对外界展示了技术装备，最初由员工负责向游客介绍。目前我国工业旅游分为以下类型。

1. 依托国家重大工程建设项目开发的工业旅游

中华人民共和国成立以来，我国陆续开工建设了一大批重大工程项目，这些项目因关系到国计民生且作用特殊，成为具有标志性和象征意义的国家符号，代表了国家的形象和民族的精神，旅游内涵丰富，发展工业旅游的潜力巨大，如首钢、宝钢、大庆油田、神华煤矿以及葛洲坝、小浪底、长江三峡水利枢纽工程等。

2. 依托现代工业生产开发的工业旅游

现代化、自动化、智能化的工业产品制造流水线不仅具有较高的技术含量，而且也是良好的旅游资源，加之现代工业企业的品牌意识、管理理念、企业文化氛围不断演变，形成了独特的旅游吸引力和市场营销作用。如青岛海尔、上海通用、广州本田、北京现代、张裕葡萄酒等企业开展的工业旅游就属于此类型。

3. 依托与生活消费密切相关的工业制成品生产而开发的工业旅游

开发这类工业旅游产品的工业企业，大部分生产的产品为社会终端消费品，典型的如食品加工、酿酒制造、茶叶加工、服饰生产等企业，因其生产产品与日常生活息息相关，人们渴望了解产品的生产过程、品质质量，因此参观加工生产流程能激发人们的直接购买欲望，如青岛啤酒、贵州茅台、海澜之家等企业都已跻身全国工业旅游示范点之列，游客到这些城市旅游时会对这些企业青睐有加。

4. 依托各类高新科技开发的工业旅游

信息、生物、航天航空等高新技术代表了人类科技活动的最新成果，引领着人类对未知世界进行探索。这类工业企业及项目的科技含量极高，对广大游客的吸引力较为强烈。目前，我国已建成酒泉、西昌卫星发射中心以及清华紫光生物技术研发机构等多个全国工业旅游示范点。

5. 依托各类工业遗产开发的工业旅游

我国的工业遗产具有一定的优势和特色，例如，近代民族工业遗产、中华人民共和国成立初期的重工业建设成就，乃至旧时代遗留的工业设施和遗迹都是开发工业旅游的独特资源。上海、无锡等地的近代民族工业遗产、大庆油田的第一口钻井、昆明的第一座水电站等正在成长为当地旅游经济的新宠。

6. 依托民族特色工业、手工业而开发的工业旅游

我国历史悠久，民族众多，文化源远流长，作为传承中华民族精神文化物质的载体和符号，民族特色工业和手工业具有特殊的意义和价值，也是开发特色旅游商品和旅游纪念品的切入点。这类工业旅游具有明显的地域色彩，有潜力成长为具有世界文化意义的特色工业旅游，如南京云锦、景德镇陶瓷、云南的民族刺绣生产加工等都是其中的优秀代表。某工业旅游景区入口如图 5-1 所示。

图 5-1 某工业旅游景区入口

二、工业旅游导游

旅游因其独特的时空延展性、景观趣味性、内容丰富性得以全方位发展为一种潮流文化，而工业旅游更是一种全新的文化体验。工业旅游的核心是深层知识，具有探知历史、互动体验、知识科普、创意分享的特点，游客是带着学习的态度、吸收新知识的动机参与工业旅游的。

（一）知识准备

工业旅游导游有别于一般景区导游，导游员应尽可能地提前对相关游览点做深入调研，对园区背景、工业背景、技术特色、生产流程、产品工艺特色、品牌品质甚至企业管理等方面的知识进行全面了解，加强与相关企业的联系与沟通，对知识的把握要做到与时俱进。

（二）导游讲解

工业旅游导游讲解不是企业的广告、介绍或是品牌推荐，工业旅游导游讲解要有高度、有深度、有厚度、有温度。在讲解中要注意凸显故事性，可选取参观对象中有文化特质的一个点、一个事件或是一个人、一个产品，围绕核心与主题展开讲解。由于工业旅游的环境与空间较为独特，导游讲解时要注意讲解语言的科学性，讲解的速度、内容应与参观行程同步。另外，在工业旅游点往往有一些参与体验的项目及活动，导游员应提前做好准备，了解参与程序及要求，在游客参与体验时为游客指导讲解。在一些大型企业的参观游览中会有专门的导游员进行解说，此时导游员应做好配合提醒工作。

实训

模拟工业旅游带团场景

1. 实训目的

（1）了解与工业旅游有关的导游服务知识。

（2）掌握相关的导游服务技能。

2. 材料与工具

导游词，图片，多媒体教学设备。

3. 实训地点

多媒体教室。

4. 实训准备

布置模拟导游现场，利用图片、多媒体等形式练习开展工业旅游导游讲解服务。

5. 作业

根据模拟实训材料写出实验报告。

案例

山西省晋华宫井下探秘游景区、太原市六味斋云梦坞文化产业园被文化和旅游部评为国家工业旅游示范基地，工业旅游再次成为文旅行业的热点话题。

近些年，随着国内旅游产业的发展、工业产业转型升级以及工业旅游支持政策的不断推出，“工业＋旅游”日渐在山西“走红”，工业旅游产业发展走上全新赛道，一个个工业旅游景点构成了山西文旅行业新的业态版图。

1. 煤醋酒肉领衔景区，寓教于乐项目丰富

作为全国老工业基地之一，山西工业门类发展齐全，工业文化底蕴深厚，经过活化利用，以煤醋酒肉为代表的一些工业企业的车间厂区、遗址等纷纷蝶变为观光休闲的旅游景区。走进这些工业旅游景区，就好比在逛一座座动态的“博物馆”，游客可获得融知识和娱乐为一体的旅游体验。

论山西工业旅游鼻祖，汾酒文化景区当属其一。汾酒文化景区坐落于吕梁汾阳市杏花村镇汾酒厂区内，为国家4A级旅游景区。20世纪90年代，山西杏花村汾酒集团成为国内首批开展工业旅游的企业。之后，汾酒厂成为赴晋旅游的热门景点之一；2004年，汾酒文化景区被评为首批全国工业旅游示范点；2017年，该景区又被评为国家工业旅游示范基地，为山西省当年唯一上榜的工业旅游景区。如今，在汾酒文化景区，游客可以走进汾酒博物馆，了解汾酒千年历史；可以走进汾酒老作坊，感受汾酒传统生产的全过程，品尝刚流出来的纯手工原浆汾酒；还可以走进汾酒酿造车间、成品包装线、陈年酒库和万吨酒海等，感受汾酒的独特魅力。

近年来，为感受煤炭文化，越来越多的游客将晋华宫井下探秘游景区作为旅游打卡地之一。晋华宫井下探秘游景区坐落于大同市城西，是国内情景最真实、系统最完整的煤炭工业旅游景区，集科学性、知识性、趣味性、参与性于一体。2021年，为给游客提供更为舒适的绿色矿井游览体验，景区进行了井下探秘游湖底景色灯光改造、斜井硐室景观改造、斜井入口视觉系统改造、景区导视系统公共服务设施改造等。景区设有儿童洗手池、残疾人专用通道，井下增设了游客服务中心，为游客提供热水、奶茶、咖啡等。在斜井游览过程中，游客可以乘坐斜井车直达井底，参观了解煤矿特种设备、各个时期的采煤工艺，学习地质变化以及地质灾害的形成与防范等知识。

除酒文化、煤文化外，山西醋文化主题的工业旅游景区也独具特色，东湖醋园就是具有代表性的景区之一。东湖醋园位于太原市杏花岭区，是山西省第一家动态展示传统与现

代老陈醋生产工艺流程和老陈醋历史文化内涵的公司化、工厂化博物馆。走进东湖醋园，在陈列堂和醋疗园，游客可以通过观看陈列的古今器皿、文献典籍摘记、照片等，感受山西老陈醋的历史文化底蕴；在美和居醋坊，游客可以观看作坊内“蒸、酵、熏、淋、晒”的老陈醋制作工艺和步骤，并参与部分制作过程。

被评为国家工业旅游示范基地的太原市六味斋云梦坞文化产业园也大有来头。该产业园位于清徐208国道徐沟路段，园区新建肉制品、豆制品、主食加工、中央厨房等不同类型的现代化工厂以及历史文化展馆、食品安全监测中心、文化创意园等。游客通过参观云凤柱、鱼龙壁、云梦山等景点，可以感受中华老字号六味斋传承千年技艺并发扬光大、名载国家非物质文化遗产名录的历史变迁。

此外，山西省内1898太原兵工厂文化产业园、中国煤炭博物馆、太钢渣山公园、阳泉三矿、丹朱岭工业旅游区等工业旅游景区也成为人们的热门打卡地。在山西，工业旅游已经成为人们感知品牌魅力、体验非遗文化、感受工匠精神、进行文旅消费的新场景。

2. 互动体验感增加，产品推陈出新

山西省工业旅游起步较早，中国煤炭博物馆于1989年开馆，山西汾酒博物馆于2007年开馆，平朔露天煤矿在开发之初，就贯彻边开采边恢复的生态理念，并于20世纪90年代开辟了工业旅游线路。

近几年，山西省的工业旅游示范点越来越多样化，除工业遗产外，现行的工业厂区也纷纷开展工业旅游。从传统印象中大家了解的醋、酒主题的工业旅游景区，到祁县玻璃器皿、六味斋云梦坞、大同晋华宫井下探秘游等类型的工业旅游景区，山西工业旅游景区越来越丰富，产品供给越来越多样，为游客在山西出游提供了更多选择。

国家金牌导游员、山西荣时旅行社有限公司副总经理张晓旭表示，目前山西工业旅游景区比较全面地体现了山西各行业的发展，市场认可度是非常高的。入晋旅游团中，多少都会安排一些工业旅游景区的行程。入晋常规旅游团常去的山西工业旅游景区有东湖醋园、宝源老醋坊、杏花村汾酒集团、太原钢铁集团等，游客通过对这些工业旅游景区的参观，可以更加直观、生动地了解各品牌的发展历程、产品特色、产业价值，通过动手制作等环节，可以多维度地感知“山西制造”的魅力。同时，从企业的角度来说，工业旅游进一步扩大了品牌影响力，提高了品牌的市场认知度。

“体验做得好，山西工业旅游品牌才能叫得更响；游客玩得好，山西工业旅游才更具有生命力。”张晓旭称，随着山西工业旅游的发展，市场上相关的旅游产品也在不断推陈出新，行程中更是加入了不少互动元素，例如，在六味斋云梦坞文化产业园会安排游客动手制作手工蛋卷；在东湖醋文化园老醋坊会安排游客参与制作醋饼、醋饮料等，这些环节深受游客喜爱，也更能强化山西品牌建设。

未来，在工业旅游产品设计中，将更多地在扩大山西品牌影响力、提升互动体验的丰富性上下功夫，让游客通过沉浸式游览、互动，获得更加美好丰富的出游体验，也更加真切地感受山西品牌的魅力。

思考与训练

1. 工业旅游的起源。
2. 工业旅游对地方经济带来的作用。

3. 如何根据工业旅游的类型选择导游讲解内容？
4. 以当地工业旅游景点为背景，阐述如何开始导游服务。

任务 2　红色旅游、研学旅行的旅游服务

【本任务工作目标】

1. 掌握红色旅游的概念和红色旅游资源的基本特征。
2. 熟悉红色旅游导游讲解的要领及基本要求。
3. 了解研学旅行的概念。
4. 掌握研学旅行导游讲解内容选取的要求。

【训练目标】

红色旅游是 20 世纪 90 年代中后期发展迅速、亮点纷呈、效应递增、影响深远的主题旅游，红色旅游讲解是红色旅游重要的组成部分，是宣传红色文化的重要途径。红色旅游导游讲解是导游员应具备的能力。研学旅行是近年来开始兴起的、把教育与旅游结合起来、以育人为主的一种特殊旅游活动，导游员应积极参与到研学旅行中。

通过本任务的训练，学生应掌握红色旅游、研学旅行的旅游服务知识，提高游客的满意度，以圆满完成红色旅游、研学旅行的旅游服务任务。

【任务引入】

红旗渠风景区位于河南省林州市境内，地处豫、晋、冀三省交会处，地理位置优越，自然风光奇险秀丽、人文景观丰富。1960 年 2 月，为了彻底改变恶劣的生存和发展条件，十万林州儿女踏入茫茫太行山，进行了一次大决战，以“重新安排林县河山”的豪迈气概，凭着一锤一钎一双手，逢山凿洞，遇沟架桥，苦战十年，削平了 1 250 座山头，凿通了 211 个隧洞，架设了 152 座渡槽，终于在万仞壁立、千峰如削的太行山腰上建成了全长 1 500 千米的“人工天河”红旗渠，被誉为“世界奇迹”“太行山上的蓝色飘带”。红旗渠的建成，改变了林州市的面貌，铸就了“自力更生、艰苦创业、团结协作、无私奉献”的红旗渠精神。

1990 年，红旗渠开始致力于景区打造，以红旗渠工程为核心，红旗渠精神为内涵，将这一世界奇迹与太行山自然风景相结合，规划建设了红旗渠分水岭和青年洞景区，迈开了旅游发展的新步伐。众多党和国家领导人亲临红旗渠视察并给予高度评价。

经过近 30 年的发展，红旗渠风景区先后荣获国家重点风景名胜区、国家 5A 级旅游景区、全国中小学爱国主义教育基地、全国爱国主义教育示范基地、国家水利风景区、国家重点文物保护单位、全国廉政教育基地、全国红色旅游经典景区、全国研学旅游示范基地等 20 余项国家级荣誉。

红旗渠是一个自力更生的奇迹，是一部人与自然互动创造的伟大史诗，更是中国共产党领导中国人民寻求人民幸福、国家富强、民族复兴的典范。近年来，以红旗渠旅游为龙

头，打造全域旅游和林州发展增长极，有力促进了产业转型升级，把红色旅游的优势转变成了脱贫攻坚、乡村振兴的新动力。

红旗渠风景区坚持将爱国主义教育列入整体工作布局，总体部署、统筹协调，层层分解任务，确保责任到人、落实到位，将红旗渠风景区打造成环境整洁美观、服务态度热情、言谈举止文明礼貌的爱国主义教育基地。

红旗渠风景区充分利用重要节日、重大事件、重要人物纪念日等，举行“‘红旗渠见证我是一名合格党员’宣誓”“万名党员签名”“唱支红歌给党听”等爱国主义教育活动，开展革命传统教育。同时，红旗渠风景区对未成年人免费开放，并组织开展了“千名铁姑娘打钎创世界纪录”研学活动、“阅历课程之中原文化探寻”主题实践活动、“校长采风团走进研学圣地红旗渠”活动，不断提升爱国主义教育基地的效用，深受学生的欢迎。改革开放 40 多年来，红旗渠风景区已接待 20 多个国家的政要及游客，共计 1 000 万人次来接受红色教育。

一、红色旅游及其相关概念

在我国传统文化中，红色通常具有吉祥、喜庆、热烈、奔放、激情、奋斗、革命等寓意，代表着胜利、希望、向上。红色旅游是“红色”和“旅游”的有机结合，红色是内涵，旅游是形式。红色旅游是我国独有的主题旅游，已成为我国旅游活动的一大热点。作为具有特殊教育意义的旅游活动，红色旅游是展现爱国主义和革命传统精神、讲述革命历史重大事件和重要人物历史史实、传递社会主义核心价值观的重要载体。红色旅游承载着优良的革命传统和伟大精神，红色景区通过纵向比较历史数据和静态展示历史遗存，引导广大人民群众感受革命历史文化，接受革命传统教育，升华爱国情感。在全域旅游的推动下，红色旅游的需求稳定增长，发展规模和热度不断攀升，市场规模逐渐扩大，呈现大众化、常态化趋势，已成为民众出游的重要选项。

红色旅游是促进革命老区经济社会发展的重要途径；是加强爱国主义和革命传统教育的重要平台；是年轻人形成历史认同和价值共识的重要载体；是坚定文化自信的重要精神引擎。随着全国各地深挖红色旅游资源，红色旅游内容越来越丰富、红色旅游产品不断创新、发展迅速。红色旅游供给侧结构性改革与游客诉求相互促进，整体发展态势强劲，形成了以经典景区、精品线路为代表，结合纪念馆、博物馆、科技馆的展示格局。在景区建设及红色文化展示手段上，红色旅游注重创意与科技手段的融合，提供角色扮演、沉浸式体验等参观模式，受到游客喜爱，让游客在参与红色旅游的过程中获得知识和精神的升华。

（一）红色旅游概述

我国红色旅游活动最早可以追溯到中华人民共和国成立后人们到革命圣地和纪念地参观学习的活动。20 世纪 90 年代中后期，各类革命圣地、纪念地、瞻仰地的管理者开始看到红色文化及资源在旅游发展中蕴含的巨大潜力，“革命圣地旅游”“革命根据地旅游”等旅游活动开始逐渐兴起，在各地的伟人故居、革命遗址遗迹开展的旅游活动迅速发展，并成为一种潮流，形成一种独特的主题性旅游。

红色象征着革命，中国共产党领导的革命活动所形成的革命文物和历史遗迹成为旅游吸引点，即红色旅游资源，围绕红色旅游资源所开展的旅游活动也自然被人们亲切地描述为“红色旅游”。1996 年，“红色旅游”一词正式被用来报道老区建设促进会在老区代办的相关旅游活动，“红色旅游”被正式界定为以革命传统教育和爱国主义教育为内容的活动。2004年12月，中共中央办公厅、国务院办公厅联合下发的《2004—2010年全国红色旅游发展规划纲要》（简称《一期规划纲要》）中首次对红色旅游的概念进行了系统、科学、权威的界定。纲要明确指出：“红色旅游，主要是指以中国共产党领导人民在革命和战争时期建树丰功伟绩所形成的纪念地、标志物为载体，以其所承载的革命历史、革命事迹和革命精神为内涵，组织接待旅游者开展缅怀学习、参观游览的主题性旅游活动。”纲要还指出：“发展红色旅游，对于加强革命传统教育，增强全国人民特别是青少年的爱国情感，弘扬和培育民族精神，带动革命老区经济社会协调发展，具有重要的现实意义和深远的历史意义。”该定义明确了红色旅游的特定载体，即中国共产党领导人民在革命和战争时期建树丰功伟绩所形成的纪念地、标志物；明确了红色旅游的特定内涵，即中国共产党领导人民在革命和战争时期建树丰功伟绩所形成的革命历史、革命事迹和革命精神；明确了红色旅游的特定目的，即思想教育、发展经济、文化传播、社会建设和国际宣传等；明确了红色旅游的特定形式，即主题性旅游活动；明确了特定群体，即全国人民，尤其是青少年；明确了红色旅游开发内容的时间段，即1921年中国共产党成立至1949年中华人民共和国成立，包括大革命时期、土地革命时期、抗日战争时期、解放战争时期等重要革命历史阶段。《一期规划纲要》发布后，全国各地红色旅游发展如火如荼，产业实践持续扩大，活动内容与形式不断创新。

2011年5月，由中共中央办公厅、国务院办公厅联合下发《2011—2015年全国红色旅游发展规划纲要》（简称《二期规划纲要》）在《一期规划纲要》的基础上扩大了红色旅游的范畴，将我国1840年鸦片战争以来的所有以爱国主义和革命传统精神为主题、有代表性的重大事件和重要人物的历史文化遗存全部纳入红色旅游发展范围。红色旅游概念的界定在时空跨度、资源、功能和属性等方面都有了明显扩展。

2016年，中共中央办公厅、国务院办公厅联合印发《2016—2020年全国红色旅游发展规划纲要》（简称《三期规划纲要》），提出红色旅游新思维、新举措、新任务、新实践，红色旅游的概念在实践中将不断深化、丰富和拓展。

（二）红色旅游的内涵与性质

1. 红色旅游的内涵

红色旅游是红色文化资源和现代旅游经济观念与时俱进的结果，是实现物质文明和精神文明结合的有效方式。随着红色旅游的发展实践，其内涵与外延不断得到丰富和拓展，主要内容如下。

（1）历史内涵。红色旅游依托的红色文化承载的革命历程与精神具有丰富的历史内涵。红色旅游可让人们在参观游览中了解当年革命先烈们艰苦的生活、工作、战斗情况，学习、追忆、感悟革命历史，并以此促进革命历史文化遗产的保护和利用。

（2）政治内涵。红色旅游是开展爱国主义教育、革命传统教育和思想政治教育的最好途径之一，具有很强的学习和教育功能。

（3）精神内涵。红色旅游的精神内涵来自红色文化，红色文化的核心是指全国各族人民为了实现民族独立和民族解放，为了实现人民富裕和民族复兴，在反帝反封建的过程中，特别是在中国共产党领导下于革命斗争和建设实践中所形成的伟大精神，即红色精神，具体包括在旧民主主义革命时期形成的探索精神、新民主主义革命时期形成的革命精神、新中国特色社会主义建设时期形成的奋斗精神和改革开放时期形成的创新精神等。通过发展红色旅游，可让长期以来形成的优良传统和革命精神深入人心，代代相传，促进新时代中国特色社会主义文化建设，并使之成为实现中华民族伟大复兴的精神动力和力量源泉。

（4）经济内涵。发展红色旅游能促进革命老区和少数民族地区的经济发展，尤其是把革命老区丰富的红色资源转化为经济资源，把精神财富转化为物质财富，以此培育并形成革命老区的优势产业、特色产业和支柱产业。

2. 红色旅游的性质

从旅游市场的角度看，红色旅游市场是旅游市场中的一个细分市场，属于专项旅游活动；从旅游经济范畴看，红色旅游属于旅游产品中的一个特色品种；从思想教育范畴看，红色旅游具有思想道德教育功能。红色旅游是一种特殊的文物古迹旅游，既具有一般遗产旅游的特点又具有爱国主义教育的特点。

二、红色旅游导游讲解

（一）导游讲解基本要求

红色旅游导游服务

1. 尊重历史，依据中国共产党党史厘清红色旅游资源脉络

红色旅游资源是具有特定意义的旅游资源，中国共产党的发展史在红色旅游资源中具有极大的作用，因此，导游员必须厘清红色旅游资源的脉络，按照脉络理出导游讲解的时序。讲解时要有主题、主线，内容有理有据。

2. 认识资源价值，深挖红色资源信息完整度

按照红色文化资源的构成要素，通常把红色文化旅游资源分为重要事件遗迹、重要会议遗址、重要机构旧址、重要人物旧（故）居、革命文物藏品、标志性建筑工程（中国共产党领导下建设的具有特定时代背景的标志性建筑工程）、烈士陵园（墓）和革命纪念设施八大类。这些资源以物化方式记录了我国革命的光辉历程和精神，是进行革命传统教育和爱国主义教育的最好“教材”。

导游员通过深入学习，不仅要掌握每一类资源的特征，更要掌握革命文物背后的历史史实及蕴含的精神，讲解时要注重红色旅游资源信息的完整度，这样的讲解才能增强代入感和沉浸感。

3. 把握红色旅游资源的共性特征

红色旅游资源类型多样，存在方式不同，但其特征是相同的。导游员必须掌握红色旅游资源的共性特征并在导游讲解中予以突出。

（1）政治鲜明性。红色旅游资源的革命历史遗存、革命历史内涵及其所承载的革命精神决定了它具备独特的政治功能，红色旅游资源的纪念、教育和旅游开发价值都是建立在鲜明的政治内涵基础之上的。

（2）全国整体性。红色旅游资源是在中国共产党领导下的中国革命的遗存，反映了我国革命史的某一阶段，蕴含着我国革命精神的某一部分，不同地域的红色旅游资源的内涵在全国范围内相互依存，构成一个整体，具有共同的属性。

（3）区域主题性。红色旅游资源的分布具有广泛性和区域性，中国共产党领导的革命斗争活动在不同的历史发展阶段，其重心位于不同的地区，因而其历史遗迹也就表现出比较明显的地区性特征，在全国整体性的前提下形成地域环境迥异、空间分布距离大、主题不同的红色旅游资源。

（4）精神教育性。在长期的革命、建设和改革开放过程中，不同主题的红色旅游资源孕育了许多带有不同时代特征的革命精神，是对广大人民群众，特别是对青少年进行革命传统教育和研学旅游教育的有效途径。

（5）资源综合性。红色旅游资源不是孤立存在的，而是与其他旅游资源相互依存、相互作用，与乡村、景区、古街、古镇共同构成一个有机组合的聚合体。

4. 明确讲解要求

（1）突出主题。红色旅游是以爱国主义和民族主义为主题的旅游产品和旅游活动。

（2）强化学习。红色旅游是以学习我国革命史为目的的旅游活动，应达到“游中学、学中游”，寓教于游的境界。

（3）善讲故事。故事性是相对说教性而言的，反映出人们对历史吸引物的取舍观。历史典故往往形象生动有趣，贴近群众生活，有亲和力，要深入挖掘红色旅游中的历史人物故事，既要有大英雄的故事，也要有“小人物”的故事，通过故事使历史鲜活和丰满起来。

（4）重视知识扩展。红色文化的内容及展示方式具有拓展性，依托物化的红色资源可拓展非物质的、具有精神内涵的资源，展示方式也可依托现代技术实现科技化、体验化和创新化。

（5）将红色精神及其物质载体融合统一。通过重要事件遗迹、重要会议遗址、重要机构旧址、重要人物旧（故）居、革命文物藏品、标志性建筑工程（中国共产党领导下建设的具有特定时代背景的标志性的建筑工程）、烈士陵园（墓）和革命纪念设施向人们讲述革命历史、革命故事和革命精神。

（二）导游讲解要领

1. 注重导游讲解的严肃性与规范性

红色文化是我国国家史的重要内容，导游讲解内容应以革命史为主，讲解要符合历史真相，要保证所讲内容都能做到有据可查，不可随意添加个人意志以及个人推测，必须保证讲解内容的可信度与真实性。红色旅游与生俱来的政治性要求导游讲解时要有崇敬之心，严肃认真地对待革命历史，以正确态度对待红色旅游，保证红色旅游的色彩与基调。红色旅游是含有中国特色社会主义共同理想的政治工程，导游讲解时，不仅要讲好红色景区的资源及文化，更要适时对游客进行革命传统教育以及爱国主义教育。红色旅游讲解要有良好、准确的政治导向，决不能沾染“野史”和“神话”，导游员要对自身讲解的规范性以及严肃性进行保证，要客观、全面地对革命史实进行宣传与展示。

2. 提升导游员自身素质

导游员的素质直接影响讲解的质量。为保证红色文化传承效果，承担红色旅游讲解任务的导游员需要不断提升自身素质，要增强自身修养，爱国敬业，不断提高自身职业道德意识以及思想品德水平，注重提高政治觉悟，树立良好的服务意识，严格遵守国家各项条例规定，真正认识到红色旅游的重要性与价值，积极、主动地投入红色旅游导游工作之中。导游员要做好红色旅游的讲解还应增强业务学习能力，通过不断地学习，对中国红色文化以及中国共产党的发展历史有更加深刻的认知与感悟，确保导游讲解内容准确完善，保证游客对于历史认知了解的全面性与准确性，确保红色文化能够真正深入人心，确保游客听了导游员的讲解后得到文化熏陶。

3. 灵活运用导游讲解方法

红色旅游导游讲解要做到让游客听得进、看得懂、感兴趣、入情怀、有思考、受教育。为此，导游讲解中除了保证知识的真实准确外，还应灵活运用语言表达艺术，增加讲解内容的生动性和趣味性。导游员应在保证讲解内容严肃性的基础上，通过灵活化、趣味化的讲解方式，有效吸引游客的注意力，以达到更好的文化传播效果。

导游员进行红色旅游导游讲解还可利用情境讲解、故事讲解以及歌曲演唱等方式，高质量完成相应讲解任务。例如，在介绍革命根据地人民对红军的深厚情谊时，可通过演唱《十送红军》的方式引起游客的情感共鸣，进而达到良好的感染效果。

三、研学旅行及其相关概念

（一）发展沿革

春秋时期，孔子周游列国，以游传学，拉开了旅行与学习、教育联动融合的序幕。胡人研学、求学多与旅行有关，司马迁、李时珍、徐霞客等在旅行中探索、研究、学习才有了《史记》《本草纲目》《徐霞客游记》等传世杰作。古有“读万卷书不如行万里路”的俗语，以求知、学习、开阔视野为目的的旅行活动一直伴随着求学的人们，时至今日仍然是人们外出旅行的主要动机之一。日本是最早提出“修学旅游”的国家，1946 年，日本开始正式把“修学旅游”纳入学校教育体系并在全国范围实施，活动对象主要是中小学生团体，从而形成了一套完整的促进修学旅游健康发展的机制。

我国正式提出“逐步推行中小学生研学旅行”的设想是在 2013 年国务院办公厅发布的《国民旅游休闲纲要（2013—2020 年）》中；2014 年，在《国务院关于促进旅游业改革发展的若干意见》中又进一步明确了相关要求，这与我国的社会经济发展及基础教育发展关系密切；2015 年，国务院办公厅印发的《关于进一步促进旅游投资和消费的若干意见》再次提及支持研学旅行发展；2016 年教育部确定天津市滨海新区等 10 个地区为全国中小学研学旅行实验区，进一步推动了研学旅行的发展；文化和旅游部于 2016 年 1 月公布了首批（10 个城市）“中国研学旅游目的地”并公布卢沟桥中国人民抗日战争纪念馆等 20 家单位为“全国研学旅游示范基地”。

2016 年 11 月，教育部等 11 部门联合发布了《关于推进中小学生研学旅行的意见》（教基一〔2016〕8 号）。该意见明确了我国研学旅行的目的、意义及基本要求：“以立德树人、培养人才为根本目的，以预防为重、确保安全为基本前提，以深化改革、完善政策为着力点，以统筹协调、整合资源为突破口，因地制宜开展研学旅行。让广大中小学生在研学旅行中感受祖国大好河山，感受中华传统美德，感受革命光荣历史，感受改革开放伟大成就，增强对坚定‘四个自信’的理解与认同；同时学会动手动脑，学会生存生活，学会做人做事，促进身心健康、体魄强健、意志坚强，促进形成正确的世界观、人生观、价值观，培养他们成为德智体美全面发展的社会主义建设者和接班人。”

（二）相关概念

从教育部等 11 部门联合发布的《关于推进中小学生研学旅行的意见》中可以归纳出研学旅行的概念：以中小学生为主体，以特定的研学资源为对象，由学校统一组织安排，相关部门协同配合，通过集体外出旅行的方式开展的一种普及性教育活动。其目的是培养中小学生的实践能力、集体观念、创新精神和社会责任感，实现素质教育的目标。各地在发展研学旅行的过程中也总结出了一些经验，其中浙江省对中小学生研学旅行进行了专门的界定，即中小学生研学旅行是由教育部门和学校有计划地组织安排和指导推动，以培养学生生活技能、集体观念、创新精神和实践能力为目标，主要通过学校组织的集体旅行或家庭亲子旅行、安排在外食宿等方式开展的研究性学习和旅行体验结合的校外实践教学活动。

在发展研学旅行的同时，还出现了研学旅游、教育旅游、游学旅行、修学旅行等概念。从定义来讲，这些概念与古代的“以游传学”相近，从广义的理念来讲，这些概念与研学旅行是有关联的，都是旅行、旅游活动与学术、人才培养相结合的路径或方式，都具有“游”与“学”的双重特征，但从狭义的理念来讲是有区别的：“研学旅行”不是一般的旅游活动，是教育部门和学校有计划、有组织地安排的活动，既是一种综合实践活动课程，又是一种研究性、体验性学习，更是以学习共同体的方式开展的集体性学习活动，为政府自上而下强力推动并扩展的概念，如图 5-2 所示。相较之下，研学旅游、教育旅游、游学旅行、修学旅行等则为学界、业界过去自发形成的概念，泛指任何以“游学相伴、游学交融”为特征的旅游项目。

图 5-2　研学旅行

四、研学旅行的五大要素

（一）研学教师

学生与教师永远是教育的核心，不管教学形式如何，教师始终是影响教学结果的直接因素。文化和旅游部出台的《研学旅行服务规范》中规定：应至少为每个研学旅行团队配置一名研学导师，研学导师负责制订研学旅行教育工作计划。

研学旅行的教师要在一个开放的环境中引导学生获取最直接的感受与知识，而不是和传统教学一样获取间接知识，这对研学教师的个人能力要求很高。教师不仅需要创新的教育思维、强大的掌控能力，还要有深厚的教学素养，教学收放合理、不疾不徐。教师要在旅行过程中结合活动内容、参观地区设置教学内容，通过一个个小的学习内容设计来逐步构建大的学习主题，同时还要负责学生团队的日常管理工作。

（二）研学课程

《研学旅行服务规范》将研学旅行按照资源类型分为知识科普型、自然观赏型、体验考察型、励志拓展型和文化康乐型，这样的分类对研学课程的开发具有指导意义，不同类型的课程也对应着不同的资源需求。

研学旅行的课程往往与教师联系紧密，它包括的内容很多，围绕一次研学旅行的核心主题，要设计线路、行程，每一个阶段的学习目标与计划，应该归属于综合实践活动课程，一个完整的研学旅行课程比基地课程更复杂，可以看成是一个系列主题的基地课程。

（三）研学基地

在研学旅行中，如果能有一段一两天的基地学习行程是十分有意义的，不仅能让学生体验一下基地式的集体生活，还能让看起来松散的旅行行程更加充实。

目前基地的场馆设施与教学设施越来越成熟，好的基地能够提供给学生独特的学习体验与最真实的学习环境，这些是景点和公共设施无法提供的。基地的行程能更加凸显“研学”的重要性，基地与旅游景点搭配，能让学习与旅行游玩达到一种平衡。

不同地区基地的课程特色通常与当地的环境相吻合，研学旅行线路的主题可能是人文历史、科技或自然，在旅行中除了欣赏沿途风景，去基地体验符合主题的教学课程更能达到研学的目的。

（四）研学线路

研学线路包括计划的活动地点、交通、住宿等，从合理、安全的角度对研学线路的设计进行规定：距离合适，旅程连贯、紧凑，保证学生的安全、学习体验良好。

从教学设计上看，研学线路要围绕主题选择沿途较为合适的活动地点，可以是基地、博物馆等。所选地点要在格调上与主题具有一致性，不能偏离主题。一条好的研学旅行线路可以看出设计者的用心与对教学的理解，如何通过旅行的深入来循序渐进地达成教学目的是线路设计者要考虑的因素。

（五）安全管理

对于研学旅行来说，保证学生及教师的人身安全是基础，一切都应该建立在安全的基础上。安全管理也是《研学旅行服务规范》中一个重要的部分。

其中要求主办方、承办方及供应方应针对研学旅行活动，分别制定安全管理制度，构建完善有效的安全防控机制。明确安全管理责任人员及其工作职责，在研学旅行活动过程中安排安全管理人员随团开展安全管理工作。还要准备包括地震、火灾、食品卫生安全、治安事件、设施设备突发故障等在内的各项突发事件应急预案，并定期组织演练。

对工作人员与学生，需要提前进行安全教育，提供安全防控教育知识读本，召开行前说明会。在旅行过程中教师要严格监督学生服从领导、遵守规则。只有每一个参与者都意识到自身承担的安全责任，才能将风险降到最低，同时也能保证在危险发生时将损失降到最低。

五、研学旅行与导游服务

（一）研学旅行导游员要求

（1）双重身份。研学旅游导游员严格意义上讲应该是“导游＋教师”的双重身份，对其要求是在一个开放的环境中引导学生获取最直接的感受与知识。在工作中首先是一个设计者，要为每一个学生设计适合其学习的环境；其次是指导者，要使学生在信息的海洋中不迷失方向；最后要成为帮助者，学生遇到困难时，要相信他们自己能够解决，要成为与学生共同学习的伙伴。

（2）能力要求。担任研学旅行导游服务的导游员要有创新的教育思维、有较强的掌控能力和深厚的教学素养。做好研学旅行导游需要的能力具体包括语言沟通能力、数学能力、与自然科学和技术相关的基本能力、社交能力和公民素养、信息技术能力、学习能力和文化表达能力（尊重、适应民族文化和文化自觉）。

（3）及时反馈。由于研学旅行的特殊性，导游员面对的是学生，因此对于研学旅行讲解，需要设置一个科学有效的解说反馈机制，该机制有利于研学旅行活动的推进和研学旅行目标的实现。

（4）掌握辅助手段和方法。综合运用符合中小学生认知特点的媒介和表达方式，实现特定信息的有效传播、接收和交流，最终达到服务和教育的目的。

（5）善于借鉴。一些地方开展中小学研学旅行时，会与传统的“自然教育”“夏令营”“冬令营”“春游”“秋游”“自然课野外认识”“拓展训练”“野外活动”“摄影采风”等活动产生联系，导游员应挖掘相关项目的优势特点并将其运用到研学旅行导游服务中。

（二）研学旅行服务程序

研学旅行的服务程序包括明确核心主题，合理设计线路、行程及课程，明确流程目标，以及内容讲解等。内容讲解应注意以下两方面。

1. 掌握研学旅行讲解的特征

（1）教育性。研学旅行讲解的核心目的是实现教育功能，导游员应通过解说内容的组织、解说媒介的运用、解说受众的效果反馈，全方位地体现教育性。

（2）衔接性。研学旅行作为校外教育活动的特殊形式，是对传统学校教育的有效补充。研学旅行讲解要配合这种现实需要，注重解说内容与学校知识的相互衔接，解说方式与学生认知水平的契合，力求实现校内教育与校外教育的有机融合。

（3）公益性。研学旅行产品属于准公共产品，因此研学旅行讲解也有一定的公益性特征。

（4）游憩性。研学旅行的独特之处在于能使学生在轻松、愉快的环境体验中实现受教育的目标。研学旅行讲解应充分体现“游憩性”，突出研学旅行活动的个性化优势，寓教于乐，游学结合，使学生在愉悦的旅行体验中自然而然地收获知识、接受教育。

（5）安全性。中小学生的安全意识不足，因此导游员的安全责任重大。安全问题是我国研学旅行活动实施的最大阻碍。研学旅行讲解不同于单一的景区讲解，它是一个涉及食、住、行、游、购、娱等要素的体系，因此导游员要在研学旅行服务的各个环节全面体现安全意识，如安全标识设置、自我保护知识讲解等。

2. 讲解内容选取

研学旅行讲解是一种特殊的解说，目的是实现游学结合、寓教于游的目标。导游讲解应与有序的组织结合，根据研究对象的差异结合研学基地及其资源状况，充分考虑科学分类，利用新颖的解说媒介，按照教育为本、安全第一的原则提供讲解服务。讲解中要注意把知识研习提高到素质教育的高度。

（1）依托资源讲解。研学旅行依托的资源主要分为知识科普型、自然观赏型、体验考察型、励志拓展型和文化康乐型。

（2）根据对象需要讲解。导游讲解需要根据研学旅行参与者的组成情况选择讲解内容。在目前的相关政策下，参加研学旅行活动的主要为中小学生，研学旅行讲解的重点应分阶段，有所侧重。

①小学阶段。导游员需要了解小学阶段的教材及教学要求，在以小学生为主的研学旅行中，讲解要立足于当地的乡土乡情，通过研学讲解介绍当地乡土地理、乡土风情、艺术文化等，一方面作为课堂教学的补充，另一方面让学生了解家乡、热爱家乡。讲解方式可采用“故事 + 游戏”等方式。

②初中阶段。面对初中生，导游讲解的内容需进一步拓展到县情、市情，拓展学生的知识面，同时培养学生从微观到宏观的思维方式，培养学生爱祖国、爱家乡的情怀。讲解方法可采用“课堂讲述 + 小组游戏 + 实践体验”等方式。

③高中阶段。高中阶段的学生学习中涉及的学科越来越多，知识体系已基本形成，具有独立思考和学习的能力。因此，导游讲解要注重科学性、系统性，要培养学生的探索精神和独立学习思考的能力，培养学生的团队合作能力。在知识拓展方面，应在乡土知识，县、市、省情知识的基础上拓展到国际知识，培养学生的爱国主义、国际主义精神。讲解方式可采用“讲解 + 讨论 + 辩论 + 实践”等方式。

六、与研学旅行相近的研学旅游、游学旅行等活动的导游服务

研学旅游、游学旅行、亲子游学等是旅行机构提供的与研学旅行近似的、具有特定市场的旅游产品，这些旅游产品的内容有共性也有个性，基本构成要素与旅行社的其他产品一致，但重点突出一个“学”字，在特定市场中还有具体的细分市场。导游员需要根据产品的特性及消费者需求制订具体的旅行计划，讲解介绍要根据游客需要及组成进行内容选择。如研学旅游，其参与者主要为有研究、学习需求的人，面对这样的消费者，导游员主要以服务和协助为主，讲解中重点介绍当地情况，还可适时向客人学习请教。

实训

模拟红色旅游、研学旅行带团场景

1. 教师带领学生参观当地红色旅游景区，指导学生撰写红色旅游景区导游词。

2. 以讨论方式分析研学旅行的概念，可到中小学与学校教师共同讨论研学旅行导游讲解的内容及要求。

案例

浙江诸暨学勉中学北京文化名校研学旅行：2019 年 2 月 25 日到 3 月 1 日，学勉中学

70 多位研学学生与北京美丽相约。在这五天时间内，他们感受到北京的古色韵味和文化科技，了解了每个景点的知识内涵，更收获了沉浸式体验与感动。从并不相识的同学到形影不离的伙伴，从随机组合的小组到拥有团队合作精神的组织，大家体验到了协作的魅力，有了更深、更真实的体悟。

案例分析

研学旅行是一种教育和旅游相结合的教育方式，它通过实践、观察和体验，让学生在旅游的同时能够学习并深入了解不同领域的知识、技能和文化，从而达到教育和娱乐两不误的效果。研学旅行可以让学生走出课堂、学校，到实际的社会环境中去体验和学习。学生可以通过参观博物馆、历史遗迹、自然风景区、科技馆等各种景点，了解不同领域的知识和文化。此外，还可以参与到当地人的生活中，了解他们的习惯、文化、生活方式等，通过与当地人的交流，培养自己的跨文化交际能力。

思考与训练

1. 简述红色旅游的概念、内涵及特征。
2. 简述红色旅游导游讲解的基本要领和讲解要求。
3. 简述研学旅行的概念及对导游员的要求。
4. 简述研学旅行讲解的特征及内容选取方面应注意的事项。
5. 请阐述你经历过的研学旅行，并指出研学旅行的不足之处。

任务 3　乡村旅游的旅游服务

【本任务工作目标】

1. 掌握乡村旅游的概念。
2. 熟悉乡村旅游导游服务的要领及基本要求。

【训练目标】

乡村旅游是以农民为经营主体，乡村民俗文化为灵魂，城市居民为目标群体的一种休闲旅游形式。乡村旅游是社会主义新农村建设的重要模式，并创新性地提出旅游产业导向的社会主义新农村建设的概念。乡村旅游是以旅游度假为宗旨，以村庄野外为空间，以人文无干扰、生态无破坏、以游居和野行为特色的村野旅游形式。

以往乡村旅游是到乡村去了解一些乡村民情、礼仪风俗等，也可以观赏当地种植的一些乡村土产（水稻、玉米、高粱、小麦等）、果树、小溪、小桥，以及了解它们的故事。游客可在乡村（通常是偏远地区的传统乡村）及其附近留宿、学习、体验乡村生活模式。该村庄也可以作为游客探索附近地区的基地。

通过本任务的训练，学生应掌握乡村旅游的旅游服务知识，提高游客的满意度，以圆满完成乡村旅游的旅游服务任务。

【任务引入】

美国纳帕谷：乡村休闲文旅小镇

纳帕谷位于美国加州旧金山以北 80 千米，是美国第一个世界级葡萄酒产地。它由 8 个小镇组成，是一块 56 千米长、8 千米宽的狭长区域，风景优美，气候宜人。

纳帕谷从 19 世纪中期开始传统的葡萄种植和酿酒，如今已成为一个以葡萄酒文化、庄园文化闻名，包含品酒、餐饮、养生、运动、婚礼、会议、购物及各类娱乐设施的综合性乡村休闲文旅小镇集群，每年接待世界各地的游客达 500 万人次，旅游经济收益超过 6 亿美元，为当地直接创造 2 万多个工作机会。

发展模式如下：

第一，以优越自然环境为基础，开启葡萄酒酿造之路。纳帕谷的葡萄酒产业至今已有接近 180 年的历史。纳帕谷位于丘陵地带，拥有温润的地中海气候和多样化的土壤，从 19 世纪中期到 20 世纪初，当地商人和居民充分依托这些自然优势，开垦葡萄种植园，开办酿酒厂，农业种植和酿酒加工成为这一时期纳帕谷的主导产业，形成了一定的规模。

第二，树立品牌意识，拓展纳帕谷葡萄酒产业。第二次世界大战胜利后的经济恢复期，纳帕谷的葡萄酒产业迎来了新一轮的发展机会，在这一阶段，龙头企业纷纷对酿酒工艺进行现代化改造，政府和企业对葡萄酒品质进行着严格的维护。虽然纳帕谷各镇这一阶段的发展依旧以种植和酿酒产业为主导，但其开始致力于发展精致农业，注重科技的应用、品牌的保护和产品附加值的提升，后期逐渐形成了包括葡萄种植、加工、品尝、销售、游览等功能的葡萄酒全产业链，成为世界顶级葡萄酒原产地，为之后旅游业的兴起和一、二、三产业融合打下了坚实基础。

第三，发展全产业链，进行差异化发展。实现一、二、三产业融合。2000 年以后复合型城镇功能的逐渐完善配套，第一产业的葡萄酒种植和第二产业的酿酒构成“特色产业引擎”，各类第三产业构成“旅游吸引核”，二者共同成为纳帕谷吸引游客和消费的核心部分。

值得注意的是，为避免同质化竞争，政府根据纳帕谷 8 个小镇的发展情况和资源禀赋，因地制宜地进行了统一的规划和差异化定位，整体形成了“葡萄酒 +”的产业体系，共同构成以体验为主的乡村休闲文旅小镇集群。

葡萄酒 + 休闲养生：红酒成为水疗的原材料，酒庄成为露天温泉的景观，提供高端休闲享受。

葡萄酒 + 体育运动：以漫山遍野的葡萄园为天然背景，开展自行车谷地游与特色品酒活动。

葡萄酒 + 商业艺术：以红酒产品和手工艺品为吸引点，聚集艺术画廊、精品店、酒庄等业态。

纳帕谷专门开设从纳帕市到圣赫勒拿岛的“品酒列车”，穿越葡萄园和酒庄，集观光、品酒、餐饮服务于一体；为了增加淡季过夜游客数量，纳帕谷增设了葡萄园高尔夫、热气球观光、酒庄婚礼、缆车观光等特色产品服务，这些产品的共同特点：葡萄园景观成为重要的组成部分，却不用受葡萄种植季节限制；为了最大可能地延伸和开发葡萄酒产业，纳帕谷为世界各地的会展和商务活动搭建了平台，每年举行多场展会，除了每年

6月初的葡萄酒拍卖会，还有绘画展、摄影展、音乐会等，所有活动都将葡萄酒体验加入其中。

第四，政企合作，成立旅游业提升区（TID），助推地方旅游业发展。由于加州葡萄酒种植区众多，彼此竞争激烈，为提升纳帕谷小镇集群的整体竞争力，同时减轻政府财政压力，由纳帕郡会议与游客管理局牵头，纳帕郡政府、8个镇政府、纳帕郡商会及纳帕谷内的酒庄、旅馆、餐饮等企业共同设立了“纳帕旅游业提升区”，成立非盈利组织“纳帕郡旅游公司”进行统一管理，通过PPP模式进行项目融资、招商引资及旅游宣传推广。旅游业提升区的成立充分调动了当地丰富的社会资本，减轻了政府的财政压力，并通过政府监督和统一管理使资金投入针对各镇产业发展特点，有效避免了内部恶性竞争。

一、乡村旅游概述

（一）乡村旅游的起源

国外乡村旅游的开展可以追溯到19世纪下半叶的欧洲。1855年，法国巴黎市的贵族就组织到郊区乡村度假旅游；1863年，通济隆旅行社组织了一次到瑞士乡村的包价旅游，这次旅行标志着以身体疗养和登山运动为主题的乡村旅游活动的兴起。真正意义上的大众乡村旅游起源于20世纪60年代的西班牙。由于工业化及城市化进程的加快，社会竞争加剧，城市居民开始向往和追求乡村宁静的田园生活和美好的自然环境，在市场需求的推动下，西班牙政府将废弃的贵族古堡改造成了简单的农舍，把规模较大的农庄也划入供游客参观游览的范围，接待乐意到乡村观光旅游的游客，由此乡村旅游应运而生。20世纪80年代后，国外乡村旅游的水平已经发展到了非常高的阶段。纵观国外乡村旅游的发展，可以将其分为三个阶段，即萌芽兴起阶段、观光发展阶段和度假提高阶段。20世纪90年代开始，乡村旅游成为生态旅游的重要组成部分。在世界旅游组织的推动下，乡村旅游开始由发达国家向发展中国家推广，成为振兴地方经济的重要手段。

20世纪80年代中后期，我国沿海地区的一些发达城市周边开始出现了乡村旅游的雏形。1995年以后，我国实行每周双休的制度，乡村旅游步入了稳步发展的时代。进入21世纪后，我国乡村旅游发展进入了快车道。2006年被文化和旅游部定为“乡村旅游年”，乡村旅游在全国范围迅速发展。进入全域旅游时代后，乡村成为游客最好的去处，乡村旅游成为振兴乡村的重要路径。

（二）乡村旅游基本概念

与乡村旅游相近或者相关的概念有很多，如“农家乐”“观光农业”“休闲农业”“农业旅游”“农村旅游”“民俗旅游”等，但至今尚没有一个大家公认的明确概念。经济合作与发展组织提出，在乡村开展的旅游，田园风味是其核心。国内学者普遍认为，乡村旅游的本质就是其乡村性，乡村性与其所决定的乡村意象是乡村旅游的核心吸引力。因此，人们去乡村旅游是为了体验与休闲。

人们对于土地近乎偏执的情怀有力地推动了乡村旅游的发展，其中蕴含的农耕文化就是乡村旅游发展的核心，乡村旅游的吸引力就表现在农耕文化上。从旅游开发与发展的角度看，乡村旅游是指在城市以外的广大乡村地域内，利用乡村自然景观环境、田园景观特色、农林牧渔生产景观、民俗文化风情、古镇村落景观、农家生活场景以及乡村景观意境等资源条件，立足景观价值的多重性特征，通过科学规划、开发与设计，为消费者提供观光、休闲、度假、体验、娱乐、健身等的新的旅游经营活动，它是一种综合性休闲度假旅游活动方式，是一种由传统观光旅游向休闲过渡的新的旅游形态。

（三）乡村旅游依托资源

1. 背景资源

游客选择参与乡村旅游时，首先考虑的是乡村优美的自然环境，因此，地理环境资源是乡村旅游的背景资源，包括当地的地理背景及生态环境，具体地貌景观、地质条件、土壤构成、气候及天气、水环境条件、植被条件、森林覆盖率、周边区域的整体生态状况等。

2. 主体资源

主体资源即乡村旅游直接利用的资源，包括两大类：一是农业资源，如以种植业为依托的田园、以林业为依托的林区、以渔业为依托的渔场、以养殖业或畜牧业为依托的牧场等；二是乡村文化资源，如乡村建筑、乡村聚落、乡村农耕、乡村礼仪、乡村节庆、乡村艺术、乡村饮食及乡村手工艺等。

3. 乡村小资源

（1）自然类“乡村小资源”。主要有山地丘陵、山坡小峰、小溪水塘、无名花草、禽畜虫鸟、自然声色、小天象、小气候、微地形等，这些小资源让乡村比城市多了几分柔情与生机，添了一些灵动与亲切，空间相对扁平，视野足够开阔，相对柔性的视觉效果让人很放松。

（2）人文类“乡村小资源”。主要有老屋陋巷、大野小田、土庙薄祠、亭道桥廊、川堤河坝等，它们是乡村人生存与智慧碰撞的物化存在，组合价值很高，少数单体的文物价值、美学价值、景观价值潜力较大，或可称为隐形的“名”资源。

（3）社会类“乡村小资源”。主要是人、行为、规范和氛围，包括在上述自然类和人文类乡村小资源营造的空间环境下的乡民群体曾经发生和正在发生的生产生活和精神活动以及乡规民风等。

（四）乡村旅游基本模式

目前乡村旅游的发展模式归纳起来主要有“美丽乡村＋农家乐”模式、旅游特色村模式、农业庄园与农业园区模式、生态旅游模式及民俗风情园模式。

二、乡村旅游导游服务

（一）分析乡村旅游发展的趋势与游客的需求

目前乡村旅游发展具有全域化、特色化、精品化的趋势，在发展中新产品、新业态、新模式层出不穷，现代游客选择乡村旅游已不再满足于游览观光，他们更希望能体验乡村生活。归纳起来，游客进行乡村旅游的需求为观光游览、度假休闲、生活体验、环境经历、强身健体、科普教育、社会活动等。

（二）导游服务讲解

1. 以四个维度为基础

乡村旅游的导游讲解要围绕乡村的四个维度展开，即地理、历史、文化和心理。要讲清楚乡村的地理环境及生态环境，重点在村民的生产、生活条件及方式等；要讲清楚乡村发展的历史脉络，重点在选址、建设、重大事件、名人等；要讲清楚以农耕文化为基础的乡村文化，重点在乡村建筑、村落肌理、乡村生活、乡村礼仪、节庆传统、特色饮食、宗教信仰、民间艺术等。

2. 突出“五味”

（1）土味。土即保持原真性。古拙、独特的民居、桥梁、古道等是乡村旅游的核心和古老淳朴文化的载体。“越是民族的，越是世界的”，这句话具有普适性，对乡村旅游亦然。乡村景观的“土”和“真”与游客在城市里司空见惯的现代化建筑形成了迥然不同的对比，这种差异化对游客具有极强的吸引力。

（2）野味。野即乡野。乡村之所以为乡村就在于一个“野”字，或山野茂林，或沃野阡陌。“野”即自然，越是自然的，越是美丽的。陶渊明在《归园田居·其一》中写到的“方宅十余亩，草屋八九间。榆柳荫后檐，桃李罗堂前。暧暧远人村，依依墟里烟。狗吠深巷中，鸡鸣桑树颠”就是一种乡野的味道，这种味道越是久远，越是绵长，越是令人怀想，以至于令城市中的人有了挥之不去的乡野情怀。

（3）俗味。俗即风俗、风情。由千百年来农耕文化积淀形成的生产方式、生活习俗、民族风情和传统节庆构成了乡村独有的文化特性，其中有历史、有故事、有情趣、有风俗。这种“俗”对现代人来说弥足珍贵，也是城市里的人梦寐以求的。“茅檐低小，溪上青青草。醉里吴音相媚好，白发谁家翁媪。大儿锄豆溪东，中儿正织鸡笼。最喜小儿无赖，溪头卧剥莲蓬。”（《清平乐·村居》）辛弃疾的诗句是人们心目中纯朴的乡村风俗图。俗还包括入乡随俗，即参与和体验乡村民俗活动等内容。乡间数不胜数的“俗”物无处不在。非物质文化中除了民俗节庆，各种民间社会礼仪、传统工艺、风味小吃等也属于俗的范畴。

（4）古味。古即文脉。我国乡村古迹千姿百态、风格迥异，古井、石碾、石磨、寺庙、祠堂、街巷皆布局精巧，文化沉淀极为丰富，有的堪为中国建筑之瑰宝，是游客乡村旅游观光游览的主要对象。导游讲解要突出乡村的古风、古朴、古香、古色。

（5）洋味。洋即创意。为了提高乡村居民的生活质量和品质，也为了提升游客到乡村旅游的舒适度，或者给游客创造惊喜，现代乡村引入了时尚化、现代化、观赏化元素。导游员带领游客到乡村旅游时，可引导游客参与和体验，讲解创意文化。

3. 讲好 5 种故事，体现乡村好看、好吃、好玩、好购、好住、好学、好养的特点

（1）讲好资源故事。所谓十里不同俗，各地自然风貌、人文历史、传统习俗受地域环境，特别是季节和气候的影响较大，乡村作为旅游目的地，其时间的可变性、地域的分散性可以满足游客多方面的需求。因此导游讲解时需根据时间的变化及游客的需要讲好乡村资源的故事。

（2）讲好民俗故事。独特的乡村活动对游客具有强烈吸引力，也是游客体验乡村生活的重要途径。导游员应结合乡村活动讲好当地民俗故事。

（3）讲好生活故事。乡村旅游是一种综合性活动，游客追求的是对乡村生活的体验，需要融入乡村环境，因此导游员要讲好乡村生活故事。

（4）讲好文化故事。导游员应合理挖掘民间文化，取精去糟，讲好文化的故事。

（5）讲好发展故事。乡村旅游的发展前景十分广阔，导游员讲好发展的故事能让更多的游客参与到乡村旅游中。某地乡村旅游宣传图如图 5-3 所示。

图 5-3　某地乡村旅游宣传图

实训

模拟乡村旅游带团场景

1. 实训目的

（1）了解与乡村旅游有关的导游服务知识。

（2）掌握相关的导游服务技能。

2. 材料与工具

导游词，图片，多媒体教学设备。

3. 实训地点

多媒体教室。

4. 实训准备

布置模拟导游现场，利用图片、多媒体等形式学习如何开展乡村旅游导游讲解服务。

5. 作业

根据模拟实训材料写出实验报告。

案例

法国格拉斯小镇：鲜花产业 + 浪漫胜地

因小说《香水》而得名的法国的香水之都——格拉斯，亦是浪漫优雅、惬意慵懒的代名词。大量游客及香水爱好者慕名而来，不足 50 平方千米的小镇，每年接待旅游人数达 200 多万。

迷人的花田风光与香水产业，是风情独具的法式浪漫。格拉斯拥有迷人的海景风光，气候舒适，光照充足，适宜鲜花生长，拥有迷人花卉景观。

格拉斯香水产业发达，有花宫娜最古老的香水加工厂，还有香奈儿、莫利纳尔、嘉利玛等知名香水加工厂，也是法国香水的重要产地和原料供应地。

丰富的节事活动与中世纪古建筑洋溢着古典主义的法式风格。3 月按摩节、法国芳香疗法展览，4 月健康节、维努西亚美容沙龙，5 月国际玫瑰展览，6 月国家音乐节，7 月魅力吉他节，8 月茉莉节，9 月格拉斯生态节，10 月家畜国际展览会，12 月圣诞节、新年活动。

原产地购物体验，特殊定制服务，为格拉斯打造深度香水体验路线奠定了基础。香水博物馆和香水工厂把格拉斯打造成真正的香水体验中心。

案例分析

（1）专注研发。格拉斯目前已成为全球高科技香水研发中心，法国 55% 的芳香工业都在格拉斯，与香水产业关联的公司共有 70 家，年产值达 7.3 亿欧元。

（2）全球产业。格拉斯香水产业造就直接工作岗位 3 800 个，间接岗位 13 000 个，约占格拉斯总人口的 1/3；香水工业市场份额占全球香水工业总产值的 8%，其中 70% 产品出口全球，占全球香水出口量的 38%，

（3）深耕芳香品牌。格拉斯依托于当地的农庄、农业资源，专注于芳香萃取技术，大力发展芳香产业，把产业发展与城镇建设相结合，汇聚整个产业链上下游资源，从而形成规模经济和范围经济的协同效应，共同形成一个互补性极强的生态群落，形成产业高地，闻名世界。

思考与训练

1. 简述乡村旅游的发展历程。
2. 乡村旅游导游服务的内容有哪些?
3. 找到当地乡村旅游景点，指出其发展优势与不足，并整理成文字进行陈述。

任务 4　城市旅游的旅游服务

【本任务工作目标】

1. 熟悉旅游城市和城市旅游的基本概念。
2. 掌握城市旅游导游的基本要求。

【训练目标】

城市是一个区域的中心，往往是当地行政、文化、教育、交通的中心，也是旅游目的地的游客集散地，为游客提供类型多样的文化、住宿、娱乐、餐饮等服务，而城市景观是游客观光的主要对象。在全域旅游理念下，依托城市及周边区域开展的工业旅游、农业旅游及乡村旅游是旅游目的地的特色旅游产品，对游客的吸引力日益提升。

通过本任务的训练，学生应掌握城市旅游的旅游服务知识，提高游客的满意度，以圆满完成城市旅游的旅游服务任务。

【任务引入】

武汉城市旅游形式丰富多彩

随着文旅市场的有序复苏，各地开始寻求新的发展方式以促进文旅消费，夜间旅游成为人们眼中的优质出游选择，一定程度上它也促进了文旅业的恢复。

夜间旅游项目受益较大的是住宿业和饮食业，夜间旅游项目刺激了各行业经济的有效联动，成功推动了整个旅游产业链的发展。

许多地方在夜间旅游上不断创新升级，致力于打造优质的沉浸式夜游，让地方民族特色以最直接的方式展现在游客面前，增添城市魅力。

如果说武汉的白天是热烈奔放的，武汉的夜晚就是温婉从容的。当夜幕降临，给江城罩上朦朦胧胧的面纱时，武汉的夜色呈现出一幅现代版“清明上河图”。

武汉有 28 个夜游重点区域，10 条夜游打卡精品路线，包含夜秀、夜游、夜逛、夜演、夜娱、夜展、夜宴、夜宿、夜读九大类活动，尽显夜游之都的多重魅力。并成功打造出“花 Young 武汉”樱・舞文创市集、武汉江滩元宵节三维光影秀“月印长江・庆祝国庆”长江灯光秀等一批优秀夜游项目，推动武汉“夜游”和“夜经济”的发展，助力武汉向世界展示自己的夜色之魅。

江汉路步行街是国内最长的步行街，有“天下第一步行街”的美誉，位于武汉市汉口中心地带，南起沿江大道，贯通中山大道、京汉大道，北至解放大道，全长 1 600 米，是武汉著名的百年商业老街，也是“武汉二十世纪建筑博物馆”。

2021 年 3 月 20 日中午，2021“花 Young 武汉”樱・舞文创市集在江汉路步行街热闹开摊，当晚，文创市集上演樱花主题光影秀，樱花“飞”上老房子，《相见在武汉》歌舞飞扬……

城市夜晚过去主要聚焦于城市光环境的打造，但随着数字、视听等科学技术的发展，基于人们对美好生活的需求以及“新技术、新应用、新场景”的运用，夜间经济与城市生活文化的关系越来越深入人心，并推动着“夜游经济”的兴起，丰富了城市旅游的内容。

城市是人类走向成熟和文明的标志，是人类群居生活的高级形式。法国地理学家潘什梅尔（P. Pinchemel）曾经感叹，城市现象是一个很难下定义的现实：城市既是一个景观、一片经济空间、一种人口密度；也是一个生活中心和劳动中心；更具体点说，也是一种气氛、一种特征或者一个灵魂。城市是人类文明的主要组成部分，是伴随人类文明与进步发展起来的。农耕时代，人类开始定居，伴随工商业的发展，城市崛起，城市文明开始传播。城市往往是一个地区的交通枢纽，是经济文化中心；城市里的各类景观，特别是建筑景观是城市文化的承载物，记载着城市发展的历史沿革；居住在城市的居民是城市文化的传承者。因此，城市是集中展示地域文化的窗口，是人们了解一个地区社会经济发展、进出一个区域的门户，是游客必到的目的地。

一、城市的形成与特征

（一）城市的形成

城市的形成无论多么复杂，不外乎两种形式，即因“城”而“市”和因“市”而“城”。我国古代的“城”和“市”是两个概念，“城”是指四面围以城墙、扼守交通要冲、具有防卫意义的军事据点。《管子·度地》中提道：“内为之城，外为之郭。”《吴越春秋》中提道：“鲧筑城以卫君，造郭以守民，此城郭之始也。”“市”是指交易的场所，而且还有大市、早市、晚市之分。《周礼·地官》中提道：“大市，日昃而市，百族为主；朝市，朝时而市，商贾为主；夕市，夕时而市，贩夫贩妇为主。”“城”与“市”开始时并非聚于一体，随着社会的发展二者逐渐融合，成为一个统一的聚合体——城市。因“城”而“市”即先有城后有市，市是在城的基础上发展起来的，多见于战略要地和边疆。因“市”而“城”即先有市后有城，这类城市是社会经济发展的结果。无论哪种成因，城市的本质都是人类的交易中心和聚集中心。

（二）城市的特征

城市的性质和发展规模取决于其基本职能。现代城市已经不是“城”与“市”的简单结合，而是相对于乡村而言的一种大型永久聚落，是一个结构复杂、功能多样、巨大而开放的生态、社会、经济复合系统。

从景观角度看，城市是以自然要素为基础、以人为要素为主体的景观类型，具有较高的建筑密度，呈现明显的立体特征；从聚落角度看，城市是人口密集，具有统一、便利的生产生活基础设施，社会服务系统、产业、资金、技术、文化要素密集的聚落类型；从空间角度看，城市是面状空间、点状空间相结合的双重空间。

世界各国社会经济文化的差异导致尚未形成全球统一的城市界定标准，目前较有代表性的城市界定标准有四种：一是按行政地位界定，即把行政地位较高的行政机关所在地确定为城市，目的是提高行政管理力度，印度、埃及、巴西等国家用的就是这个标准；二是按人口数量与密度界定，如加拿大等国家；三是按非农业人口比例界定，荷兰等国家采用的就是这个标准；四是按服务设施及水平界定，如菲律宾等国家用的就是这样的标准。我国城市的界定采用的是人口、经济和服务设施及水平结合的综合标准。

二、旅游城市与城市旅游

城市与旅游的关系表现为一种互动共赢模式。一方面，城市为旅游发展提供了基础空间，城市本身就是典型的旅游目的地；另一方面，旅游的发展也促进了城市的发展，旅游在城市发展中的地位日趋重要，形成城市经济的增长极和扩散极，促进人居环境美化。城市是客源地也是集散型的旅游目的地，在促进文化发展，推动城市现代化、国际化发展方面发挥着积极的作用。

（一）旅游城市

各个城市都有各自发展的沿革和历程，承载了特定的历史与文化，具有独特的个性。目前世界上对旅游城市并没有具体的界定指标，某个城市是否能被称为旅游城市，取决于多种因素。世界上有许多历史悠久、资源丰富、文化丰富而独特、环境优美、设施完善、人民友好、社会经济发达的城市，对游客充满了吸引力，这样的城市被人们誉为旅游城市。旅游城市具有满足游客吃、住、行、游、购、娱等方面需求的能力，在大众心目中有比较稳定的整体形象。从游客的角度看，一座城市要成为旅游城市应具有良好的自然生态环境，独特而具有广泛吸引力的旅游资源，能满足当地居民及游客共同需求的公共服务设施，拥有高质量管理、服务能力和水平，以及适宜的旅游文化氛围。某旅游城市一角如图 5-4 所示。

图 5-4　某旅游城市一角

根据旅游功能可把旅游城市划分为观光旅游城市、历史文化旅游城市、娱乐旅游城市、商务会展旅游城市、餐饮旅游城市、购物旅游城市、度假旅游城市、民俗风情旅游城市、绿色旅游城市等。

根据城市规模、地理位置以及所具备的旅游资源及旅游功能，结合旅游发展的沿革，旅游城市可分为综合型旅游城市、转型旅游城市、特色旅游城市。

综合型旅游城市多为大城市，是区域的政治、文化、经济或交通中心，公共服务体系较为健全，具有较强的辐射功能。此类城市既是旅游目的地，又是一定区域内重要的客源地。

转型旅游城市为使旅游功能在城市内的特定区域集聚，在城市规划建设中有针对性地增加了旅游基础设施及特色旅游景区、度假区，这些区域及设施从城市总体背景中分离出来并伴随旅游活动的深入成为强化的旅游空间。

特色旅游城市具有城景一体化的特点，即城市就是一个大景区，文化独特、可开展的旅游活动类型多样，可进行全域游览，公共服务与旅游服务融合，公民旅游意识强，旅游产业在地方经济中占有重要地位。此类旅游城市根据主题可分为风景旅游城市、文化旅游城市、娱乐旅游城市、商务会展旅游城市、度假旅游城市等，典型的特色旅游城市如黄山、桂林、珠海、丽江、景洪等。

（二）城市旅游

以城市为旅游目的地构成的旅游产品及组织的旅游活动即城市旅游。由于城市是区域内各类要素最集中的地方，各类设施齐全，城市景观、文化特色及设施（如博物馆等）、城市历史、现代风貌、特色街区、文化社区、公共服务设施等都对游客具有吸引力，因此成为游客旅游活动之地。相应地，为游客在城市中的各类活动所提供的导游服务也应该是综合的、全方位的。

三、城市导游服务

（一）基本要求

1. 熟知城市的旅游吸引系统

城市的旅游吸引系统包括物质和精神两个方面，以城市中的旅游区、旅游点为核心，以城市文化、民俗风情、历史风貌、文化机构、旅游设施及旅游服务水平等为组成部分。导游员要熟知此系统中的各个要素，并将其融合到具体的服务及讲解中。

2. 掌握城市形象及旅游活动要素构成

游客对城市会产生先入为主的形象概念，这与城市的资源、历史文化、建筑风貌、社会经济发展水平、居民素养、宣传营销等内容有关。导游服务特别是导游讲解，在一定意义上就是帮助游客印证、体验形象的过程。城市形象中的物质内容可以通过参观游览进行体验，非物质内容则需要靠导游员的讲解服务来体会。因此，导游员需要全面掌握城市的吃、住、行、游、购、娱等内容。

（二）服务程序

1. 列出清单

分析旅游城市能提供的城市旅游产品及旅游活动类型，根据城市的资源禀赋，梳理出城市的物质和非物质旅游吸引物并分级列出清单。

2. 列出计划

研究旅游接待计划，掌握游客的旅游动机及需求，梳理游客购买旅游目的地旅游产品中的旅游线路及合同中已明确的游览景区（点）。

3. 设计线路和项目

根据游客的时间安排，设计既能突出城市特点，又能满足游客个性需求的城市游览线路和体验项目。

4. 讲解服务

由于城市特别是中心城市在地方社会经济中具有引领作用，故各类文旅设施十分齐全。如各类博物馆、主题乐园、主题公园、休闲景区、休闲街区、美食街区等应有尽有。在我国，区域中心城市都有悠久的历史，有的本身就是历史文化名城，各类文物古迹、名人故居、历史事件遗迹广布。因此旅游城市能提供的城市旅游产品极为丰富，能满足不同层次游客的需要，如观光游览、文化体验、休闲娱乐、会议展览、商务交流、研学探奇、美食购物等。因此，导游讲解需要有层次，要把城市历史、城市个性、城市文化、民风民俗等内容与计划参观游览景区的内容有机结合，做到突出重点、突出特色、虚实结合。讲解方法要衔接自如、承上启下、个性鲜明、讲解自然，塑造出旅游目的地城市的立体形象，给游客留下深刻印象，为游客重游奠定基础。

（1）城市环境及发展沿革的讲解。城市的个性离不开所处的地理位置、环境及历史文化，了解一个城市需要从地理历史开始，因此，游客抵达后导游员可以从城市地理位置及自然环境介绍开始，同时提醒游客在适应环境方面的注意事项。通过地理环境介绍，引出城市选址建城的历史，讲解城市发展进程中发生的重要事件、历史典故、名人轶事、生活习惯及文化特色等，为游客游览具体景区打下基础。

（2）城市休闲文化体验与讲解在参观游览景区（点）之余，只要时间允许，游客都希望尽可能地参与一些地方特色鲜明的文娱活动，导游员可根据游客需要，在不影响接待计划执行的前提下，提供参观博物馆、社区、名人故居、革命纪念地或观看地方戏剧和文艺演出的活动。海外游客还可能会提出其他参观要求，在不违反相关政策的前提下，导游员可以帮忙安排，同时为游客提供必要的导游讲解服务。讲解内容需根据活动进行的情况灵活选择，突出知识性、娱乐性和趣味性，避免填鸭式灌输。

实训

模拟城市旅游带团场景

1. 实训目的

（1）了解与城市旅游有关的导游服务知识。

（2）掌握相关的导游服务技能。

2. 材料与工具

导游词，图片，多媒体教学设备。

3. 实训地点

多媒体教室。

4. 实训准备

布置模拟导游现场，利用图片、多媒体等形式学会如何开展城市旅游导游讲解服务。

5. 作业

根据模拟实训材料写出实验报告。

案例

杭州是如何将旅游和城市营销起来的

杭州城市的建设是中国旅游城市建设的典范。不同于很多城市重景点、重景区门票的做法，2002 年起，杭州放弃了以往的“门票经济型发展模式”，陆续免费开放了沿西湖周边大大小小的各类景点，到 2004 年，整个西湖免费开放的总面积已超过 20 平方千米。尽管西湖免票令杭州每年失掉数千万元的收入，但西湖免费却为杭州带来了旅游业的迅速发展。少了千万元的门票收入，却吸引了更多的游客，延长了他们的留杭时间，使餐饮、旅馆、零售等行业获得了新的发展空间，最终也给杭州带来了上亿元的综合收益。

除西湖外，杭州还免费开放了六大博物馆、纪念馆，并通过构建旅游宣传品的免费发放网络，为游客提供免费的“贴身导游”服务。如今，游客在杭州三星级以上的宾馆酒店、机场车站、旅游咨询点，都可以免费索取印制精美、便携实用的旅游手册。

为将杭州建设为一个开放的、可进入的国际旅游城市，杭州还启动了城市社会资源转化为旅游产品的活动，开放了公共交通、农贸市场、特色街、法庭、监狱、社区家庭等城市社会资源点，使中外游客能够通透、真实地了解、感受杭州这个城市，全方位地展示了杭州的旅游城市魅力。

从西湖免费开放游览到开发社会资源作为旅游产品，杭州旅游实现了由“门票经济型发展模式”向“区域经济发展模式”的转变，并由“景区旅游”转变成了真正的“目的地旅游”，在这基础之上，如今的杭州正朝着“东方休闲之都，生活品质之城，人间幸福天堂”的国际化都市方向迈进。

案例分析

顺应大势才能发展，随着全民休闲时代的到来，“门票经济”已经成为旅游发展的瓶颈，免票不仅是对景区消费的拉动，更是对整个旅游产业链的完善和拉动。放弃了景区小收入，迎来的将是区域大发展。

思考与训练

1. 简述旅游城市与城市旅游。
2. 简述城市旅游导游讲解内容及技巧。
3. 城市旅游对导游员的要求是什么?
4. 阐述你所在城市的城市旅游形象。

参考文献

［1］窦志萍 . 导游技巧与模拟导游［M］.3 版 . 北京：清华大学出版社，2020.

［2］范志萍，张丽利，张焱，等 . 导游词创作与讲解［M］. 北京：中国旅游出版社，2019.

［3］郭成月，庄佩芳 . 模拟导游［M］. 北京：科学出版社，2020.

［4］全国导游人员资格考试教材编写组 . 导游业务［M］.7 版 . 北京：旅游教育出版社，2022.

［5］汪亚明，王显成，徐慧慧 . 导游词编撰实务［M］. 北京：旅游教育出版社，2012.